墨香财经学术文库

"十二五"辽宁省重点图书出版规划项目

Entrepreneurs' Resources

and Opportunity Exploitation Capacity

Study on Effectuation Theory

# 基于效果逻辑理论的创业者资源与机会开发能力关系研究

刘佳 ◎ 著

东北财经大学出版社
Dongbei University of Finance & Economics Press

大连

图书在版编目（CIP）数据

基于效果逻辑理论的创业者资源与机会开发能力关系研究 / 刘佳著．—大连：东
北财经大学出版社，2020.6
（墨香财经学术文库）
ISBN 978-7-5654-3833-2

Ⅰ．基… Ⅱ．刘… Ⅲ．创业-研究-中国 Ⅳ．F249.214

中国版本图书馆CIP数据核字（2020）第052601号

东北财经大学出版社出版发行

大连市黑石礁尖山街217号 邮政编码 116025

网 址：http：//www.dufep.cn

读者信箱：dufep @ dufe.edu.cn

大连永盛印业有限公司印刷

幅面尺寸：170mm×240mm 字数：223千字 印张：15.75 插页：1
2020年6月第1版 2020年6月第1次印刷
责任编辑：王 莹 周 慧 责任校对：慧 心
封面设计：冀贵收 版式设计：钟福建
定价：56.00元

"东北财经大学'双一流'建设项目
高水平学术专著出版资助计划"资助出版

# 前言

　　"创业动态跟踪研究项目（PSED）中国报告"显示，2009—2011年中国每百名成年人中近 5 人处于新企业创办过程中，具有创业意愿的人更高达 75%。《中国经济生活大调查》发现，百姓创业意愿从 2013年开始连续攀升，2018 年全国新增企业 670 万户，即平均每年新增企业 1.83 万户。但是，与百姓创业热情与实践形成鲜明对比的是，中国的创业企业成活率极低，仅为 3%~4%。创业失败不是中国特有的现象，全球范围内概莫能外，残酷的数字提示创业者亟须谨慎迈好创业第一步。理论上，创业第一步集中体现为创业者的机会开发活动，机会开发是"对源于商业机会的产品、服务进行有效的、全方位的生产和运营，是投入全部资源创办有效的生产系统和商业系统的过程"。在此过程中，创业者需要克服威胁企业生存的各种危机，谋求通过销售实现企业的持续经营并获取创业利润，最终顺利度过企业初创期。机会开发是创业研究中最为重要的理论构念之一，但是目前理论界对于机会开发的研究少有涉猎，事实上对于机会开发的内部结构、机会开发的作用机理等本源性问题都知之甚少。理论发展滞后于创业实践的现状已然表明，对新创企业机会开发动态过程的研究是具有现实与理论双重意义的重要课题。

创业情境下机会开发过程遵循效果逻辑理论，创业者会根据既定"手段"量体裁衣地开发适宜的创业机会以进行创业。创业者的"手段"（set of means）包括创业者特质、先前经验和社会资本，创业者通过系统调配、动态组合这三类"手段"推进创业过程，创业者"手段"及整合"手段"能力的差异最终导致现实中创业结果各不相同，有些获得创业成功，有些则遭遇创业失败。效果逻辑理论已发展成为新创企业研究的主流理论，学者们对效果逻辑理论的创业适用性进行了较为深入的研讨，创业者三类"手段"的划分方式也得到普遍认可。然而，截至目前，对效果逻辑理论的定量研究尚处于起步阶段，鲜有三类"手段"操作性测量的论述，更缺乏现实创业过程中"手段"与"创业结果"之间作用机制的探讨。正如效果逻辑理论的提出者 Sarasvathy 所指出的，在效果导向研究框架背后，实证领域的经验性研究依旧没有真正展开，效果逻辑理论的黑箱尚待进一步打开。

基于上述原因，本研究引入机会开发来探索效果逻辑理论黑箱。在理论分析基础上发掘创业者三类"手段"的理论定义和操作性测量，继而定量考察创业者三类"手段"对机会开发的作用方式，从而为提升新创企业成活率提供理论借鉴。具体而言，第 2 章在对认知理论、资源基础理论和社会资本理论评述的基础上，论证效果逻辑理论作为本研究理论基础的准确性和适用性；在对现有机会开发研究综述之后，提炼出机会开发能力的三个子维度，分别为战略创业能力、资源获取能力和组织创生能力。第 3 章是理论基础和研究假设，将机会开发能力引入理论黑箱之中，用于解析创业者"手段"与"创业结果"之间的逻辑关系，并对每类创业者资源与机会开发能力的关系构建研究假设。第 4 章是研究设计，就调查方法、调查对象和问卷设计等问题加以阐释。第 5 章是机会开发质性研究，鉴于机会开发能力构念内部结构尚未有效揭示，本研究在大样本定量检验之前首先采取质性研究探索机会开发内部维度。具体而言，在理论文献、企业访谈和书面案例三类资料来源基础上进行质性研究，通过开放编码、轴线编码和选择编码三步骤研究过程提炼机会开发能力量表，并通过前期试测检验量表的信度和效度，形成最终的机会开发量表用于第二阶段的大样本测试。第6章是数据分析与假设检验，借助于机会开发能力量表定量考察创业者资源与机会开发能力的关系及情境作用方式，通过多样化的数据来源检验研究假设并得出研究结论。具体而言，本书的研究结论主要有下述五方面：

第一，创业者资源可以显著提高新创企业成活率。本研究采用新创企业主数据检验了初创期关键性资源和活动，证实了创业者具有的优质资源组合能够推进机会开发过程并有效提高企业创办成功率。创业者资源包括源于个人的认知、经验等特质，还包括源于网络的关系、信息等要素。创业者需要整合上述资源使其在开发创业机会时发挥最大功效，将静态的资源转化为动态的创业能力。借此将有效克服创业初期的各类创业陷阱，突破影响机会开发的瓶颈时期，帮助企业顺利度过"漫长"的创业时期，提高企业生存下来的可能性，并在未来进一步增强企业获利的可能性。

第二，分析式认知有助于提升机会开发能力，其增强机制具有强烈的情境依赖性。本研究对已有文献提出的"在机会开发过程中，分析式认知比直觉式认知效果更好"的理论假说进行了回应，用实证数据验证了分析式认知的确能够提高创业者的机会开发能力。值得注意的是，分析式认知对机会开发能力的促进效果并没有随着机会新颖性的提高而增强，这个结论与预先假设不符。在综合考量中国专利保护薄弱、法律惩处不力等制度背景后，本研究指出"好点子先卖"的做法恰恰是特殊情境下企业的理性选择。创新型机会这类"好点子"是市场争相模仿的对象，中国背景下模仿对"好点子"所有者的伤害更大。因此，随着机会新颖性的增强，机会开发过程中"以快打慢"地成为"好点子"的真正所有者便显得更加重要，直觉式认知者机会开发能力往往更为突出。直觉式认知节省的时间能够为企业争取到宝贵的创新者身份，是创业者在转型经济背景下特有的理性选择。

第三，社会资本对机会开发能力的增强是与创业者特质交互作用的共同结果。与已有文献相悖的是，本研究发现在机会开发活动中，家族网络资源和朋友网络资源不能显著提高新创企业的机会开发能力。这个结果出乎研究设想。在对研究样本深入分析后作者发现，社会资本对机会开发能力及其各子维度的影响均高度依赖于创业者内部资源，创业认知、创办年龄、创业经验对社会资本与机会开发间关系具有强烈调节作用。换言之，想要发挥社会资本对创业结果的积极影响需要创业者内外部资源的交互作用，这一研究发现和理论解释是现有文献中未有提及的。

第四，本研究验证了连续创业者机会开发能力更强。本书实证数据发现，先前创业经验对机会开发能力有显著影响，而行业经验、工作经验的解释力不足。在进一步将探索视角聚焦于机会开发内部结构后发现，创业经验对能力的促进作用集中体现在增强战略创业能力上，连续创业者节约了处理日常事务时间，转而将精力投入到防止竞争对手进入等难度更高的开发活动中，有助于企业谋求更好的战略地位提升机会开发质量。

第五，机会开发能力对创业绩效具有跨层影响机理。从创业绩效整体层面看，机会开发能力可以显著提升创业绩效；从其内部子层面来看，机会开发能力主要是通过提升财务绩效达到增强整体创业绩效的目的。机会开发能力的三个子维度对绩效的意义也各不相同，其中战略创业能力对绩效拉动效果最明显，它会显著增强创新绩效和财务绩效。

本研究创新点集中体现在下述三方面：

首先，打开效果逻辑理论的黑箱，解决了"手段"的实证测量问题。效果逻辑理论概念化研究日益深化的同时，暴露出实证研究的不足，效果逻辑理论中"手段"尚未"落地"，现有研究中仍然未有解决创业者"手段"的理论测量问题。本研究从创业研究的核心理论——认知理论、资源基础理论和社会资本理论——入手，逐一剖析三类"手段"的内部结构，并从中选择最具解释力的构念来表征"手段"内涵。具体而言，选择创业认知来表征创业者"特质和能力"，选择先前经验来表征创业者"知识走廊"，选择社会资本来表征"社会网络"，从而构建了效果逻辑理论的实证分析框架，探索性解决了效果逻辑理论定量研究的工具准备难题。

其次，引入机会开发能力，揭示了创业者通过"手段"达到"创业结果"的中间机制。效果逻辑理论构建了创业者"手段"与"创业结果"之间的概念化框架，但是从"手段"到"创业结果"之间的创业过程尚未得到理论揭示。本研究认为创业者拼凑手头资源创办企业的过程其实质是机会开发过程。在此过程中创业者需要在内外部环境约束下战略性地考量防止创业租金耗散的策略，并克服组织创生过程中的烦琐与陷阱，创业者的三类资源将对机会开发活动产生复杂作用，通过影响创业者的机会开发过程最终决定创业结果。因此，本研究在效果逻辑理论框架中引入机会开发考察从"手段"到"创业结果"的中间过程，从理论和实证两方面论述并检验了机会开发的作用机制，为揭示效果逻辑理论作用机理提供崭新尝试。

最后，综合质性研究与定量研究方法，提出了机会开发能力是包含战略创业能力、资源获取能力和组织创生能力在内的三维度理论构念。通过对新创企业机会开发研究的系统梳理后发现，目前机会开发仍然是起步研究阶段。其内部机制尚未打开，机会开发的理论辨析和经验检验新近发展不足，更缺乏机会开发与其他关键变量的理论研究模型。鉴于此，本研究从能力视角切入机会开发研究，利用质性研究方法探索机会开发能力的内部维度，并通过两阶段实证检验提出了机会开发能力是包括战略创业能力、资源获取能力和组织创生能力在内的三维度理论构念，为后续机会开发研究提供了操作性测量，更加推动了机会开发定量研究及关系研究，有利于解决机会开发量化研究欠缺的理论困境。

作　者

2019 年 11 月

# ▌目 录

# 1　引言

## 1.1　问题的提出

改革开放至今，中国的创业浪潮一波接着一波，此起彼伏节节攀高。第一波出现在改革开放初期，通过配置不均衡在地区之间调配资源的人们成为最早的创业者，一部分人存活下来慢慢成为企业家；第二波创业浪潮发生在20世纪90年代，从国企或政府部门"下海"经商是这一时期的主要表现，此时的创业者受教育程度较之前提高很多，也获得了比第一波创业者更为丰厚的价值回报；第三波是以互联网为平台的创业"井喷"，风险投资、股权激励、上市是这一时期的典型特征；目前正处于第四波创业浪潮中，创业更加多元化，在各个领域呈现遍地开花的态势。

各国实践均表明创业与国家经济增长具有密切关系。美国作为世界上经济最发达、最活跃的国家，新企业的创建和蓬勃发展是一个重要的推动因素，澳大利亚也是经济发达且十分重视创业的国家，同样拥有较高的新生创业比率。当今中国作为最大的新兴发展中国家，创新创业已被提升至国家层面，高度活跃的创业浪潮不仅能为国家整体经济发展注入动力，也成为提升经济长期竞争优势的关键。

然而另一面，中国的创业成活率却极低。多家咨询公司在全球各国和地区进行的调查发现，中国新创企业存活率只有3%~4%。这个数字在很多国内企业家预估，则只有1%。残酷的数字不断提示创业者要谨慎认真地迈好创业第一步。残酷的事实远不止如此，成功创办的企业同样遭遇生存困境，招聘公司调研数据显示，不足五分之一的中国创业者表示自己创立的公司"状况不错，前景看好"，有将近半数的创业者仍然在生存的泥潭中苦苦挣扎。创业失败也不是中国特有的现象，全球范围内概莫能外，根据《财富》杂志公布的数据，全球创业失败率高达70%。

从创业的外生性角度看，人们将失败归咎于创业机会的新颖性不足。传统理论认为创新道路具有先动优势和进入壁垒，能够较好地防止创业租金耗散，所以更容易成功；而模仿道路门槛低，易被学习，将面临激烈竞争，故常常遭遇失败（McGrath，1999；Grégoire 和 Shepherd，2012）。可是现实情况却正好相反：无论是以中国为代表的新兴市场还是美国等发达市场，中小型创业企业都是模仿型机会的实践者和受益者，大量企业依靠模仿他人产品得以创建并逐步发展壮大，中国情境下新创企业模仿型高于创新型的现象则更加明显（杨学儒等，2011）。实证数据也同样验证了模仿创业也能够带来创业成功的事实，因此创业者开发机会的新颖性高低不是其创业失败的根本原因（刘佳、李新春，2013）。

既然外生变量无法解释创业高失败率，是否创业者特质这一内生变量具有解释力呢？在商业楷模身上人们读到了坚韧不拔、高成就动机、风险偏好等特质，于是理论和实践中开始倾向于认为具备独特性格特质的人更容易创业成功。可是当人们尝试采用特质标准来归类成功创业者时，同时出现了大量失败的样本，而且成功创业者的性格特质千差万别，很难抽象概括。特质论的研究视角不仅无法勾勒出创业者轮廓，还将创业者描绘成了充满矛盾的超现实人物（Gartner，1988），不是分析新创成功的有效理论视角。另外，实践中风险投资家在评估创业机会和项目时却依然重视创业者禀赋，这种理论研究与现实情况的矛盾提示我们，其背后可能蕴含着尚未揭示的理论逻辑，创业者资源禀赋的内部结构亟待打开。与此同时，资源不等于能力，掌握资源的创业者不一定具有创业能力，能力不足的创业者面对日益复杂的创业环境就难免会遭受损失甚至是彻底失败。

从国际比较来看，中国创业者对其自身创业能力信心相对不足。中国仅有29%的受访者认为自身具备足够的创业能力，印度和全球这一比例分别是44%和48%，有50%的受访者明确表示自己不具备足够的创业能力。而从创业能力信心的跨代比较来看，占新生创业者（nascent entrepreneur）最大比例的"80后"一代，有61%自认不具备创业能力，这反映出未来很长一段时间创业者对创业能力信心不足的情况还将持续。信心不足的根源在于创业者对创业能力的内容不明晰。从宏观角度看，GEM采用创业意愿和创业技能两个维度考察国家创业能力水平，创业技能又通过受教育水平等间接指标来表示，无法对现实中创业者能力培养提供直接借鉴。从微观角度看，创业能力体现在创业过程的各个阶段中，每个阶段的创业能力又是一个复杂的构成，需要深入分析其内部结构才能够为现实中创业者提供指导，从而最大限度地提升创业成功率。

在新创企业初期，创业能力集中体现为创业者的机会开发能力。创业是对机会系统、全方位地开发与运营（Choi、Levesque和Shepherd，2008），识别出的创业机会如果不进行开发，就永远称不上创业（Shane和Venkataraman，2000）。机会开发能力对创业者做出了全面要求，创业者需要在企业框架下整合各类资源将创业机会转化为商品/服务，谋求通过销售实现企业的持续经营并获取利润。克服生产、销售、服务等各环节危机对企业生存的威胁，在无法实现销售时忍受初期的亏损并最终坚持到获取第一笔订单，建立防止竞争对手模仿的机制来保证企业持续经营，最终顺利度过企业初创期。机会开发能力是保证企业创办的第一步，机会开发能力的提升会显著增强新创企业获利能力和创业成功率。

但是目前理论界对于机会开发能力的研究尚不充分，事实上对于哪些因素影响机会开发能力，机会开发能力的内部构成等本源性问题都知之甚少。理论研究滞后于创业实践的现状提示研究者，采用资源与能力互动视角考察新创企业机会开发动态过程是具有现实与理论双重意义的重要课题。本研究正是基于以上观点对新创企业的创业者资源与机会开发能力关系进行深入探讨。另外，本书的一个特色是深入创业机会特性领域对上述关系进行了情境挖掘。模仿还是创新一直是理论和现实冲突的焦点，理论上提倡创业者选择创新型机会并将其作为创业成功的关键要素，而现实中模仿创业却日益成为主流。以往对模仿和创新讨论多是从战略选择视角切入，去探讨选择两条道路的企业间绩效差异或是通过计算同一企业实施两种模式后绩效差异来倒逼出何种选择更佳的结论。但是对于新创企业上述倒逼方法却不适用，因为新创过程中创业者只能在现有内外部资源约束下开发既定机会（创新型机会或是模仿型机会）。换言之，创业者只能通过提升手头现有机会的开发能力来争取创业成功，却不能因哪类机会的绩效高而放弃手头机会再去另行搜寻，此种新创企业逻辑下模仿与创新的情境效应目前鲜有研究。本书的这一尝试不仅可以丰富现有模仿与创新选择的研究，而且有利于深入揭示不同类型机会其机会开发能力的作用差异。

## 1.2  研究问题

针对上述现实背景和理论研究现状，本书研究问题集中在下述四方面：

（1）探索效果逻辑理论黑箱，构建理论研究模型。创业情境下创业者的机会开发过程不会采取目标导向逻辑，而会采取效果导向逻辑。这是因为初创期创业者不是先定目标再去筹措资源开始创业过程，而是正好相反，根据手头现有的资源来选择适宜的创业机会实现创业，这便是效果导向逻辑（Sarasvathy，2001）。效果导向模式下创业者的"手段"（set of means）包括特质与能力、先前知识和社会网络三部分，创业者通过系统调配、动态组合各种手段推进创业过程，创业者"手段"及整合能力的差异最终导致现实中创业结果各不相同，有些获取创业成功，有些则遭遇创业失败。效果逻辑理论提出到现在仅10余年时间，却已发展为揭示新创过程的核心理论视角。从学术研究规律来看，效果逻辑理论尚处于研究的早期阶段，因此截至目前效果逻辑理论中三类"手段"的定量研究还鲜有涉及。学者更多从理论上探讨三类手段可能包含的结构却没有对三类"手段"操作性测量的论述，更缺乏现实创业过程中"手段"作用方式的研究。正如效果导向的提出者Sarasvathy（2008b）指出的，在此研究框架背后实证领域的经验性研究依旧未有真正展开，从而影响了效果逻辑理论的理论解释力和现实应用价值。为了推进效果逻辑理论研究，本书将从创业研究的基础理论出发，梳理出创业者"手段"中最关键的理论变量并基于此构建创业机会开发的理论模型。

（2）机会开发能力内部结构及相互关系。机会开发能力是创业者在机会开发活动中表现出的综合性能力。机会开发可以抽象成两类彼此关联的活动：第一，创业者从自身资源束出发调动创业必需的各种投入并有效整合以发挥其最大功效，希望借此产生一定的创业租金；第二，在具体的创业活动中创业者能够通过有效的防护措施来保证产生的创业租金不被其他竞争对手攫取，或者说至少不能被全部攫取（Alvarez和Barney，2004）。对机会开发能力的提炼既要锚定实现上述两项活动这一目的，又要注意与一般意义的创业能力相区分，而且作为理论构念，更需要具有抽象性与概括性。在此标准下系统梳理现有文献发现，机会开发能力的研究还处于理论探讨阶段，机会开发能力的内涵、结构等本源性问题尚未得到有效回答，缺乏科学的测量工具使得研究者难以对机会开发领域内的知识做出推动和贡献（Farh、Cannella和Lee，2006）。鉴于此，本书采用质性研究方法通过文献、企业访谈和书面企业案例三种来源探索机会开发能力的内部结构，通过严格的量表开发过程尝试得到稳定的机会开发能力内部维度，留待后续机会开发过程的进一步研究。此外还需要对机会开发能力的内部维度间关系进行谨慎的界定，这是因为现有研究虽然没有从理论上将机会开发活动等同于资源获取，但是往往通过资源获取刻画机会开发过程（Sirmon、Hitt 和 Ireland，2007；Semrau 和 Werner，2013），即在某种程度上资源获取成为机会开发的代理变量。因此本书在质性研究后如果提炼出机会开发是一个多维度构念，那么就必须论述清楚各维度的共变性及区分点，以及各维度与资源获取之间的关系，唯有此才能在现有机会开发研究的基础上向前推进。

（3）创业者资源对机会开发能力的作用机制及作用机制的结构性差异。增强机会开发能力是新创企业迈好第一步、提高存活率的关键因素，机会开发能力的影响因素有哪些，各自作用方式如何，是需要厘清的理论问题。借助机会开发能力量表，本书得以对创业者资源与机会开发能力展开定性和定量分析。

首先是考察创业者特质与能力对机会开发能力的影响。创业者特质论是 20 世纪 80 年代之前主流的创业理论，学者从创业者年龄、教育背景、社会地位等人口统计变量尝试解释创业行为受阻后，又转向从创业者的性格、动机等心理因素层面进行讨论，却始终难以获得满意的研究结论（Gartner，1988）。在此节点学者的研究出现了分化，部分人开始从创业行为的认知要素层面分析创业行为（Busenitz 和 Barney，1997），他们认为创业活动一系列问题的背后都有一个最基本、共同的原因——创业者具有不同的思维和行动方式，这便是创业认知（Mitchell 等，2007），它是创业者特质中最具解释力的理论构念。基于此，创业认知对机会开发能力的影响如何便是颇具理论意义的研究问题（Chaston 和 Sadler-Smith，2012），尤其是在企业实践中就此存在两种声音的情况下，理论研究就更多了一份对现实做出回答的必要性。现实中的两种声音是：一种声音认为具备结构性思维、倾向于采用系统性调查方法、循序渐进解决问题（分析式认知）的创业者比起依靠直觉、随机发现解决问题办法（直觉式认知）的创业者更容易成功；而另一种声音则认为面对创业这种高度模糊和不确定情境恐怕只有直觉式认知的创业者才能够做出机会开发的决策推进企业创建（Busenitz 和 Barney，1997），如果换做是分析式认知的创业者，要经过一系列搜索、分析、筛选过程不仅成本极其高昂，而且很可能错失掉瞬息万变的创业机会。事实究竟如何？创业认知和机会开发间关系是否会因情境变化而产生差异？本书尝试对上述问题进行理论解析。

其次需要考察的是创业者先前经验对机会开发能力的作用。创业者经验构成是多方面的，可以从正式教育和非正式教育划分（GEM 的标准），也可以从各项具体的职能划分，如管理经验、营销经验、市场经验等（Shane，2000）。研究者发现创业者的先前经验会影响诸多创业变量，有关先前经验的研究成为近年来创业研究中的一个热点，观点呈现出多元化和细致化的趋势。创业者的先前工作经验能够帮助其更好地评估机会开发中的风险与收益（Alsos 和 Kolvereid，1998；Stuetzer、Obschonka 和 Schmitt-Rodermund，2013）。行业经验的磨炼也有助于提升创业者控制全局、有效沟通的能力。如果先前具有创业经验不仅可以作为信号增强市场对新创企业合法性的认可促进机会开发过程，更会凭借前一次创业活动中获取的直接经验避免很多创业陷阱。即便前一次创业失败，从失败中学习获取的知识也会对本次创业有正向促进作用（Bandura，1982；Sitkin 和 Pablo，1992；Morris 等，2012）。同时在创业实践领域，有经验的创业者更容易获得风险投资家的偏好，新企业存活率相对较高，也进一步呼应了理论研究的意义和正确性。本书尝试从表征创业者先前经验的多个指标综合考察这一资源对机会开发能力的影响，并对其给出理论和实践的回答。

第三类考察创业者社会资本与机会开发能力间的关系。创办企业需要各类资源，而新创企业的资源稀缺性常常成为其生存和成长的阻碍，制约了企业的创办（Eisenhardt 和 Schoonhoven，1996）。在此情境下，新创企业走出困境的一个关键战略是利用创业者的个人关系和社会交往（Coleman，1990）。创业初期的社会资本是企业获取资源的重要手段（Larson 和 Starr，1993），而且创业者可以借由社会网络增加对竞争对手信息的掌握从而制定更加有效的措施防止对手攫取创业利润。网络也促进了知识的转移，通过对网络中成功模板的近距离观察也有助于提高创业者机会开发能力。在社会资本领域自从 Nahapiet 和 Ghoshal（1998）研究之后学者对社会资本的基本看法达成了一致，社会资本被视为包含结构性社会资本和关系性社会资本两个维度的构念，前者是指网络结构中各方联系所构成的总体态势，后者则是网络中特定人们之间的人际关系。需要指出的是，创业初期有些网络资源收效甚微，创业初期关键性网络资源往往就集中在创业者家庭成员和朋友这两类上（Zimmerman，2002；Arregle 等，2013），因此本书在考察社会资本与机会开发能力间关系时集中探讨的是来自家族网络和朋友网络的社会资本。

在探讨创业者资源对机会开发能力整体影响的同时，本书还对三类资源对机会开发能力内部维度的子影响进行了考察，并尝试对资源束与各维度关系间的结构性差异给出理论解释。

（4）效果逻辑理论的情境适用性。在上述第三项研究问题的同时，本书均进一步考察了效果逻辑理论的情境适用性，发掘了创业者资源对机会开发能力的复杂交互式影响。现有效果逻辑理论未对创业者面对不同机会的决策过程进行情境探讨，事实上面对不同机会创业者拼凑资源的必要性各异。创新型机会需要创业者最大限度地调动手头资源并创造性地运用于机会开发过程中，而开发模仿型机会的创业者往往可以预先计划和设定，拼凑资源的必要性和价值相对会降低。因此可以预期，面对不同创业机会，创业者资源与机会开发能力之间的关系也将呈现结构性差异。鉴于此，本研究将逐一考察每一类创业者资源与机会开发能力间关系的情境效应，并对其进行理论解析和中国背景下的情境探讨。

## 1.3 研究目标

本书选择从机会开发能力的角度切入考察新创企业的成功创建，原因在于机会开发能力在企业创办初期是非常重要但在以往研究中被忽视的关键性理论构念。从机会开发能力角度出发，研究创业者资源与机会开发能力的作用关系和创业成功具有重要的理论意义和现实意义。通过构建基于效果逻辑理论的新创企业机会开发能力研究框架及其实证数据分析，本书从机会视角对新企业创业理论进行了有益尝试。概而言之，本书试图实现以下三个研究目标：

### 1.3.1　建立机会开发的理论研究框架

在新创企业研究领域，机会开发一直是学者们关注的重要领域，而在这其中，新创企业机会开发背后的理论基础是近些年来学者们才开始讨论的重要问题。效果逻辑理论的出现解决了创业研究缺少独特理论的尴尬，也为深化创业关键理论问题提供了研究范式的支撑。但是正如效果逻辑理论提出者 Sarasvathy 提到的，现有对效果导向的分析概念化模型居多，缺乏后续的理论模型和实证检验。本书遵循效果逻辑理论的分析思路，应用创业者资源对创业过程层次性影响的机理，选取企业新创中核心活动之一——机会开发切入考察创业过程，是拓展效果逻辑理论适用领域的有益尝试。在此基础上，本书试图通过效果逻辑理论，构建创业者资源与机会开发能力的理论框架。剖析在企业创办之初，创业者各类资源禀赋在创业中的有效性及影响创业者机会开发能力的关键资源要素。在这其中，立足于机会特性的视角，比较开发创新与模仿两类机会的创业者，及其创业者资源对机会开发影响作用的差异性。

### 1.3.2　运用综合性方法进行实证研究

本书同时采取质性研究（qualitative study）与定量研究（quantitative study）两种研究方法，相互补充与印证，提高研究的信度和效度。本书首先在已有理论基础上进行了文献回顾与分析，以提出机会开发能力的构成框架，并对理论文献进行编码形成初步测量量表。其后，选取部分重点样本企业进行半结构性访谈，同样采用扎根研究的方法提取关键节点，修改开发前述相关量表，再补充权威书面案例企业的编码结果最终完成对机会开发能力的题项提炼工作，经过效度与信度检验形成一个尽可能完善适宜的测量工具。最后在此基础上，在全国范围内以新创企业创业者作为问卷调查对象，进行定量研究，以检验和解释本研究理论模型中各变量间的假设关系，具体过程将在其后详述。

### 1.3.3 展开机会开发能力的情境分析

如前所述,机会是创业研究最为重要的理论视角,也是现实企业中关系创业成败的关键要素。创新还是模仿不是决定创业绩效的根本原因,影响创业价值的是创业者对两类机会的开发能力。模仿型机会与创新型机会源于属性上的根本差异很可能适用于迥异的开发过程,提升两类机会开发效果的影响因素也可能完全不同。本书尝试将机会新颖性引入理论框架,考察机会新颖性差异引发的创业者资源与机会开发能力作用方式的差异,并对其原因进行解析。因此,考察机会属性差异的情境效果一则反映了机会视角创业研究所需秉承的切入视角,再则使得本研究针对特定机会属性下的问题展开分析,结论更加具有针对性。

## 1.4 研究方法

本书将采取质性与定量相结合的研究方法,将局部的质性研究与更大范围的问卷调查的定量研究相结合,并立足于理论文献的分析框架,综合实地访谈和书面企业案例两类资料来源进行探索性研究以构建和解释研究模型。作为探索性质的研究,将质性研究与定量研究相结合的方法能够得到更为准确和严谨的结论,近来受到了许多管理学者的青睐。

目前对于机会开发的研究,无论是内容层面还是能力层面都处于起步阶段,完善的操作性定义以及测量工作还有待进行,本书基于效果逻辑理论的理论框架更是一个探索性的尝试。此外,对于不同属性的创业机会的开发机制的差异性研究更不成熟,目前国内鲜有对此问题的专门研究,而国外学者已提出的一些基于开发进度、开发结果等的研究途径是否能够得出抽象化和一般性结论还有待考量。鉴于此,本书拟通过使用一个包含理论文献、实地访谈和书面企业案例的质性研究和样本测试的定量研究的范式以建构创办初期机会开发的理论内涵,并以其为基础进一步完善测量、检验创业者资源与机会开发能力之间各假设关系。质性研究的方法主要有案例研究、半结构性访谈、偶然性事件法、行为事件访谈、发现者-研究者-实践者方法等（Man，2001：98），这几种方法各有其优缺点，在研究中应该综合应用以期获取具有普适性的有效结论。结合本书研究拟通过理论文献研究归纳出机会开发能力的初步维度和题项，继而通过半结构性访谈和权威媒体报道的企业案例这两个途径进一步丰富质性研究资料并对文献研究形成的初步量表进行修正。邀请专家对量表进行评价与二次修正以形成一个理论范畴饱和的初步量表，为构建本书的理论框架和进行理论假设做好准备。

然后，通过质性研究建构本书核心变量并提出理论框架后，采用定量研究来检验理论框架中的理论假设。在此阶段的定量研究中关键性工作是对质性研究开发的初步量表进行完善，测量工具的不断完善是促进理论框架趋于科学的必要步骤，越严谨、越科学的工具完善过程，越能够增强研究结果的解释力。本阶段拟通过两个独立样本的考察进行机会开发能力的探索性因子分析和验证性因子分析，从而考察机会开发能力量表的信度和效度，并基于此第三次修正量表，以形成一个可以在更大范围内进行抽样调查的问卷。

最后，应用质性研究与定量检验后形成的最终量表考察研究变量，重新在更为独立的大样本中全面探测理论模型中各变量间的关系，对文中提到的理论假设进行逐一验证。

综上所述，通过理论文献研究——实地访谈——书面案例研究——前期试测研究——大样本定量研究的步骤，对研究中提出的各种假设进行考察和分析，并进一步探讨未来深入研究的可能性。本书接下来的章节正是遵循上述研究方法逐层展开的。

## 1.5  研究思路与技术路线

综合以上小节的分析，本书的研究思路与技术路线如图1-1所示。

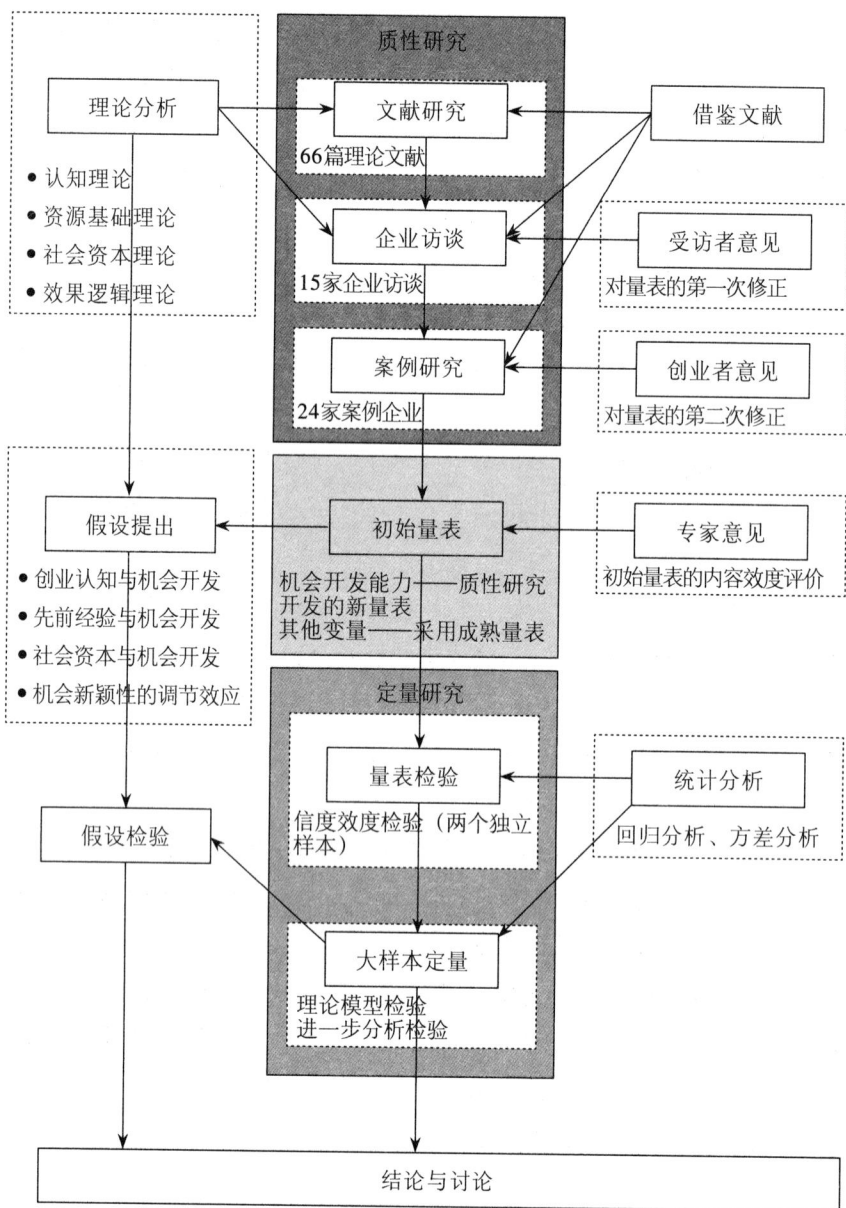

图 1-1 本书研究路线图

# 2 文献评述

## 2.1 创业研究发展简述

创业研究的理论源头是经济学中的企业理论，确切地说，是源自新制度经济学中的现代企业理论。在新古典经济学中，企业被抽象为简单的生产函数，它会"自动地"将投入转化为产出，企业只要根据市场均衡价格向市场提供产品，就可以同其他企业一样获取正常利润，被假设为完全同质的企业在市场中显得无足轻重，因此在新古典经济学中不会形成专门的企业理论。

一位深邃的学者打破了新古典经济学百年稳健的研究框架，他在思考：如果市场能实现资源的最优配置，为何企业还会存在？这位学者就是科斯，由科斯开创的新制度经济学也将企业性质和企业内部制度安排规律作为研究对象，形成了著名的现代企业理论。现代企业理论指出市场机制的运作是有摩擦和成本的，价格机制的交易费用大于零，企业正是为了节约交易费用而存在的，企业的显著特征就是作为价格机制的替代。企业这个被主流经济学忽略久矣的黑箱一经打开，吸引了无数经济学家的思考和智慧。后人在科斯研究的基础上发展出两条线索：一是由阿尔钦和德姆塞茨（Alchian 和 Demsetz，1972）、詹森和梅克林（Jensen 和 Meckling，1976）、罗斯（Ross，1973）、张五常（Cheung，1983）、格罗斯曼和哈特（Grossman 和 Hart，1986）等人发展起来的委托代理理论；二是以威廉姆森（Williamson，1985）和哈特（Hart，1995）为代表的学者在对委托代理理论中"完全理性"假设极尽批评基础上继而建立起的"不完全契约理论"。上述学者的贡献不断丰富和厘清新制度经济学的研究范式，使其日益成为主流的企业理论。

然而，在新制度经济学的企业理论逻辑中，作为进行专业化生产销售的单位可能已经存在，换句话说，企业本身从何处来，如何将这些资源整合在一起等问题并没有得到很好的解释，企业创建背后真正的行为主体——创业者（或称企业家）并没有得到有效研究。事实上，经济学理论日益强调行为人的重要作用，实践中各国创业活动的蓬勃发展都要求"将创业家重新带回经济学模型"，而再也不能让其继续成为"游荡于经济学模型之外的幽灵"（Baumol，1993），这项工作最终由奥地利经济学家来完成，奥地利经济学也成为创业研究中最重要的理论基础。

奥地利经济学首次将企业家作为理论的中心课题，是最推崇企业家作用的经济流派。从门格尔开始，企业家功能成为奥地利学者最常采用的分析切入点，并由此展开了对不确定性、企业家发现、选择、创业过程等理论问题的探讨。在门格尔看来，企业的生产过程必须有人来计划和操作，这个人便是企业家，而启动这个过程所需要的功能则被称为创业活动（entrepreneurial activity），门格尔的研究可以看作对企业家功能最早的专门论述。在此之后，熊彼特在其成名作《经济发展理论》（1934）提出了享有盛名的企业家"创新理论"，在创业领域，这一理论的深远影响不仅体现在其五种形式创新的广泛应用，以及熊彼特的实践观点并列成为创业机会来源的逻辑支撑之一（机会来源的另一支撑为柯兹纳的发现观点，在后文的机会来源一节中将做专门讨论），更在于将企业家牢牢地贴上了"创新者"的标签（李新春、李胜文、张书军，2010）。可以说门格尔开辟了奥地利流派对于企业家功能的论述，但是他提出的企业家计划者、操作者的角色定义则远未反映企业家特质，直到熊彼特，他通过对企业家创新者的系统论述，清晰地刻画出企业家特质，从而将其与企业中另外一个重要的领导阶层——管理者，有效地区分开来。

与熊彼特几乎是同时期的另一位学者通过对"不确定性"的深入研究为后续创业研究奠定了坚实的理论基础，这便是弗兰克·奈特（Knight）。虽然在奈特观点提出后80多年的今天，奈特的著作（《风险、不确定性和利润》（1921））饱受批评和争议，但是在当时，奈特对于不确定性的分析深刻地丰富了企业家"自信者和冒险家"的功能定义，奈特更伟大的贡献则是敏锐地揭示了"不确定性"这一理论构念，不确定性对此以后的企业理论产生了极其重大的影响，尤其是在创业领域，不确定性几乎成为所有创业研究的理论基石（Alvarez和Barney，2004）。

熊彼特和奈特助推了企业家理论的两次飞跃，再经过米塞斯-哈耶克-柯兹纳三部曲式的努力，企业家理论从研究企业家功能拓展至其他创业问题，创业理论研究也逐渐走向深入。在米塞斯等人看来，企业家不仅是"不确定性的承担者"和"创新者"，更是市场过程的推动力量，作为"套利、投机者"而存在的企业家具有强烈的愿望通过价格差来获取利润，他们的这种搜寻行为使得市场启动并不断运转（米塞斯，2010）。为了成功获取价格差，企业家需要具有特殊的资源禀赋。哈耶克发现企业家凭借的资源禀赋是自身具有的知识，他认为如果可以将决策权交给那些更具信息收集和判断能力的企业家，那么将导致更好的决策，基于此，哈耶克提出了"资源配置的决策权应该与知识的占有相匹配"的观点（哈耶克，1937）。米塞斯的一位学生柯兹纳则强调另一类知识——警觉性（alertness）——在企业家套利中的重要性。他认为市场中永远存在不易发现的利润机会，而只有足够的警觉才能发现这些利润机会（李新春、苏琦、董文卓，2006），企业家不需要具有组织协调、选择最优投入产出比之类的知识，他们需要的是发现哪里的购买者的买价高，哪里的销售者的售价低，然后从中套利，这种具有警觉性素质的人才能被称为企业家（Kirzner，1973）。

从柯兹纳开始创业研究从关注创业者拓展至更多的问题，创业领域内诸多核心概念得到系统研究，创业学者借用经济学、管理学相关理论分析创业问题，创业研究成果在主流期刊上日益增多。Harrison 和 Leitch（1996）分析了从1987年到1993年发表的所有高水平创业文章，发现只有一小部分是发表在管理学期刊上的，更多的是发表在创业和小企业研究期刊上的。Aldrich 和 Baker（1997）对比了1990年到1995年发表的管理学论文和创业论文，发现在这五年时间里，创业理论的研究范式没有太大的进展，与管理研究相比，样本质量、假设推演、统计分析、面板数据分析等方面显得不够严谨。Busenitz 等（2003）综合了前期学者的研究，并借鉴了其他学科对于文献研究的分析方法，系统地梳理了1985年至1999年15年间发表在AMJ、AMR等七种管理学主流期刊①上的有关创业研究的97篇学术论文，发现随着时间的推进，在主流期刊上发表的创业文章的数量在不断增加，学者也越来越多地引述创业专业期刊（Entrepreneurship Theory and Practice、Journal of Business Venturing 和 Jouranl of Small Business Management 三种杂志）的文章，创业研究进入构建理论的关键时期。

理论构建的基础是创业作为一门独立学科的合法性问题，创业研究需要具有区别于已有企业（existing firms）的新的理论基础，并通过提出新问题（questions）、新概念（concepts）、新的理论关系（relationships）来发展自己的新理论（Busenitz 等，2003）。早期的创业研究由于无法明确新创企业的研究对象始终无法与其他学科区别开来，创业研究仅是在企业管理和战略管理之下的二级层面的研究领域，维系着与管理和战略研究既从中借鉴又寻求区别的尴尬境地，虽然每年发表在主流期刊上的创业类文章在不断增加，但在研究边界、研究范式等核心问题上始终

---

① 这七种管理期刊是 Academy of Management Journal（AMJ）、Academy of Management Review（AMR）、Strategic Management Journal（SMJ）、Journal of Management（JOM）、Organization Science（OS）、Management Science（MS）、Administrative Science Quarterly（ASQ），从1985年至1999年共刊登文章5 291篇，其中有关创业的研究97篇，占发表总数的1.8%。

无法取得一致意见（Aldrich 和 Baker，1997；Wiseman 和 Skilton，1999）。从20世纪90年代开始，一批创业学者致力于对"创业理论"的专门探讨，希望从学理角度构建创业理论。

由于奥地利经济学是创业研究最重要的理论来源，因此学者们延续科斯式命题的逻辑（"企业为什么存在"）来探讨新创企业为什么存在。在经济学的企业理论研究中，对"企业为什么存在"学者通常采用交易成本和不完全契约理论解释，那么我们是否可以这样推演，交易成本和不完全契约这两个经济学的主流理论也可以用于解释新创企业的存在？如果答案是肯定的，至少有两点好处：第一，成熟的经济学理论有助于增强创业理论研究的内核，经济学严谨的公式推导也可以提高创业研究的一般性；第二，区别于以往将创业研究置于管理学科之下的做法，此时创业研究与经济学研究具有了重要关联，有望通过学科相互渗透、跨学科研究，得到更有价值的研究结论。但是在文献梳理的过程中可以发现，几乎没有学者从经济学的企业理论视角去研究创业问题，这是因为二者根本是相去甚远的学术领域？还是学者研究取向存在偏差？Alvarez 和 Barney（2005）的研究明确地回答了这个问题——经济学的企业理论不适于解释新创企业。

经济学领域的交易成本理论认为，资产专用性的存在提高了当事人机会主义行为倾向，一旦专用性投资难以补偿，当事人就可能通过关闭投资的方式减少损失，从而阻碍了经济活动。此时，可以选择科层制（即建立企业）的方式降低交易成本，于是企业便诞生了。在企业边界内，经理可以有效地监督和控制参与各方的行为，这就大大降低了机会主义出现的可能性，保证了企业的有效治理。但是，科层制降低交易成本有一个重要的假定，即信息是比较充分的（Williamson，1975、1985），经理需要拥有足够的信息来衡量各方当事人对企业的投入，需要有足够的信息来评价各方是否履行了所需职责，需要足够的信息来决定企业利润如何在各方之间合理分配等。而不确定性是创业行为的一个最典型特点，不确定性的存在打破了信息充分——这一交易成本理论的假定，因此交易成本理论无法用来解释创业行为。

不完全契约理论强调将企业的剩余控制权配置给能够从该交易中获

利最大的那一方，因为为了实现交易的最大价值，获利大的一方有非常大的动力对交易进行专用性投资。与此同时，获利较少的一方也会出于自身收益的考虑而放弃对剩余控制权的索取，他们知道将剩余控制权配置给获利大的一方会激励其对交易的最有效管理，从而实现各方的共赢，这是一种帕累托最优的资源配置方式（Grossman 和 Hart，1986）。不完全契约理论同样要求当事人掌握一定的信息，比如估计自己可以从交易中获利的可能性，谁会在交易中获利最大等，而这些信息在创业过程中是无法获得的，创业者对未来企业能否创办成功都不确定，更不用说企业能否获利、获利水平、谁会获利最大等细致的问题，因此不完全契约理论在解释不确定性下的经济行为时同样面临困境，仍旧无法解释创业。

　　几乎是在同一时期，杰弗里·蒂蒙斯提出创业过程模型并开始被越来越多的创业学者接受，也同时将研究者的关注点转向创业者、机会和资源三类要素的整合分析上（Timmons，1999），创业理论研究开始进入了一个全新的发展时期。蒂蒙斯创业过程模型的出发点是探讨新企业成功创办的背后驱动力，创业过程模型包括机会（opportunity）、创业者团队（team）和资源（resources）三个要素（如图 2-1 所示），蒂蒙斯敏锐地指出，创业过程起始于机会，而不是资金、战略、关系网络、工作团队或商业计划。在企业创办初期，大多数情况下，真正的创业机会比团队的智慧、才能或可获取的资源更重要。蒂蒙斯之后的学者逐渐开始越来越关注机会在创业研究中的重要作用，尤其是马里兰大学 Shane 和 Venkataraman 教授 2000 年在《管理学会评论》（Academy of Management Review）上发表了"作为独立研究领域的创业研究"（The promise of entrepreneurship as a field of research）的文章，更是将机会提升为创业研究最核心、最关键的问题。在 Shane 和 Venkataraman（2000）这篇经典文献的影响下，创业理论的研究者更加关注机会，提出"创业理论应该以创业机会为中心"的理论观点，他们发现，将机会作为创业学的研究对象不仅有利于明确创业学的研究边界（boundaries），而且能够促进创业研究范式的形成和发展（Busenitz 等，2003）。作为一个科学研究领域，创业是指识别、开发创业机会的行为，为了构建更加完善的创业理论框架，有必要进一步定义创业机会、机会识别、机会开发等关键概念，并揭示这些概念间的互动关系，这种从机会视角切入的研究逻辑有助于建立创业学的学科合法性，并将创业学发展成为一个独立的学术领域（field of academy）（Davidsson，2003）。

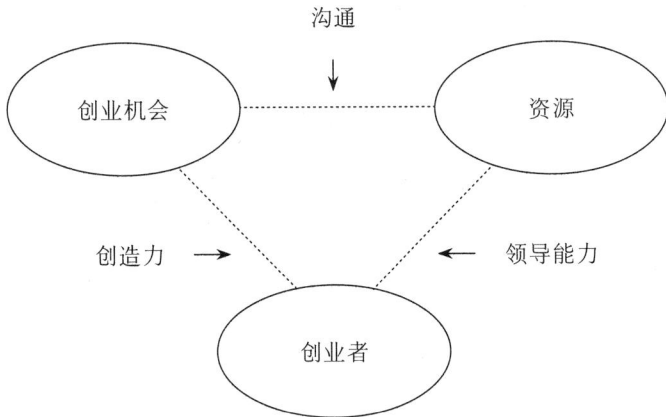

图2-1　Timmons 的创业过程模型

虽然一些机会视角的创业学者认为机会是独立存在的客观实在，与个人或企业没有必要的关联（Shane，2000；Shane 和 Vendataraman，2000），但是很明显的是，机会如果不能被创业者发现，就只能淹没在众多的市场信息之中，就无法成为获利的来源；如果缺少必要的资源来开发机会，那么机会就只能是理论意义上的商业概念，无法通过商业化的方式为企业获取创业租金、产生财富。因此创业理论研究要同时关注机会、创业者和资源三个要素，创业理论研究的核心应该是创业者、机会和资源三者的交集（Dyer、Gregersen 和 Christensen，2008）（如图2-2所示）。具体而言这是出于三方面原因。

首先，创业本身是一个多层面（multi-faceted）的活动，仅研究一个层面无法全面揭示创业。虽然机会是创业中的重要因素，但是如果机会不能被创业者识别并组织资源加以开发，就不能给当事人带来价值，因此创业必然是包含了机会、创业者和资源全部要素的活动。所以说，尽管只研究机会这个领域（如图2-2中区域 B）也会为创业理论带来很多全新的理论贡献，但是很显然，这些理论贡献无法全面地解释现实中的创业行为。

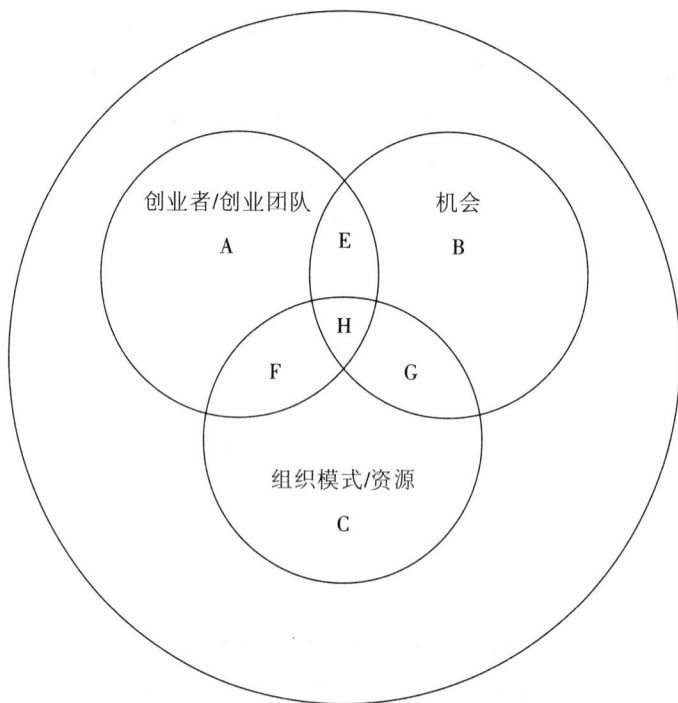

**图2-2   创业研究的概念化模型**

资料来源：作者根据相关资料整理而得。

其次，采用一维的分析方法会使我们无法提炼出专门针对创业领域的理论。举例来说，如果将创业研究只局限在创业者这一个维度（如图2-2中区域A），分析创业者的特征、预测这些特征对创业结果的影响，这样做的结果就是，创业学者所作的研究与战略管理领域学者的研究将很难区分开来，因为在战略管理研究中，高管团队也是一项重要的研究内容（Hambrick，1989；Cannella、Park和Lee，2008；Alexiev等，2010）。因此，仅仅关注一个维度很难将创业与其他学术领域区分开来，也就不利于形成独特的创业理论。

最后，虽然创业与其他学科相关性很大，但是没有必要将其他学科中单维分析范式也一并吸收。创业学在社会科学的所有分支中属于起步较晚的学科，萌芽于20世纪60年代，到了80年代才开始真正地发展，创业学在演进过程中借鉴了很多其他相近学科的研究范式。这些相近学科的研究规律通常是集中去探讨某一个概念，通过收集数据的经验方法验证研究假设，提出研究结论，结果，这种分析范式便被自然而然地借鉴到创业学研究中，加之很多创业学者都是横跨管理和创业两个领域的，他们很容易采用自己在管理学科的逻辑来分析创业问题，这样做的结果就是，创业学变成了单维度研究结论的大拼盘（accumulative fragmentalism）（Harrison 和 Leitch，1996：69）。

出于上述原因，在进行创业理论研究时不能仅关注单一要素，机会、创业者、资源等要素的整合分析是创业研究的必需，研究者在分析时关注的要点应该是各要素交互作用的区域（即图 2-2 中所示 E、F、G、H 部分）。鉴于各要素根植的理论基础有所不同，因此要素交互区域适用的创业理论也各有差异，接下来将逐一梳理各个交互区域背后的理论支撑。

## 2.2 理论基础评述

### 2.2.1 认知理论——用于解释图 2-2 中区域 E、H、F

认知是心理学上的分析视角，将它借鉴到创业研究中主要用于解释创业者的决策制定（decision-making）行为，随着创业学者对认知心理学掌握得越来越深入，认知视角的创业研究正成为理论和实证分析的热点和重点（Kickul 等，2009；De Carolis、Itzky L 和 Eddleston，2009；Haynie 等，2010）。国际一流创业研究杂志《创业理论和实践》（Entrepreneurship Theory and Practice）从 2000 年开始先后举办了两次关于创业认知的专题国际研讨会，并分别在 2002 年、2004 年和 2007 年采编了一期关于创业认知的特刊（Special Issue），在学术团体和研究者的共同努力下，虽然创业认知研究还处于早期阶段，但已取得了很大的理论进展，创业认知的核心研究问题逐渐明确，同时几种解析创业认知的理论视角也日益成熟（Mitchell 等，2007）。

（1）认知与创业认知综述

本书采用学者广泛认可的 Neisser 的研究来定义认知，认知是感官输入转化、简化、表述、存储、恢复和使用的全过程（Neisser，1967）。

它的研究对象集中在知觉、记忆、学习、推理等过程上，将人脑与计算机进行类比，将人脑看作类似于计算机的信息加工系统，人作为信息加工的积极参与者具有主观能动性，他会根据过去经验主动对事物进行识别和判断。认知心理学的根本目的是揭示认知过程的内部心理机制，即信息是如何获得、存储、加工和使用的。

认知理论关注个体知觉、记忆和思维模式等个体行为（Estes，1975）的特点使它往往忽视社会因素，尤其是不能反映出人际交往对认知的影响及其在思维中的作用。但事实上，认知不仅仅是符号加工的物理系统，它同时也是一个社会系统，离开了人与人之间的社会互动过程，就无法真正了解语言、知觉等心理现象，社会认知理论的出现打破了这种局面。社会认知不仅仅考察个体的认知，它更强调个人的认知是处在一组社会情境之下的，是个体特征和社会环境交互作用的结果。由于企业新创发生在社会背景之下，并且受环境影响十分明显，因此创业领域中社会认知的解释力更强（Hmieleski 和 Baron，2009）。社会认知理论对创业研究的一个重要启示是，只有在特定的背景和情境下，对个人认知的研究才更有意义，发掘的结论才更有价值，鉴于此，学者尝试专门研究在企业新创背景下一类特殊的个体——创业者，他们的认知方式和认知特征，以及创业认知与机会开发间的作用机制，这便出现了创业认知问题。

创业认知指在机会评估和企业新创及成长中，个人用于估计、评价和决策的知识结构的情况（Mitchell 等，2002）。创业者与非创业者在认知活动中具有显著差异，通常创业者知觉到的风险要低于非创业者，在风险管理上的能力也更加突出，同时创业者也会理性地避免不确定性可能招致的损失（Forlani 和 Mullins，2000），与非创业者相比，创业者在认知过程中很少使用回顾思维（counterfactual thinking）①（Roese，1997），这是因为创业过程通常是艰难、险象环生的，如果创业者经常性地回忆当初，就会想起过去遭遇的困难情形，会很影响目前的思想情绪，更会分散创业者精力（Baron，2004），所以在创业情境下，回顾思维的

---

① 回顾思维是指设想对于过去的情形，如果当初不那样做，结果又会怎样。

负面效果更大，成功的创业者中较少出现回顾思维（Baron，2000）。

　　创业认知有助于解决下述三个创业理论问题。第一，创业者是如何识别出机会的，而其他人却不能（图 2-2 中的区域 E）。创业者通过将信息与创业逻辑相结合，可以率先识别出技术突破或环境变革，而这两点是创业活动的重要来源。规则聚焦理论（RFT，regulatory focus theory）认为，个体通常采用两种相对行为作为决策的指导思路：促进型聚焦（promotion focus），意指基于个人努力而获得积极结果，这类决策者会去寻找足够多的备选方案；预防型聚焦（prevention focus），意指目标实现是基于安全性的考虑，避免消极后果，决策者倾向于提出尽可能少的假设以防止行动带来的无谓失误。Higgins 研究发现，创业者通常选择促进导向模式，且存在较高的稳定性，因此使他们更容易识别出创业机会（Higgins，1998）。

　　第二，认知观有利于更好地解释不同创业者为何企业绩效间存在差异（如图 2-2 中区域 H）。根据创业者的认知方式，可以将创业者分为两类：一类创业者很少会分析细致的信息，通常他们在对机会进行全盘性考虑之后就会做出最终决策，这属于直觉式认知；另一类创业者则比较细腻，他们希望能够尽可能多地占有信息，偏好于通过系统化和程序化的方法来制定决策，这是分析式认知（Allinson 和 Hayes，1996）。机会开发过程中直觉式认知的创业者会较少采用结构化和系统化的思考方式，因此他们创建的企业往往也会体现出非结构化和非系统化的特点，上述两个特点在企业创办早期常常是有效的治理方式，它有助于企业获取灵活性及更好地把握机会，所以这类创业者治理的企业往往会更加成功并获取更多的创业租金（Alvarez 和 Busenitz，2001）。但是最近的研究发现，直觉式认知方式并非始终强于分析式认知，在机会开发阶段，分析式认知的创业者可能会表现得更加出色（Kickul 等，2009；Chaston 和 Sadler-Smith，2012）。

　　第三，认知观可以解释为何在面对同一个已经被识别出的机会时，创业者会采取行动，而非创业者会止步不前（Shane，2000）。期望理论指出大多数人在决策时更多的是考虑行动损失，而非行动的收益（Kahneman 和 Tversky，1979），如损失 1 000 元要比收入 1 000 元对行为人影响更大。但是创业者可能与之不同，他们行为的逻辑不是基于损失了多少，而是基于未来可能获得的收益（Bird，1988），因此在面对同一机会（常常蕴含着风险、损失）时，创业者会选择开始行动。

尽管创业认知在创业研究中的重要性已得到学者广泛认可，但创业认知作为一个专有的学术名词却是近几年才被提出的，之前学者更多地采用"创业中的认知"（cognition in entrepreneurship）、"创业者的认知"（entrepreneurs' cognition）等表述方法，相关的研究中对于创业认知与认知、社会认知之间的区别也比较模糊，甚至有些研究将一般意义的认知特征、认知方式直接移植到创业情境下，未作任何适用性论证。而且这些研究也多是描述性和定性的说明，缺乏规范的实证检验过程。

随着创业认知理论的不断深入，逐渐开始有文章定量地考察创业认知与创业活动间的关系（Brigham、De Castro 和 Shepherd，2007）。这类研究大体可以分为两大类：第一类研究是从"个人中心论"的视角（Fiske 和 Taylor，1984），以创业者为中心，分析创业者特征、个性等各种前置因素对创业认知的影响。Brigham 等人（2007）采用了 Allinson 和 Hayes（1996）认知方式的量表来考察创业认知方式与组织结构契合程度（fit）之间的关系，以及这种契合程度对创业者满意度的影响。他们的研究发现，创业认知方式和组织特征会影响个人-组织契合程度，契合程度高的组织内，创业者的满意度更高，退出倾向更低。不仅如此，创业认知方式还能弥补组织特征中的缺陷，避免组织结构问题对创业者满意度的负面影响。而另一种团队创业情况则要将创业团队整体作为分析对象，个人中心论的研究视角被拓展为"团队中心论"。从本质上讲，一个团队不会有所谓的认知，所以比起团队中个体们的认知，整个创业团队对"哪些行为才是合适的"这一问题的知觉才是更重要的，常常是创业团队的集体认知（entrepreneurial team collective cognition，ETCC）影响了新创企业的决策制定，创业者认知方式太过一致，或太过分歧都不利于新创企业取得好的绩效（West，2007；Groves、Vance 和 Choi，2011）。

创业认知的第二类研究是从"环境中心论"视角，重点考察不同情境下，创业认知的表现形式有何差异，以及外部因素对创业认知的影响过程和发生机制。创业认知在新创企业中面对的环境要素与公司创业中完全不同，因此两类创业者的角色图式（role schema）①也不一样。根据社会认知理论，角色图式的差异又会导致事件图式（event schema）的不同，最终表现为创业者认知方式的不同（Corbett 和 Hmieleski，2007），延续此种思路，不但可以将新创企业的创业认知拓展至公司创业领域，还可以拓展至女性创业、种族创业等其他情境，考察情境要素对创业认知的作用机理。

无论是"个人中心论""团队中心论"，还是"环境中心论"，它们都认为创业认知的核心是要回答"创业者是如何思考的"（how do entrepreneurs think）这一关键问题。为了回答这一理论问题，对创业者思维方式和决策制定过程的考察都是必需的，也是最有价值的，从创业者的认知方式切入是一个适宜的理论尝试。

（2）认知方式与机会开发

心理学领域学者普遍认为认知方式是个人行为的重要决定因素，认知方式被定义为一个人喜欢和习惯采用的组织、反映和加工信息的方法，是根据之前经验对信息和情境的自动反映，是人们在知觉、思考、处理问题、学习和与人沟通时的方式差异，是个人知觉、记忆和处理问题时采取的独特模式（Sadler-Smith 和 Badger，1998）。认知方式具有下列四个特点：第一，认知方式是一种普遍现象，可以通过心理学技术进行测量；第二，认知方式在长期内是相对稳定的，是个人稳定的心理特质；第三，认知方式有两种极端，一端是完全凭借直觉进行思维，另一端则是严格依靠细致分析来制定决策；第四，认知方式没有孰优孰劣之分，Sadler-Smith 和 Badger（1998）就曾指出，认知方式只是描述了人们认知上的差异，而不是说哪种认知方式更好。

在实际操作中，认知方式已经被概念化为个人在发觉、制定和解决问题时采取的高度简化的方式，其操作化定义是人们在处理问题和制定决策时倾向于采取哪种方法，在测量上采用 Allinson 和 Hayes（1996）开发的认知方式指数（CSI），这一量表在对认知方式评价上已取得了各学科众多研究者的广泛认可。CSI 的前提假设是，每个人的认知方式都

---

① 角色图式是指人们对特殊角色者（如教授）所具有的有组织的认知结构，比如人们常常认为教授知识渊博、满头银发等。

处在一个由直觉式和分析式分居两极的连续区间之内，一般而言，直觉式认知的人相对而言不是循规蹈矩的（nonconformist），这些人处理问题时更喜欢采取开放式观点，依赖于随机发现的方法，在处理那些需要全局性思维的问题上表现出色（Allinson 和 Hayes，1996）。而分析式认知者多是分析与环境的适应性，更倾向于采取结构性强的方法来处理问题，依赖系统性的调查方法，对于需要循序渐进分析方法的决策，分析式认知者能够取得更好的效果。

不同认知方式的创业者在创业活动中的表现有所差异。直觉式认知的创业者会愿意并敢于通过有限的信息拍板决策，在面临高度模糊和不确定性的创业情境时，恐怕只有直觉式认知的创业者才能够做出机会开发的决策，推进企业创建（Busenitz 和 Barney，1997），如果此时创业者采用分析式认知模式，全面地搜集信息和系统地分析信息，不但是很难实现的，而且成本也是极其高昂的。另外，从创业学习的视角来看，基于惯例和客观事实的学习只能是低水平的学习，要想达到知识创造和形成竞争优势，必须通过直觉式认知实现高水平的创业学习（Groves、Vance 和 Choi，2011）。直觉式认知可以使创业者快速了解不确定和复杂的创业环境，并对创业活动做出前瞻性的决策（forward-looking）（Gavetti 和 Levinthal，2000），采用直觉式认知的创业者通常在机会识别阶段表现得更加出色（Kickul 等，2009）。事实上，有些学者指出，如果创业者独特的认知方式本身可以为企业创造价值，并同时难以被其他创业者模仿，那么创业者的直觉式认知方式甚至就是新创企业的一项竞争优势（Alvarez 和 Busenitz，2001），会对企业创办以及创办后的发展产生促进作用。

但是，并不是说在任何情况下直觉式认知都要强于分析式认知，如果说直觉式认知有利于创业者发掘创业机会，在机会识别阶段表现得更为出色，那么在机会开发阶段，则分析式认知中的逻辑性、系统性的效果可能会更加突出。依赖分析去做决策的创业者重视对创业的评估和计划，他们在信息判断、信息评价和行为选择等方面比直觉式认知的创业者能力更强，而对信息和行为的仔细谋划恰恰是贯穿于机会开发始终的持续性活动，因此具备此类技能的分析型创业者在机会开发环节表现得更加突出（Chaston 和 Sadler-Smith，2012）。具体而言，分析式认知有利于创业者系统地进行信息处理，一步接着一步的、按部就班的思维方式可以帮助创业者制订出较为详尽和可行的创业计划（entrepreneurial plan），不仅降低了新创企业的死亡率（Shane 和 Delmar，2004），而且这种计划所带来的好处也将远远超出其自身的成本（Bird，1988；Chaston 和 Sadler-Smith，2012）。此外，机会开发过程中的组织、安排工作也需要创业者具有较高的分析技巧，各项创业活动之间的顺序安排、各类资源在企业内的整合方式、新创企业与外部环境之间的信息交换等活动，都要求有着有条不紊的程序和方法，在这些方面，分析式认知的创业者往往要比直觉式认知的创业者表现出色。而且，当创业机会被商品化，转化为新创企业的产品/服务之后，为了有效地维护新创企业的生存和发展，需要创业者具有小企业管理的相关技能，从新创企业的人员管理、现金流管理，甚至是未来的成长方向等，都要有着战略性的系统谋划，这些创业活动中也大量使用到分析能力（Kickul 等，2009）。

可见，认知方式对创业活动的影响是多层面的，在某种情境下，直觉式认知对创业的促进作用更明显，而在其他条件下，可能分析式认知的创业者更易取得创业成功。此前几乎仅仅关注直觉式认知在创业活动中作用机制的研究倾向是无法深入解析创业行为的，唯有对两种认知方式在不同创业阶段的具体表现和作用机制逐一研究，才能够清楚揭示认知与创业关系，这也是认知视角下创业研究的重点内容和未来方向（Chaston 和 Sadler-Smith，2012）。

（3）认知特征与机会开发

理论研究表明，人是一个认知的吝啬者（cognitive misers）（McGuire，1969），在知觉他人和外界的时候常常试图去掉琐碎的信息以节省精力，只愿意从发生的事件中挑出对形成印象必需的那些信息。另外，从客观条件上看，由于人们认知能力的有限，他们在做决策的时候既不能"进行全面性的分析"，也无法做出"完全准确的预计"（Cooper、Folta 和 Woo，1995），为了应对减少压力和模糊对自己决策的影响，他们只能采用启发式思维（heuristic thinking）、简单化的策略来进行思考（Hansen 和 Allen，1992），这样的认识过程也就不可避免地会产生认知偏差（cognitive bias）。

认知偏差是指"由于启发式思维或其他缘由而引起的主观的或预设的观点意见"（Busenitz 和 Lau，1996），虽然认知偏差可以帮助人们处理认知局限问题，但也同时带来了理性思考不足、决策的系统性不强等问题，认知偏差最常出现在人们需要在不确定环境下制定复杂决策的时候（Schwenk，1989），尤其是在创业过程中出现的频率更高（Busenitz 和 Barney，1997）。创业过程中的认知偏差是多种多样的，其中有三项重要的创业认知偏差会对创业活动产生直接的影响。

首先是过度自信（overconfidence），指"创业者不知道自己的知识是有限的"（Russo 和 Schoemaker，1992），他们常常无法在出现了新知识后及时更新自己的知识库，所以在自己的信息已经变得不正确的时候，尚未觉察出来。这些创业者会认为自己的看法就是事实本身，对自己看法可能存在的错误和带来的风险毫无感觉，所以一些在其他人看来是有风险的事情，在这类创业者看来就不能称之为风险，换言之，存在过度自信认知偏差的创业者能够知觉到风险的数量更少，因此这类创业者更容易做出机会开发的决策，率先创办自己的企业。鉴于此，有些学者认为，与非创业者（如管理者）相比，并非是创业者的风险偏好更强，更可能是因为创业者知觉到的风险数量更少，所以更容易从事创业活动（Simon、Houghton 和 Aquino，2000）。

第二类认知偏差是控制假象（illusion of control），是指"个人过分强调自身技术对结果的作用，而事实上在当时情况下这种结果的产生，运气才是决定性的因素，而非个人技术"（Langer，1975），由于过高地估计了个人的技术，就会对自己处理未来事务的能力充满信心，此时就发生控制假象的认知偏差（Grégoire、Corbett 和 McMullen，2011）。对自己控制能力的自信会影响个人的创业意图，因为对自己处理当前和未来事务的能力更有信心，这类个体就会较之其他人更容易成为创业者，而且基于这种"假象"的控制能力，创业者也会倾向于做出高风险的行为，比如收购一家绩效不良的企业，或是开发创新性更强的产品/服务（Chaston 和 Sadler-Smith，2012）。甚至是缺乏成功创业家必备素质的一些创业者也表现出控制假象，他们通常认为自己的企业会比同行其他企业表现更出色（Cooper、Woo 和 Dunkelberg，1988）。

　　创业过程中的第三类认知偏差是代表性偏差，或叫作小事件决策法（the law of small numbers），是指个人仅仅通过有限的信息就来制定企业决策。比如说，在创业者做市场调研的时候，收到了两份反馈表，表示他/她愿意购买该公司即将推出的产品/服务，结果这位创业者就备受鼓舞并认为其产品/服务将有非常好的市场预期，此时，就出现了代表性认知偏差。这是因为这两位消费者不仅不能代表总体，而且这么小的样本量也无法达到预测的最低数量要求，仅仅凭借小数量的数据，推知总体的结果，将面临极大的决策失误。在前面的例子中，极有可能是在创业者组建好企业之后发现其产品的市场需求严重不足，代表性偏差的存在最终导致了创业失败。但是，另外一方面，由于创业中的不确定性降低了创业者掌握的信息数量，几乎所有决策都是在有限信息下做出的，成功的创业者也是基于有限信息进行决策的，那么究竟信息数量"有限"（或信息数量"小"）到什么程度会影响决策质量，学者还没有得出统一的结论（Simon、Houghton 和 Aquino，2000），但有一点可以肯定的是，在获得的小数量信息中，创业者往往只关注其中对自己有利的信息，更多地做出乐观估计（Kahneman 和 Lovallo，1993），代表性偏差使得创业者忽略了部分创业风险，更容易对环境做出积极评价，从而在机会识别之后更快地通过开发创业机会的方式组建企业。

　　正如认知方式与创业过程的关系具有多层面特征一样，认知偏差与创业过程的关系也不是简单的一维关系，虽然称之为"偏差"，但认知偏差并非一定会对创业活动产生负面影响。早期的研究者倾向于负面观点，他们认为认知偏差降低了创业者知觉到的风险数量，增强了其创业的可能性，但这种创业通常会遭受失败。为了避免上述情况的发生，学者们认为创业者应该着力减少自身的认知偏差，并多多听取外界意见，或者可以尝试通过群体决策等技术手段降低认知偏差出现的频率。但是也有一些学者不同意上述观点，他们认为在企业创办的早期阶段，认知偏差降低了创业者知觉到风险的数量，创业者会投入更多的资源和能力到创业过程之中，从而有利于取得创业成功，因此认知偏差对创业是有益处的。当然，持正面观点的学者也强调，创业者在存在偏差的同时要不断加强自身学习，应该提高对事物本质判断和掌握的能力，避免由于认知偏差可能导致的损失，如果能够搭建起有效的安全网来防范不可预知给创业带来的困难，企业创办的过程无疑将会更加顺畅。

（4）小结

通过上述研究不难发现，采用认知理论解释创业过程正在成为创业研究的新热点，认知理论也越来越成为创业的基础理论之一（Kickul等，2009）。随着认知心理学研究范式、科学方法等的日趋完善（艾森克、基恩，2009），它对创业研究的价值和作用也日益增强，尤其是在研究方法的科学性方面，认知理论的实证方法可能会提高变量间预测关系的有效性。比如说，目前创业认知的研究方法主要是事后方法论，如问卷调查、访谈等，这些方法可能带来主观误差和偏见，从而影响研究的信度和效度。最新的认知研究已经尝试应用认知心理学知识通过协议分析（protocol analysis）、组合分析（conjoint analysis）和策略捕捉（policy capturing）等分析工具进行事前评估（Choi 和 Shepherd，2004；Shepherd 和 DeTienne，2005；DeTienne 和 Chandler，2007），预期可以在适应性和操作方法进一步优化之后更好地提高创业认知对创业活动的解释力。

### 2.2.2　资源基础理论——用于解释图 2-2 中区域 F、G、H

资源基础观的中心内容是探讨企业如何利用资源获取竞争优势（Williamson，1999），早期研究主要集中在成熟企业，后来随着研究深入，学者发现资源基础理论同样可以用于解释新创企业存在的逻辑（Alvarez 和 Barney，2007），资源基础理论成为创业研究的核心理论之一。

在资源基础观兴起之前，主导的战略管理理论是 Porter 等人所倡导的定位学派。定位学派假设产业内企业是同质的，或者即使某一产业内存在异质性，也会因为实施过程中的高流动性而使得异质性的存续时间很短。所以，企业的竞争优势在于市场结构，选择正确的目标市场/产业成为企业的基本战略（Porter，1980）。然而，定位理论一直无法解释为何在相同行业的不同企业之间，经营绩效的差异甚至要比不同行业的企业之间的差异还要大（Rumelt，1982、1984、1987，引自 Foss，1998），以及统一产业不同企业间存在不同的成长率（Penrose，1959）。这就说明绩效的差异并不仅仅来源于企业外部，而很可能还来源于企业内部。在此之后，一些学者开始关注企业内部的研究，将"资源""知识""能力"等作为研究对象，研究上述因素与竞争优势之间的关系。

（1）资源异质性与持续竞争优势

基于传统的资源位势和产业竞争力分析，Wernerffelt（1984）具体分析了资源在何种条件下才可能长期地产生高回报。他认为可以从两方面获取：一是资源可以产生一般效应（general effects），即如果一项资源自身的生产或资源的关键投入部分被一个垄断集团所控制，则在其他条件等同的情况下，这将减少其他人使用此资源的回报（如专利就会产生这种作用）。二是通过先发优势——资源位势壁垒，即如果某企业已事先占有资源，则这一情况将会反过来影响到后续资源获取者的成本和收益，其结果是确保了先发者从此资源位势壁垒中受益。与此同时，为了实现这种先发优势，还需要足够的进入壁垒，也就是说，仅有进入壁垒而无资源位势很容易受到多元化进入者的威胁，仅有资源位势而无进入壁垒则很难长期获取超额租金。

虽然 Wernerffelt（1984）上述理论未对资源特性与竞争优势详细分析，但其构建的资源、资源位势壁垒与竞争优势的分析框架为拓展企业管理理论的新领域奠定了基础，与此同时，Rumelt（1984）对隔绝机制的探讨则进一步深化了资源基础观的研究。Rumelt（1984）强调了隔绝机制（isolating-mechanisms）在企业获取竞争优势过程中的作用，认为企业通过占有稀缺资源的产权，或是掌握各种有利于阻止竞争对手模仿的准权利，就可以借此维持企业的竞争优势。这些隔绝机制包括信息不对称、原因不明①、生产者学习、购买者转换成本、

---

① 原因不明（causal ambiguity）是指企业间绩效差异的原因的不确定性，它阻止了模仿者确切地知道应该模仿什么及如何模仿，这些不确定性也就限制了模仿的积极性。

搜寻成本、声誉、专有资产的规模经济等诸多机制，这些都有助于通过保护企业的竞争优势不被模仿而维持租金流。Rumelt（1984）提出的隔绝机制与进入壁垒（Bain，1956）和移动壁垒（Caves 和 Porter，1977）等概念极为相似，只是 Rumelt（1984）的研究将分析重点转向了资源，认为只有那些能够导致无供给弹性的资源，或是在一个相对较长的时期内无供给弹性的资源，才有可能为企业带来经济租金（贺小刚，2006）。

虽然理论界对竞争优势的探讨持续多年，但对于竞争优势和持续竞争优势的区别仍然十分不明确，直到 Barney（1991）发表了《企业资源与可持续竞争优势》（Firm Resource and Sustained Competitive Advantage）的论文，持续竞争优势的研究才开始被高度重视。Barney（1991）指出，如果企业执行了有价值的战略，同时其他任何既有企业或潜在竞争对手都无法实施该战略时，企业就拥有了竞争优势。而可持续竞争优势是在上述两项之外再加入第三个条件——"竞争对手无法复制此战略的优势"。在获取持续优势的过程中有三个需要仔细思考的问题：①竞争优势必须同时考虑现存的和潜在的竞争对手；②持续性不是一个日历时间概念；③竞争优势的持续性并不意味着它将永远存在，由于产业中竞争结构的不可预期很可能导致某一时期内可持续竞争优势的来源变得不再有价值了，所谓持续性只是暗示本企业将不会由于其他企业的复制而被淘汰出局。

那么，怎样才能促进竞争优势的持续性呢？Barney（1991）认为可持续竞争优势的来源应该满足四个条件（即 VRIN）：①价值性（valuable），资源只有被用于构建或实施在旨在改善企业效率和效果的战略中、且有助于企业利用机会或平衡风险时，资源才是有价值的；②稀缺性（rare），只有当资源对于一个企业而言可以创造价值，而其他许多企业均无法采取此战略，这样的资源才是能带来竞争优势的稀缺资源；③不完全模仿性（imperfectly imitate），由于独特的历史条件、原因不明、社会复杂性等因素导致竞争对手无法模仿；④不可替代性（nonsubstitutable），该资源不易被相似或完全不同类的资源所替代。

在 Barney（1991）研究之后不久，Peteraf（1993）在整合前人研究的基础上提出了获取可持续竞争优势的综合范式，提出企业要从获取异质性资源、建立事后进入壁垒、保证要素的不完全移动和限制事前竞争四个方面寻求竞争优势的可持续性，这一分析框架被后来很多学者发展和借鉴，尤其是在创业领域，遵循该研究范式可以更好地探求新创企业在开发创业机会的过程中如何凭借资源异质性获取持续的创业租金。

（2）新创企业的资源异质性与竞争优势

首先需要指明的是，早期学者认为资源基础理论只可以解释成熟企业竞争优势的来源，随着研究深入，学者逐渐发现新创企业也可以通过形成异质性获取高于其他竞争对手的获利潜力，攫取创业租金（Alvarez 和 Busenitz，2001；Zhao、Ishihara 和 Jennings，2019），资源基础理论同样适用于新创企业研究。具体而言，Peteraf（1993）提出的四种途径——资源禀赋、限制事前竞争、事后进入壁垒、保持要素的不完全流动同样可以提高新创企业异质性从而获取竞争优势。

第一，创业者个人的资源禀赋是企业异质性的重要来源。

首先，面对同样的市场环境，不同创业者因为思维模式差别会形成不同的看法，这种认知模式上的差异会成为企业竞争优势的潜在来源。正如前文分析中指出，创业认知是机会开发的关键预测变量，直觉式认知创业者更善于适应环境变化，其思维方式更适合创业初期特点，而分析式认知创业者在资源获取、战略定位中体现出的逻辑判断能力也形成了比较优势。无论何种认知方式均是个人长期形成的稳定特质，具有稀缺性和难以模仿性，鉴于机会开发中个人绩效强烈影响企业绩效的情境下，这种认知能力也会上升为企业竞争优势的来源。

其次，创业者机会识别能力也是企业的一种异质性资源。创业者与管理者的一个重要区别就在于，创业者可以没有管理者知识水平高但其创业警觉性通常会高于管理者。创业警觉性是指率先发现产品（服务）的价值未被满足从而通过开发机会的方式获取其价值的一种能力（Kirzner，1979）。警觉性的来源或是创业者占有了更多信息，或是经过长期的启发式认知模式形成了一种快速学习能力，或是源于其他各种原因，总之警觉性高的创业者会早于其他人率先识别出市场中的创业机会，通过率先开发机会获取创业利润。

最后，创业者的资源整合能力也是异质性的重要来源。当识别出一个获利机会之后，创业者不是只能通过创办企业的方式才可以获取利润，他还可以在市场中充当一个低买高卖的套利者，同样可以获取利润，即市场交易方式。在两种方式选择时，创业者是基于成本原则选择机会开发方式的，如果创业机会背后更多的是隐性知识，那么这种机会一旦为其他竞争者知晓，便丧失了获利的可能性，因此创业者通常会选择创办企业的方式。较之低买高卖的市场交易方式，创办企业需要创业者具备更高的资源整合能力，从吸引资源、积累资源到整合资源（Sirmon 等，2007）是一项复杂的系统活动，如果创业者无法将各种知识、资源有效整合在一个组织之中，再好的创业机会也无法商业化，也就无法获取创业租金而增加企业竞争能力。

第二，限制事前竞争，提高新创企业的创业租金。

如果战略要素市场是完备的、没有受到限制的，新创企业就只能期望获得一般水平的创业回报，而如果新创企业可以在竞争者建立起优越资源位势前采取有效措施阻止它们获取这样的资源位势，那么就可以凭借异质性的位势获取超额创业租金（Barney，1996）。而且，在创业初期，由于竞争者对新创企业资源掌握得极其有限，对企业何以获得竞争优势不甚了解，这种"原因不明"①使得竞争者的模仿成本极其高昂，且难度极高，原因不明也便成为限制对手竞争的另一种途径。除此之外，企业还可以通过其他方式设置事前进入壁垒，最为有效的是技术专利、专用生产许可等制度规定，企业独占关键性资源也是创业者常采用的方法（Shane，2003），只是在实施中存在一定难度。

第三，设置进入壁垒，限制竞争会增加新创企业异质性。

为了获取竞争优势企业不仅需要先于竞争对手识别并开发出有价值的创业机会，而且更为重要的是，应该在机会开发的同时建立有效的隔离机制，防止创业租金的耗散（Alvarez 和 Busenitz，2001；Alvarez 和 Bareny，2007a）。隔离机制的一个来源是创业者的认知能力，它表现在

---

① 在研究竞争优势来源问题时，经济学中还有一个专业术语，叫作原因不明（causal ambiguity），它是指企业已有资源与竞争优势之间的逻辑链条究竟如何，企业自身也不甚明了，因此在探究企业竞争优势来源时只能归结于"原因不明"。

认知能力强的创业者在开发机会获取第一期创业租金后往往会继续搜索下一步创业机会，一旦时机成熟便可以先于竞争对手攫取第二期创业租金，这类习惯型创业者（habitual entrepreneurs）通常是持续成功的创业者，他们的认知能力使得其他企业无法进入他们的领域（Wiklurd 和 Shepherd，2008；Ucbasaran、Wright 和 Westhead，2009），从而限制了竞争对手的竞争。

另外，企业核心知识的有效保护也会隔离竞争者侵蚀创业租金。与限制事前竞争类似，除了通过专利、独占人才、行业法规等常用保护机制之外，"原因不明"（causal ambiguity）也从客观上保护了企业核心资源不外泄。企业的创办过程面临着巨大的不确定性，在这种异常动态的外部环境下，究竟是哪一种因素，或是哪些因素促进了企业的成功创办，创业者很难完全辨识清楚，这种原因不明便会阻碍模仿者明确要模仿的内容，以及采用何种方式去模仿（Alvarez 和 Busenitz，2001），从而限制竞争对手分割企业创业利润。如果按照熊彼特的观点，新创企业需要高昂的前期投入才可能成功开发机会，那么这些沉没成本加之原因不明导致的不确定性更会限制竞争者进入，从而保证新创企业的资源异质性。

第四，要素的不完全流动保证了新创企业资源异质性。

自从 Granovetter（1985）提出"经济活动嵌入于社会结构中"的著名论断之后，嵌入性越来越得到理论研究的重视，创业作为一种社会经济活动，需要创业者整合各种实物资本、人力资本和社会资本才可能创办成功，因此对社会结构的依赖性更大。而一旦企业的资源或能力具有了社会复杂性特点，这类资源或能力就有可能成为企业持续异质性的来源（Barney，1995）。虽然其他竞争者十分清楚这些资源是获取竞争优势的来源，但是由于上述资源的社会复杂性，对竞争者而言，要模仿或创造同样的资源却是几乎不可能的。甚至有些学者认为，推进创业理论研究的一个阻碍可能也是来源于创业资源的社会复杂性（Alvarez 和 Busenitz，2001）。

另外，根据演化经济学的观点，企业资源是动态演进的，在演进过程中，惯例（routine）就显得非常重要，惯例通常是在企业发展早期形成的决策模式，这些决策模式加之未来发展中管理者们制定的决策一起，就好像是企业的 DNA 一样，长期存在并持续作用，因此，竞争优势的获取是一个路径依赖的过程（Nelson 和 Winter，1982），依赖于企业早期的战略决策。新创企业由于是新生的，规模通常较小，前期决策对后期发展的影响就显得更加重要，路径依赖性也更加明显。新创企业的上述特点或是提高了竞争者模仿的难度，或是在竞争者移植了部分资源到自身企业之后，发现会由于缺乏完整的资源基础而大大降低了资源价值，这样一来，路径依赖性就起到了防止创业租金耗散的目的。

### 2.2.3　社会资本理论——用于解释图 2-2 中区域 E、H

（1）创业活动的社会嵌入性

社会资本，或社会网络的分析始于学者对新古典经济学的修正。新古典经济学的分析逻辑是，在个人偏好既定的前提下，理性人根据预算约束和价格信号指引，追求个人效用最大化的实现。这种分析的优势在于其数学推理的精巧及技术分析的成熟，但缺点显而易见，即将人假设为价格接受者而忽略了人与人之间的异质性，更未提对人所处的文化和社会的分析。"人类行为由利益和社会关系两个因素组成"（马克斯·韦伯，2004），所以"经济活动是嵌入于社会结构中的"（Granovetter，1985），在对人的行为进行分析时，一定不能忽略其社会嵌入性，这对于受几千年差序格局和特殊主义（Carney，2005；翟学伟，2004）文化影响的中国人、中国企业来说，更加重要，尤其对目前处于转型背景下的中国企业而言，制度、法律环境的相对不成熟使得社会网络成为资源配置的一种重要方式（Dew 等，2009；Zhao、Ishihara 和 Jennings，2019），因此中国情境下新创企业研究必然要引入社会嵌入性分析，理论研究中往往通过社会资本加以考察。

社会资本是从新经济社会学演化出来的一个最有影响的理论概念，虽然这个术语很快成为社会科学的常用词，但至今没有一个统一的定义。学者根据各自的研究目的，从资源、能力、功能、关系网络和结构等视角切入，界定了社会资本的内涵。正如 Stiglitz（2000）所言，"社会资本是一个非常有用的概念，但却是一个非常复杂的概念，是诸多不同观点促成了这种复杂性"。虽然研究者给出的定义各不相同，但在本质上都将社会资本视为个体或群体行为者从其所处的社会网络位置或关系内容中获得的一种资本，这种资本大多嵌入于彼此熟悉或认识的网络之中，通过关系网络的接触和联系，可以获得其他资源。本书采用 Nahapiet 和 Ghoshal（1998）中对社会资本的经典定义，将社会资本看作是"嵌入个体或社会关系网络的，或通过该网络获得的，或来源于该网络的那些实际或潜在的资源集合"。需要指出的是，现在有很多研究将社会资本等同于社会网络或关系网络，但本研究将社会网络/关系网络视为社会资本的载体，网络性仅仅是社会资本的属性之一。

传统的学者将社会资本看作一个单维（unidimensional）的概念（Burt，1992；Walker 等，1997），现在绝大多数研究者均认为社会资本实际上是一个多维度的复杂概念（Nahapiet 和 Ghoshal，1998），结构学派（代表观点包括 Burt（1992、2000、2001）、Lin（2001）、Leenders 和 Gabbay（1999）等）强调社会资本中的内联（bonding）、结构洞（structural holes）、网络闭合性（network closure）和强联带（strong tie）、弱联带（weak tie）的作用。而关系学派（代表观点包括 Nahapiet 和 Ghoshal（1998）、Adler 和 Kwon（2002），及 FukuYaMa（福山）（1995）等）则强调关系性质与结构分析，关注网络结构、信任和规范等因素对于资源获取和行动协作的影响。对比两派观点可以发现，结构学派将集体作为分析单位，考察集体内各种关系所组成的网络，集体内各方若能建立起紧密联系将会促进行为发生以及增加整体价值，这样做的结果就是集体会更好地实现共同目标。而关系学派则将个体作为分析单位，通过对个人社会联系、个人社会网络以及个人如何利用自身的社会资本实现效用最大化等问题的阐述来构建理论，该学派的研究目的是明确个人是否可以通过社会资本带来的各种接触和联系来实现成功。很显然，关系学派的逻辑更适宜创业研究，因为创业的研究对象就是个人和机会交互作用下，个人如何通过获取资源、开发创业机会，继而获取创业成功（Shane，2003）。关系学派对社会资本的分析更容易厘清不同社会资本对创业者识别机会、开发机会的作用，因此本研究采用关系学派的观点来考察社会资本在创业中的作用机制。

（2）社会资本在创业中的作用机制

社会资本对创业的促进作用已经得到了学者的广泛认可，社会网络被视作企业成长的重要来源（Batjargal 等，2013）有利于增强新创企业合法性，社会资本将创业者与创业机会有效地连接起来（Aarstad、Hangland 和 Greve，2010），最大限度地降低了企业失败的可能性（Westhead，1995；DeTienne，2010；Preller、Patzelt 和 Breugst，2018），同时社会资本还能促进创新并分散创新风险，为创业者提供支持和信用。

社会资本对创业的作用可以通过交易成本和网络理论做出经济解释。交易成本理论早期只是关注市场与企业的关系，后来慢慢被应用于对社会网络的分析。在交易成本经济学家看来，社会制度、组织制定等都是预防失信、解决失信和违法行为的有效手段，社会网络作为一种制度安排，在市场机制失灵的情况下，可以减少不对称信息与机会主义行为，达到降低交易成本的最终目的（Batjargal，2010）。在中国情境下，由于法律、制度等发展水平有限，社会资本有时不仅仅发挥补充市场的功能，甚至会成为市场的替代，成为资源配置的主要方式（朱仁宏等，2009）。

但是经济社会学家的观点却与交易成本经济学家大相径庭，前者认为不同交易归属于不同组织的原因不在于组织节约了交易成本，而在于经济行动者的社会关系、社会网络在其中的作用，即经济活动的社会嵌入性（Granovetter，1985）。根据网络理论，社会资本对创业的作用体现在两个方面：一是促进了信息的流动，提高了流通信息的质量（Adler 和 Kwon，2002），而信息是创业机会的重要组成部分（Shane 和 Venkataraman，2000），因此社会资本会加速创业活动。比方说如果创业者通过直接认识或行业协会等间接的方式，与某大学教授之间建立起了社会关系，那么创业者就可能最先获知某项科学技术，他也就有机会在其他人尚未知晓的情况下，通过开发此项技术而获取创业利润。社会资本的另一项功能在于为创业者积累影响力。如果其他网络成员知晓、认可并信任了创业者，这种网络关系的价值即使不能在当期给创业者带来经济回报，也会在未来某个时期给该创业者带来益处（Jack，2010）。相对于网络关系较弱的创业者，那些同时作为多个网络组织成员的创业者所具有的影响力和权力都更大，这样的创业者也将从社会资本中获取更大的收益（Burt，1992）。具体而言，可以从社会资本在机会识别和机会开发中的作用机制来考察社会资本与创业的动态关系。

首先，社会资本提高了创业者识别机会的数量和质量。

社会网络对创业者识别机会的能力有重要影响，社会资本是创业信息的最主要来源，是创业者识别、发现机会的重要土壤。社会结构中的弱连带（week tie）（包括一般社会交往中所认识的人）是信息流动的"桥接"（bridges），创业者可以通过自己为数众多的弱连带获取独特的信息和机会（Granovetter，1973），那些社会网络更广阔的创业者通常可以识别出更有价值的创业机会（Hills 等，1997），与此同时，广阔的社会资本还能间接增强创业者的警觉性和创造性，进一步提高其机会识别的能力。

社会资本对机会识别的影响主要源于主观和客观两方面原因。主观层面，创业者通常倾向于进入那些自己比较熟悉的社会关系或与原来职业相关的行业，而进入这些行业信息的来源正是业已建立起来的关系网络。根据认知理论，机会的产生是源于创业者的三项认知活动：信息收集、通过交谈进行思考和资源评价，而这三项认知活动都需要创业者应用其社会资本的资源，因此社会资本通过作用于创业者认知提高了其识别机会的能力。在机会识别过程中发挥作用的社会资本包括：创业者的内部网络，比如那些与创业者具有长期、稳定关系的人；行动群体，可以帮助创业者识别机会的那些被雇用的员工；创业伙伴，创业团队的成员；还有创业者的弱连带，创业者可以从这些一般关系中获取对一般性问题的解答，从中也能发掘出一些机会（Kwon 和 Arenius，2010）。

客观层面，由于市场中创业咨询机构数量有限，专业能力尚不成熟，因此创业者希望通过市场方式获取创业机会信息的难度相对较大。而且更重要的是，根据经济学理论，需要通过创办一个企业才能开发的机会或是源于隐性知识，无法在市场中定价销售，从而需要以创办企业的方式将隐性知识商品化获取创业利润，或是创业信息虽然是显性知识却同时缺乏有效的隔绝机制，因此如果直接销售会大大降低获取利润的可能性（Alvarez 和 Barney，2004；Alvarez 和 Barney，2007）。这两种动机都说明了，创业机会不仅要能产生利润，而且要有效地防止其他竞争者模仿和学习，因此如果创业者从社会网络之外获取创业机会，即使其获利潜力远高于社会资本提供的创业机会，也会由于无法有效隔离其他竞争者而严重影响创业者的机会开发活动，甚至直接导致创业失败。社会资本中信任和合作的特性可以最大限度地降低创业信息被外泄给其他竞争者，而且社会网络中的个体也会具有一种"外人"所没有的承诺和责任（Nahapiet 和 Goshal，1998），从而降低在商讨创业想法时产生的道德风险。正是因为如此，社会网络才成为创业者获取创业机会的最重要来源。

此外，关系网络对机会识别的影响还表现在对机会的加工、精炼上。社会资本不单帮助创业者识别"到"机会，更有助于机会评价。根据全球创业观察的研究，有85%以上的创业者会同家人或朋友商讨创业信息（Reynolds，2011），虽然这种强连带在获取信息方面没有弱连带的效果明显（Granovetter，1973），但是在评价和分析信息方面的作用却是十分明显的，通过社会资本弥补自身机会评价能力的不足，有助于提高创业者机会识别的质量，达到增加成功创业概率的目的（Arregle 等，2013）。

其次，社会资本也有利于创业者开发创业机会。

机会识别出来之后，如果不加以开发，就永远谈不上创业（Shane 和 Venkataraman，2000）。机会开发是一项需要动用多种资源、复杂而又细致的系统性活动，机会开发的难度导致了很多初期创业者频繁遭遇创业失败（DeTienne，2010）。为了提高机会开发过程中的成功率，创业者会想方设法调动其全部的资源保证机会开发的顺利进行，这些资源包括个人的各种能力（who I am）、自己都知道什么（what I know），还有创业者的社会资源（whom I know）（Sarasvathy，2001），最后一项资源就是创业者可以从其社会网络中获取的社会资本。

社会资本在机会开发中的作用至少体现在以下三方面。第一，社会资本保证了企业得以创立。创办企业最稀缺的资源之一就是资金，来自社会网络的资金通常充当创业者的第一笔启动资金，保证企业顺利组建。GEM对世界范围内新创企业的调查发现，创立期企业的创业资金绝大多数来自家族、亲属等紧密的关系网络之中，发展中国家新创企业极少能获得风险投资，因此它们会对强连带的资金依赖更大（Bosma等，2012）。单独依赖强连带获取初期创业资金对企业来讲也是具有风险的，它可能会限制外部知识的注入（外部资金流入的同时通常会带来外部信息，或是外部人作为企业的管理层），因此在内部融资便利性和局限性并存的情况下，创业者如何选择资源获取途径就成为机会开发、组建企业时首先要回答的问题。通常情况下，当创业者具有较高的职业位置或是相关产业经验比较丰富的时候，他们会倾向于从社会资本中融资，而对于那些市场经验及管理经验丰富的创业者来说，他们与陌生人（即社会资本之外）交往的能力较强，因此比较有可能从外部融资（即创业资金来自社会资本之外）（Zhang等，2008）。但是无论如何，社会资本都是为新创企业提供初始资金的最重要来源。

企业的组建还需要合适的人才。刚刚成立的企业缺乏市场声誉，尚未推出自己的产品因而也缺乏消费者认可，在此情况下，新创企业很难吸引到外部人才，因此来自社会网络的家族成员、亲属、朋友等又为企业创办提供了必需的人才供给，保证了企业的顺利组建（Brinkman和Hoegl，2011）。这些强连带的人对企业忠诚，具有奉献精神，他们有时是不计报酬地为企业服务，这种利他主义的存在既节省了企业资源，而且对于制度、体系尚不完善的新创企业来说，也避免了管理缺陷对企业经营的损害（内部网络成员通常能够容忍企业管理的一些缺陷，甚至会帮助其改进，而对于外部人，如果制度设计不合理，就可能引发他们的不满，结果是损害企业经营），有利于保障企业顺利度过创业之初的艰难时期。

　　第二，社会资本还可以节约创业资源。正如前文所述，社会资本有利于克服市场不确定性和机会主义，社会资本本身的嵌入性为交易双方提供了信任的基础，信任的形成使得创业者可以节约花费在日常经营中的时间和精力，将注意力放在识别创业机会、把握市场环境和行业动态等更为重要的问题上，而对这些项目的投入对新创企业的成长和成功都更加重要（Brinkman 和 Hoegl，2011）。

　　在机会开发过程中，创业者的时间是一种非常稀缺的资源，在有限的时间内，创业者需要获取组建企业的资金、设备、人才等必要资源，同时还要防止创业机会的信息被其他竞争者学习和模仿，通过独占资源、提高资源专用性等途径设置壁垒，防止创业租金的过快耗散；而且不容忽视的是，设立组织架构、组建企业实体也是一项重要而复杂的工作，研究表明，有很多企业尽管拥有好的创业想法也开展了前期的组织工作，但就是在组建企业这一环节上出了问题，结果导致了创业失败。因此，在如此众多的机会开发活动中，创业者没有能力事必躬亲，如果一些执行层面、日常性的工作还需要分散创业者的时间，那么创业者战略思考的时间必然被大大减少。社会资本的存在使得创业者有信心将战术层面的事项交由网络中的其他人，在实践中表现为企业的财务负责人、营销负责人，可能就是创业者的配偶或家属，对于一些规模较大的企业，重要岗位的负责人往往也都是创业者的亲属或朋友，这种家族嵌入性的存在对于创业初期的企业而言，极大地降低了交易中的机会主义行为，节约了交易成本（Semrau 和 Werner，2013），在企业组建过程中，这种家族资源对创业起到了积极的促进作用。

　　第三，社会资本还为新创企业提供了一种极其重要的资源——"合法性"。合法性是指"在一定的社会规范、价值观、信仰和看法下，人们对于某一实体的行为能否称得上是必要的、合适的、恰当的所做出的一般性知觉或假设"（Suchman，1995：574）。合法性不仅是企业的一种资源，而且还"反映出社会法律之间的文化关系、规范要求或是一致性的程度"。企业实践中合法性表现为有关各方（供应商、消费者、企业竞争者、企业员工等）对企业行为的看法和评价，如果他们认为新创企业是有能力的、有效率的、能够取得好的效果的，并且是值得信任的，他们就会认为企业拥有合法性（Zimmerman，2002）。合法性的获取对于企业而言非常重要，对于新创企业尤甚。一方面，获取合法性有利于新创企业获取其他资源，比如财务资源、人力资源、技术资源等。由于没有前期绩效，外部人往往更倾向于通过合法性来评价企业，继而做出资源投入决策，那些经过投资者"知觉"和"假设"之后，认为具有合法性的新创企业，更容易获取必需的创业资源。另一方面，合法性还关乎新创企业的成长，企业如果想要持续获取创业利润，必须在其他各方的心里建立起合法性的地位。这种合法性可能源于企业对社会法律规范的遵守、源于对管理团队的信任，或是源于企业在同行业中的业绩和能力，如果说创业之初的企业因为缺乏业绩而无法获取合法性是客观原因，那么在发展阶段中，合法性的缺失便是企业管理的问题，需要创业者采取措施加以弥补（Zimmerman，2002）。

尽管合法性对于企业的生存和成长都极其重要，但拥有合法性却是一件极其困难的事情。新创企业最大的劣势之一就是其天生的"创新负债"，有关各方对新创企业认知有限，对创业者能力的估计缺乏把握，新创企业的产品/服务质量没有任何的前期经验，更缺乏企业的整体绩效的相关数据，在如此多的不确定性下，想要说服自己建立对企业的正面评价，需要承担较大的风险。哪些人可能甘愿承担这样的风险呢？最可能的就是创业者内部网络中的家人、亲属和朋友。相对于外人，他们掌握了很多创业者和创业过程的信息，因此对企业更有信心。此外，即使他们缺乏对企业的必要了解，也会出于对创业者的支持和信任而给予企业以正面评价（Reynolds，2011）。社会资本对新创企业的这种支持的典型表现是为企业提供第一笔订单，当新创企业在社会资本的支持下，连续多次获取了市场订单，它就有机会建立起初期绩效，消费者就可以通过这些经由社会资本提供的初期绩效形成对企业的最初评价，为合法性的建立奠定基础。企业经营的实际也表明，在新创企业发展的最初两三年时间里，它们的客户中有一大部分来自自己的亲戚、朋友，或者是这些亲戚、朋友的社会资本（边燕杰、张磊，2006）。

需要指出的是，社会资本与机会开发间的关系还会随着企业成长而动态演进，创业者从早期倾向于利用人际网络的社会资本慢慢转向重视来自市场（企业上下游客户）的社会资本，社会网络中的信任也从单纯地对创业者个人的信任发展为对组织层面的信任，这些动态的调整反过来又会对创业者识别机会和开发机会产生影响，从而持续推动新创企业的创业成长（Jack，2010；Batjargal 等，2013）。

（3）社会资本理论在创业研究中的发展方向

通过上述分析不难发现，越来越多的学者意识到，社会资本不仅控制和传递信息，从而产生创业机会，使得新创企业从网络中创生（边燕杰、张磊，2006），而且有助于其成员获取嵌入性的社会资源，社会资本对创业机会的识别和开发都具有重要作用。但是在文献梳理中不难发现，现有社会资本视角的创业研究多是集中在对一般性创业结果的讨论上，比如网络结构对提高新创企业竞争力的影响（McEvily 和 Zaheer，1999；Batjargal 等，2013；Stam、Arzlanian 和 Elfring，2013）、社会资本对创业倾向的作用机制（Davidsson 和 Honig，2003）、社会资本对企业创办进度的作用（De Carolis 等，2009；Semrau 和 Werner，2013）等，很少有对社会资本在机会识别和开发过程中作用机制的专门研究，在这不多的机会视角的研究中，又更多地关注了社会资本与机会识别的关系，对社会资本如何作用于机会开发过程的研究十分不足。现有研究或是笼统地讨论知识资源的获取，没有讨论社会资本各维度对各类知识资源获取的影响，也没有考虑社会资本各维度对知识资源之外其他创业资源获取的影响（Batjargal 等，2013）；或是仅将资源获取等同于机会开发，缺乏对机会开发过程中其他活动的考察，比如社会资本如何帮助新创企业建立进入壁垒、减低创业租金耗散的速度、协调各种关系、促使企业实体顺利建立（Alvarez 和 Barney，2007）。

针对上述研究动态，本书认为在考察机会开发过程中，需要对社会资本理论作如下三方面深入研究：第一，更加系统全面地考察社会资本各维度对机会开发的影响。社会资本具有不同的结构属性和关系属性，但目前研究主要关注网络结构这一结构性社会资本，尤其是网络强度对创业结果的影响，而讨论关系性社会资本与创业结果的研究很少。第二，以机会开发为研究导向，拓展社会资本理论的适用范围。由于现有研究对机会开发的实证研究多集中在资源获取这一单一活动，因此社会资本与机会开发的关系研究也集中在此领域，通过文献研究、案例研究和田野调查的方法界定机会开发的理论内涵和操作性测量之后，进一步研究社会资本对机会开发各维度的作用机制，可以丰富社会资本理论在创业研究中的应用范围。第三，中国情境下社会资本与创业过程的作用机理有待深入挖掘。社会资本的高度社会嵌入性使得一国的政治、历史、经济、文化等因素均会对社会资本的形成和特征产生影响（边燕杰、丘海雄，2000），中国作为新兴经济国家，市场发达水平和法制健全程度均与西方国家存在差异，历史和文化的影响也使中国人较之外国人倾向于使用"关系"来获取资源和利益，所有这些因素都使得在考察中国的创业者社会资本与机会开发的关系时，有必要纳入中国的情境因素（李新春、刘佳、陈文婷，2008），可以通过丰富社会资本在创业研究中的作用机制（张玉利、杨俊、任兵，2008），或是建立一种崭新的理论解释这一独特现象（Barney 和 Zhang，2009）。

### 2.2.4  效果逻辑理论——整合性理论基础

认知理论、资源基础理论和社会资本理论是创业研究的三个核心理论，它们共同构筑了创业者、机会和资源三者交互作用下的理论支撑，有助于解决创业理论研究的学科合法性问题。但是正如前文所述，三个理论均有各自适用的研究领域，如认知理论在解释创业者与机会和资源的交互作用时具有很强的解释力，却不适用于机会与资源关系的分析；社会资本理论可用于分析创业者与机会的交互区域，却不适用于机会与资源的整合分析。此外，对于有些交互区域的研究适用理论还不止一个，比如在研究创业者与机会的关系时，研究者可资采取的理论支撑就包括认知理论和社会资本理论，鉴于此，新创企业理论研究亟待一个以上述三个支撑理论为基础的整合研究框架，从而既能从本质上把握新创企业研究的学科合法性，又可以保证理论模型的包容性与拓展性。2001年由学者 Sarasvathy 提出的效果逻辑理论很好地达成了上述两个目的，并经过近 20 年的发展现已成为新创企业理论研究的经典范式

（Sarasvathy，2001；Perry 等，2012）。

效果导向（Effectuation）是和目的导向相对的理论概念，"效果导向是将一组要素看做给定值，当事人的工作是在由这组要素可能达到的很多种结果之中进行选择"（Sarasvathy，2001）。具体而言就是在创办企业的过程中创业者不是根据某一个创业目的（如我想创办一家面向中产阶级的咖啡店）开始创业过程的，而是根据手头既定的资源"量体裁衣"地创办企业，创业者会对既定资源尝试各种方式的组合，在所有的组织方式中再根据自身可接受的风险和可容忍的损失等原则进行选择，从而最终确定某一种资源组合方式，创业者便以此为基础开发创业机会，获取创业租金。遵循效果导向的创业者在识别了创业机会后，他们会从自身的资源禀赋出发去开发创业机会，其资源可以分为三类，分别是：我是谁（who I am）、我知道什么（what I know）、我认识谁（whom I konw）（如图 2-3 所示）。这三类手段分别对应创业者特质、偏好与能力（traits，tastes and abilities）、创业者的知识走廊（knowledge corridors）和创业者社会网络（social networks）。创业者尝试将三类手段进行各种组合以便于获取稀缺的创业资源并谋求有利位势，最后通过异质性的资源获取创业租金。

如图 2-3 所示，创业过程始于创业者既定的资源，创业者都有三类资源：第一类是创业者特质，包括创业者个人层面的特质、偏好及能力水平；第二类是创业者前期掌握的各种知识，包括从正规教育及家庭、工作中积累的所有类型的知识；第三类是创业者的社会资本，创业者除了利用个人层面的特质和知识要素外，还同时调动社会层面的资源来启动创业过程。创业者会根据三类既定资源的配置情况尝试各种可能的组合，因此可能会有多种创业结果，从创业结果 1 到创业结果 n。当然最终创业者只能选择其中一种来落实创办过程，他们会基于损失可承受和风险可接受两项原则在 n 种创业结果中进行权衡，同时创业者还会考虑对创办企业的期望（比如期望新创企业要定位于朝阳产业）及来自创业伙伴的帮助与约束，最终在 n 种可能的创业结果中确定创业结果 k。

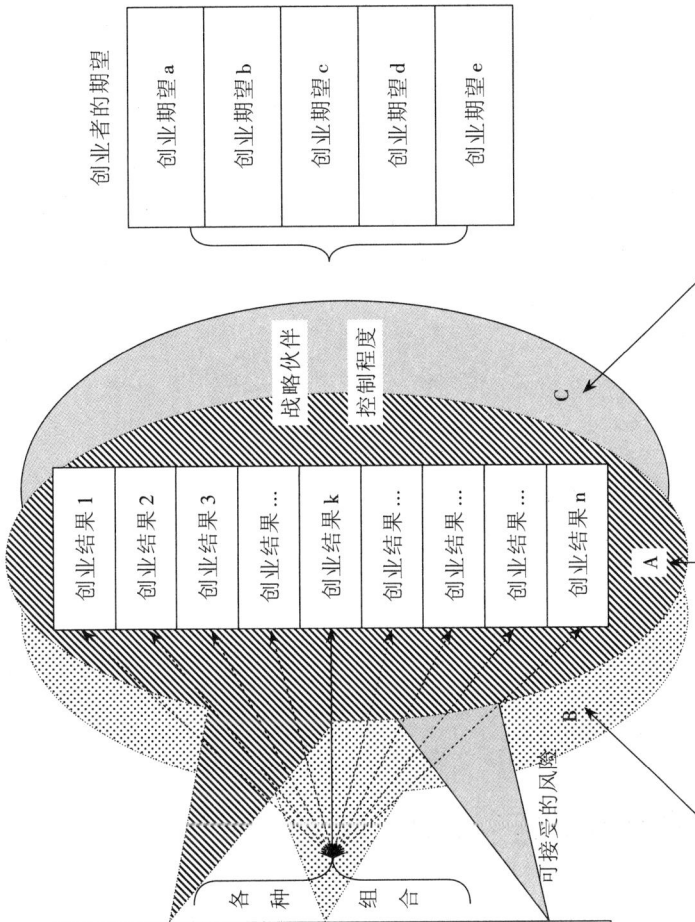

图 2-3 效果逻辑理论及其与支撑理论间的关系

资料来源：作者根据相关资料整理而得。

创业者资源与创业结果的关系中每一个逻辑链条背后都有坚实的理论支撑。认知理论可用于支撑"创业者特质与创业结果关系"的研究（即图2-3区域A），它可以解释为何有些创业者可以发现机会而其他创业者却不能，为何有些创业者的组织创新活动可以成功而有些却遭遇失败，为何面对同样的创业机会有些人选择进入成为创业者而其他人却选择放弃等。资源基础理论是支撑"创业者先前经验与创业结果关系"（即图2-3中区域B）的基础理论，它有助于解释具有丰富经验的创业者是如何整合资源获取创业成功的，创业者知识水平的不同会对创业过程产生何种差异影响等。社会资本理论则是解释"创业者社会网络与创业结果关系"（即图2-3中区域C）的核心理论，创业者网络如何弥补个人资源的缺陷从而促进机会识别和机会开发过程，网络资源与个人资源的交互作用方式及其对创业结果的影响等问题均可从社会资本理论中寻找到有力的理论支撑。

基于上述分析可以得出结论，效果逻辑理论是专门针对创业情境的基础理论，它以认知理论、资源基础理论和社会资本理论为支撑，既有利于从本质上把握新创企业的根本性问题，又有助于揭示新创企业的机会开发过程及其内部机制，因此本研究便以效果逻辑理论为基础，考察机会开发过程及作用机制。

## 2.3 机会开发的研究评述

创业作为一种高度嵌入性的经济活动，是创业者在创业认知指引下开发创业机会、组建企业的动态过程，但在综述文献中笔者发现，创业者在机会开发中的作用机制问题鲜有研究，换言之，缺乏创业者与机会开发直接联系的理论解析。造成这一结果的最关键原因是机会视角的创业研究中还有许多尚未完善的理论构建，尤其是对机会开发这一理论构念的研究不足，这就势必影响了以机会开发为核心的创业研究。机会开发的理论研究需要从机会开始。

### 2.3.1 机会的研究

（1）机会的内涵

创业是对机会识别与开发的动态过程，创业研究首先需要明确的就是"何为机会"。梳理现有文献可以发现，虽然对机会的鉴别和评价都依赖于个人的主观评价，但机会实际上具有很强的客观实在性，这就决定了机会定义的复杂性。正如许多研究者指出的，机会的甄别难以通过简单的非此即彼的逻辑判断，也不能采用片面的财务或技术指标加以筛选，这就使得要给机会下一个简单明了的定义存在极大困难。表2-1即为各学者对于机会的不同定义。

表2-1　　　　　　　　**对机会的代表性定义**

| 学者 | 定义/内涵 | 关键词 |
|---|---|---|
| 1.Casson（1982） | 那些新产品、服务、原材料和管理能够被应用或者出售以获得高于其成本的情况 | 出售、成本 |
| 2.Timmons（1999） | 具有吸引力、持久性和适时性，并且可以伴随着为购买者或者使用者创造或增加使用价值的产品或服务 | 吸引力、持久性、适时性、价值 |
| 3.Kirzner（1997） | 未被准确定义的市场需要，或是尚未被使用的资源或能力，或是未被充分应用的资源或能力 | 未满足的、市场需要、资源（能力） |
| 4.Singh（2001） | 通过向市场中提供创新性产品/服务，或改进已有产品/服务，或在未饱和市场模仿能获利的产品/服务来实现的一种可行的、追求利润的、潜在的商业活动 | 可行的、追求利润的 |
| 5.Eckhardt、Shane（2003） | 新产品、新服务、新原材料、新的市场和组织方法可以通过创办新方法、新结果，或是二者间关系的方式来实现的一种状态 | 新状态（situation） |
| 6.Dutta、Crossan（2005） | 由创业者或创业团队通过创办新企业或是依托已有企业向市场中推出一个或一些新产品/服务的环境状态 | 创业者、新创、新、状态（conditions） |

资料来源：作者根据相关资料整理而得。

现有研究对机会的定义可以归纳为两个层面。第一个层面，是从机会的产出角度给予定义，如上述研究1、2、6。Casson（1982）认为，机会可以带来的结果是，创业者通过以高于机会搜寻的成本将机会出售给市场，获得超额价值。Timmons（1999）则指出机会是那些可以增加消费者使用价值的产品或服务，而Dutta和Crossan（2005）的研究发现，机会本质是向市场推出的一个或一些新的产品或服务。除此之外，Hulbert等认为，机会实际上是一种亟待满足的市场需求，这种潜在的市场需求如此旺盛，因而对于创业者来说，实现该需求的商业活动相当有利可图。Ardichvili等认为，从获取预期消费者的角度来看，机会事实上意味着创业者探寻到的潜在价值（Ardichvili、Cardozo和Ray，2003）。

第二个层面，可以归纳为从机会来源定义机会，如研究3、4、5。Kirzner（1997）认为机会来源于未被准确定义的市场需求，或是尚未被利用的资源之中；Singh（2001）提出了机会的三种来源，分别是提供性能全新产品、改进已有产品、在新市场中模仿竞争对手；Eckhardt和Shane（2003）的研究则表明，机会来源于重新组合产品与服务、原料与生产方式而获得的全新状态。

Shane和Venkataraman在对创业机会的研究做了较为全面的回顾和总结之后，提出创业机会是指"通过形成新方法，产生新结果，或是建立新的投入-产出模式（means-ends relationships）生产新产品、新服务、新原材料、新市场和新的组织手段的状态（situation）"（Shane和Venkataraman，2000：220）。创业机会与其他一般意义上的获利机会最大的区别在于，创业机会提出了新的投入-产出模式（Kirzner，1997），具体而言，人们可以根据之前的经验和数据对现有的稀缺资源进行最优配置从而发掘一般获利机会，而在创业环境下创业者面对的却是一个全新的市场（Gaglio和Katz，2001），开发机会的方式方法都还是未知的，并且无法通过数学计算在各种备选方案中进行选择，所以适用于获利机会的最优原则不适用于创业机会（Baumol，1993），有必要对创业机会开发方式做针对性分析。Shane和Venkataraman（2000）还特别强调，创业机会并非一定能够获得利润，它只是创业者主观认为可以获取利润，如果创业者的资源组合方式失败，机会就会带来亏损，因此创业机会与创业租金不能够等同（Shane，2003）。

（2）机会来源

机会来源理论界形成了两派观点：一为发现学派（discovery approach），以北美研究者为主，他们认为机会是独立于环境而客观存在的，这一学派又被称为"柯兹纳学派"。一为与之对应的实践学派（enactment approach），以欧洲学者为主，他们认为创业机会是在创业者的行动中产生的，这一学派又被称为"熊彼特学派"。

具体而言，柯兹纳学派属于实证/现实立场，他们认为机会是独立于创业者之外而存在的客观现实，这些机会等待人们去发现。一方面，由于市场的不完备，我们无法对所有信息准确定价，这就导致了参与人在制定决策时很可能高估或低估某些资源价格，相应地造成了资源过剩和资源不足，对该类信息灵敏、警觉性高的人发现了这些信息之后，就可以通过购买资源后重组，再将其重新出售的方法获取创业利润（Gaglio 和 Katz，2001；Gras 和 Mendoza-Abarca，2014）。另一方面，即使没有上述资源无效配置的情况发生（现实的市场经济中不存在这种可能），由于信息不对称使得有些人得以掌握异质性知识，这些人也会比其他人识别出更多的机会，从而攫取创业收益。因此该学派采用的是效率分析视角，考察如何才能够更有效地识别出机会，研究焦点集中在机会识别的影响因素，如前期知识、社会网络、创业警觉、创业者特质等，包括的主要研究成果有 Kaisch 和 Gilad（1991）、Busenitz（1996）、Gaglio（1997）、Shane 和 Venkataraman（2000）、Gaglio 和 Katz（2001）等的观点。

而熊彼特学派则是建立在社会建构（social constructionist）基础之上的，认为机会是被创业者做（enacted）出来的，而非发现出来的。该学派的出发点是变革带来的新信息，他们认为，阶段性的剧变打乱了市场对资源的有效配置，剧变衍生出的技术变革、法律变革和其他领域的新变化催生出大量新的信息，率先获取这类信息的创业者可以在均衡价格以下购买资源，利用掌握的新信息以一种更为有效的方式重新整合原有资源，再以高于均衡价格很高的价格出售给市场，获取创业利润（Schumpeter，1934）。该学派强调个人特征，如冒险、先动性等在发掘机会中的作用，不太关注知识的影响。事实上，熊彼特学派也承认有些机会是独立于创业者之外而存在的（即认同柯兹纳学派对机会来源的看法），但他们更强调，这些机会将同创业者的行动产生交互作用，即会受创业者行动塑造，这样一来，创业者个人的行动也成为机会（事实）的一部分，换言之，熊彼特学派认为即使有独立存在的机会，还是实践（做）在产生机会中发挥了更大的作用。这一学派的代表性研究有Weick（1979），Gartner（1985），Gartner、Bird 和 Starr（1992），Hill和 Levenhagen（1995）等。

柯氏与熊氏的分歧点有二：一是对均衡的看法（Dutta 和 Crossan，2005）；二是对新信息的看法（Shane，2003）。Dutta 等援引 Kirzner（1979）的评价说明第一点差异。"熊彼特学派认为创业者的行动打破了已有均衡。创业活动打断了持续的经济循环。每一次创新都会最终带来新的均衡，创业者本人作为了一种非均衡动力……然而，我们……认为现有经济中存在未被开发的机会这一事实就说明了现有事物，无论它看起来如何，都处在非均衡状态……因此，在我们看来，创业者是一种均衡力量……"换言之，熊氏认为创业前经济处于均衡状态，创业者的"创造性破坏"打破了这种均衡，而柯氏则认为，创业之前是非均衡状态，由于创业者识别到被低估的市场机会和价值，使得经济重新恢复了均衡，因此创业者是均衡力量。不难看出两派差异的根本点在于对均衡的定义不同。

关于第二个分歧点，Shane（2003）曾指出两派观点的差异在于"新信息是否是创业机会的必要组成，还是仅仅获取已有信息就算作创业机会"。柯氏观点主张不同个体对信息的获取能力不同，可以成功识别到这些信息的人就算发现了创业机会，即强调机会识别过程。熊氏观点则认为，技术、政治和社会变革产生了新信息，率先捕捉到这些信息的人将成为创业者，而这些变革信息通常就是创业者创造的，他们通过自己的实践创造了新信息，再去开发这些创业机会，因此熊氏定义的机会不仅需要创业者具有识别能力，还要具有创造新信息（发起变革）的能力。

事实上，市场中的机会既包括从已有信息中识别未被开发的机会，也包括通过变革创造此前未有的新机会，换言之，现实中的机会是柯氏和熊氏的组合（Shane，2003），机会的产生既是创业者发挥主观能动性识别出非均衡信息，又是创业者践行后实现的市场价值的提升（DeTienne 和 Chandler，2007）。

除了柯式和熊式两种主流的机会来源流派之外，还有学者对机会来源进行了朴素主义的探讨，他们从创业活动的异质性入手研究创业想法的来源，研究发现经验和知觉（或称作观察）是创业想法的来源，但仅凭经验和观察无法形成新颖性极高的战略创业，所以创业想法还有第三个重要来源——理论化，也就是说创业者通过自己的理论化过程处理信息，形成他人无法获得的异质性机会，借此创办企业获取创业利润，从这个意义上讲，创业者都是理论家（Felin 和 Zenger，2009）。

（3）机会类型

为了进一步理解机会的内涵及机会在机会开发中的作用，有必要对机会的类型做一具体讨论。理论上，由于不同学者对机会的含义理解不一致，必然在机会的类型上也存在巨大分歧。梳理现有文献可以发现，学者出于各自的研究视角和理论背景，对机会的类型做出了迥然不同的划分，各种划分很难通过一个脉络再进行分类（比如本书对社会资本维度的综述，就是将所有相关研究划分为两个学派），因此下面仅就几种比较有影响的分类方式逐一论述。

第一，从变革的角度划分。几乎所有的创业文献都有一个隐含的假定——创业中包含变革，基于这种假定，创业机会便被看成价值链中各部分变革后的一种结果。这一学派的代表人物是熊彼特，他认为存在五种类型的变革：新产品/新服务带来的变革、新市场带来的变革、新原材料带来的变革、新的生产方式引发的变革，还有新的组织方式带来的变革（Schumpeter，1934），因此创业机会也就可以划分为五种：来自新产品/服务的机会、来自新市场的机会、来自新原料的机会、来自新生产方式的机会和来自新组织方式的机会。熊彼特的研究对后续学者的影响很大，学者们从不同的视角出发对五种机会进行了更深入的探讨，发展了熊彼特的创业理论。但是，由于引用的理论基础、借鉴的分析方法，还有研究的切入点都有所差异，所以他们通常是侧重于研究某一种创业机会，比如对新产品/新服务的研究成果就比较多，很少有学者会对五种机会做一统一分析。需要指出的是，Shane 和 Eckhardt（2003）的研究为日后对五种机会类型的整合分析提供了努力的方向。

Shane 和 Eckhardt（2003）认为熊彼特的五种机会恰好可以对应迈克尔·波特价值链模型中的五项基本活动（如图2-4所示）。虽然在图中创业机会与基本活动之间是一一对应的，但现实中这个关系可不会如此明确，比如说生产运作活动中既有来自新产品/新服务的机会，还可能出现来自新原材料的机会、来自新生产方式的机会，即各种机会之间可能出现重合。如果这种重合存在，那么创业者在识别创业机会的时候就要注意一点：在价值链的不同活动中，哪一类创业机会会更经常出现，显得更加重要，创业者就应该率先评估和开发这一类创业机会。

| 来自供给来源的机会 | 来自生产过程的机会 | 来自组织方式的机会 | 来自产品的机会 | 来自市场的机会 | 利润 |
|---|---|---|---|---|---|
| 进货后勤 | 生产运作 | 发货后勤 | 市场营销 | 服务 | 利润 |

**图2-4 熊彼特式机会类型与价值活动之间的关系**

资料来源：Shane 和 Eckhardt，2003.

第二，从来源的角度划分。机会是一个非常复杂、理论含义丰富的概念，仅从机会的来源视角切入，就可以从四个层面对其进行分类。其一是考察机会是来源于信息不对称还是外部冲击。信息不对称使得一些人可以识别出机会，他们据此开发机会，获取创业收益，这一类被识别出的机会叫作柯式机会；外部技术革命等巨变会碰撞出新的信息，这些信息中蕴含着创业机会，这类机会叫作熊式机会。

其二是考察机会是源自市场供给还是市场需求。如果细心地考察目前的创业研究我们会发现，研究者主要关注的是市场供给中蕴含的创业机会（Shane 和 Eckhardt，2003），投入资源的改变、现有生产方式的调整、提供新的产品/服务等都是供给中的机会，而市场需求中的机会很少被涉及。事实上，撇开市场供给，单单是市场需求自身，就可能成为机会的来源。比如说为了顺利销售产品，企业生产、设计等活动均要充分考虑顾客偏好，这是显而易见的事实。所以说如果市场文化、顾客的知觉、顾客的品位、顾客的情绪发生了变化，就很可能产生新的机会，而这些机会恰恰都来自市场需求。

其三是考察机会是否促进了社会效率。对此，读者可能会产生疑惑，难道还有降低社会效率的机会吗？答案是肯定的。Baumol 早在1990 年的研究就提出了有一类机会是为了追求个人利益，开发这类机会不会促进社会价值的增加（Baumol，1990；Scheaf 等，2019），比如说犯罪、盗版、腐败等。在合法商业行为中也有很多这类的机会，比如说并购。现实中有些并购行为不是为了促进社会效率的提高，而是为了减少竞争者、提高供应商的垄断水平从而追求更高的超额利润，这类机会仅仅是将社会财富转变为个人财富，没有提高社会效率。

其四是从发起变革的行为人角度划分机会。按照这种思路可以将机会分为三类，非商业实体（如政府、医院、学校）中的机会，现有商业实体（如已成立的企业和其供应商及顾客）中的机会，新商业实体（初次创业者和潜在进入者）中的机会。除了技术创业之外，其他的研究不太常采用这种分类方式，而在技术创业中，专业技术研究机构（大学、实验室）和行业中的现有企业在技术机会的识别与开发中，是最为重要的两类行为人。

第三，从来源与成长性的交互作用划分。Ardichvili 等人（2003）根据创业机会的来源和开发情况对创业机会进行了分类（如图 2-5 所示）。在他们的创业机会矩阵中有两个维度：横轴是搜寻到的价值（即机会的潜在市场价值），这一维度代表着创业机会的潜在价值是否已经较为明确；纵轴是企业家创造价值能力，代表着创业者是否能够有效开发并利用这一创业机会。根据这两个维度他们把不同的机会划分成四个类型，具体而言，当机会的价值并不确定，企业家是否拥有实现这一价值的能力也不确定时，这种机会被称为"梦想"；当机会的价值已经较为明确，但如何实现这种价值的能力尚未确定时，这种机会是一种"尚待解决的问题"；当机会的价值尚未明确，而创造价值的能力已经较为确定时，这一机会实际上是一种"技术转移"，即企业家的目的是为手头技术寻找一个合适的应用点；当机会的价值和创造价值的能力都已确定，这一机会可称为"企业创生型机会"。对于创业者而言，右下角的创业机会更可能成功，市场中更多的创业机会可能都属于这种类型。

市场需求

| | 未识别 | 已识别 |
|---|---|---|
| 创造价值能力 未解决 | 梦想（dreams）<br>I | 尚待解决的问题（problem solving）<br>II |
| 创造价值能力 已解雇 | 技术转移（technology transfer）<br>III | 新创企业（business formation）<br>IV |

**图 2-5 Ardichvili 等人对机会类型的分类**

资料来源：Ardichvili 等，2003

第四，从相关知识的显性程度划分。正如前文述评中指出的，当研究者将关注点从创业者转向机会研究时，更多地集中在机会识别问题，却对机会这个概念本身分析不足（Smith 等，2006）。Smith 等应用知识管理理论，将机会区分为显性机会（codified opportunity）和隐性机会（tacit opportunity），提出并检验了两个假设：一是在实践领域，显性机会数量更多。二是对于显性机会，人们更可能通过系统搜寻而发现机会；对于隐性机会，先前经验而非系统搜寻更可能帮助人们发现机会。

第五，从机会的新颖性角度划分。Hunger 等（2002）则从商业概念、生产技术、产品/服务、分销渠道四个层面考察机会的新颖性（novelty）程度，间接地对机会进行划分。受访者被要求回答四个问题，"当你开始创业时，向外人解释清楚你要做的事业，其困难程度如何？"，用以测量商业概念的新颖性；"当你开始创业时，在现有市场条件下难以获得生产必需的机器、技术吗？"，用以测量生产技术的新颖性；"当你开始创业时，产品被消费者接受之前，企业需要进行的培育活动（如产品改进、进行市场调研）有很多吗？"，用以测量产品/服务本身的新颖性；"当你开始创业时，市场中是否具备你公司生产的产品/服务所需的分销渠道？"，用以测量分销渠道的新颖性。Hunger 等的研究同时发现，不同的创业动机会影响创业者倾向于开发新颖性强的机会，还是新颖性弱的机会，而此问题在之前的研究中少有涉及，也未被深入分析。

Samuelsson 和 Davidsson（2009）则从机会与创业间关系出发，将机会划分为创新型机会和模仿型机会。创新型机会是指早于竞争对手率先开发的一个全新的想法（idea），企业可以借此获得先动优势和可持续竞争优势，通常情况下创新型机会在市场中难遇直面竞争，消费者对机会的反应也存在高度的不确定性（Anokhin 和 Wincent，2013）。而模仿型机会是指在现有市场中，企业通过克服原本资源配置的非效率问题而获取竞争优势。有别于仅从技术角度定义机会，Samuelsson 等借鉴 Lazarsfelt 的观点用四个题项测量机会，分别是"产品/服务已经申请了技术保护（专利、商标权等）"、"研发活动是企业的重要战略"、"企业提供的产品/服务在市场中是唯一的"和"企业提供的产品/服务在市场中没有直接竞争对手"，从而区分创新型机会和模仿型机会。同样可以归入该视角的机会研究还包括从机会的市场优势和机会的产品优势这两个维度进行切入，具体而言，高市场优势、高产品优势这一类机会通常是"转瞬即逝"的，现实中真正存在的是高产品优势、低市场优势，或是低产品优势、高市场优势的机会，对这两类机会的开发也更具价值，当然，对于低产品优势、低市场优势的机会，企业的理性选择是避开或放弃（林嵩等，2006）。

综合上述学者观点可以发现，熊彼特从经济变革视角划分的五类机会更多的是为了分析创业对经济发展的促进作用，这五种究竟是机会还是创业方式存在概念上的可商榷性，而且基于对宏观经济影响的切入方式也不适宜对创业机会这一企业微观层面问题的深入分析。再者，从机会来源将机会分为四个层次的研究，虽然看似更为细致的分类但缺乏一个统一的视角，比如说对于同一个机会，根据第一层次分类标准它属于柯兹纳机会，按照另外三层标准考察又分别属于需求引致机会、亲社会机会和由个人识别的机会，这种将同一个机会做四种不同界定的研究逻辑在理论研究中贡献性值得推敲。最后，Ardichvili 等对机会的划分则是将分析范围拓展至机会开发的过程，其分析框架也已经超出了机会本身，实际上是通过机会开发的盈利性和可行性来倒推机会类型。Smith

等直接将对知识本质的分类引入对机会的分类，适用性有待探讨。基于此，从变革性、来源、交互作用和显性程度来剖析机会的内涵看来都不是最为适宜的研究角度。

Hunger 等和 Samuelsson 等的研究是从创新性与否考察机会类型的，是基于机会本身特性的探讨，并且这种划分方式可以很好地将机会类型与创业动机、机会类型与机会开发方式明确区分并建立联系，因此具有进一步深究的理论意义。林嵩等从产品优势和市场优势的划分未提供进一步实证的量表，其提出的产品开发和市场开发两种机会开发方式亦是定性层面的探讨。基于此，本书借鉴 Hunger 和 Samuelsson 的观点，从创新性程度将机会划分为模仿型机会和创新型机会。机会的类型是一个重要的理论问题，它不仅直接影响机会识别、机会开发等创业过程，还可能间接影响创业者特质与机会开发能力、创业者特质与创业绩效间的关系，同时，面对不同类型的创业机会，开发过程中对创业者资源、创业者能力的要求也可能存在显著差别；在实践层面，选择开发何种类型机会是创业成败的关键问题之一，机会本身蕴含的特征更会渗透进创业行为的方方面面，成为创业者最不容忽视的要素（Dahlqvist 和 Wiklund，2012）。

### 2.3.2　机会开发的内涵

机会开发正式成为理论研讨热点源于"机会视角"的创业研究的兴起。2000 年，国际顶级管理期刊《管理学会评论》发表了 Shane 和 Venkataraman 合作的论文"作为独立研究领域的创业研究"，两位教授基于理论梳理和逻辑演绎，将机会提升为创业研究中最核心的关键变量，并首次采用机会视角对创业进行界定，在 Shane 和 Venkataraman（2000）研究的基础上，机会识别和机会开发逐渐发展为创业研究中最为重要的两个理论构念，围绕这两个构念形成了一系列研究成果（Shane，2012；Davidsson 和 Gordon，2012；Preller、Patzelt 和 Breugst，2018）。在机会开发领域，机会开发被定义为"对源于商业机会的产品、服务做有效的（efficient）、全方位（full‐scale）的生产和运营（operation）"，是投入全部资源创办有效的生产系统和商业系统的过程

（Choi 和 Shepherd，2004）。虽然机会开发与机会探索（opportunity exploration）一样都需要投入资源，但它与机会探索的最大区别在于，企业一旦做出开发决策将投入其全部资源，而机会探索只需投入部分资源（Shantz、Kistruck 和 Zietsma，2018）；并且，一旦机会探索没有通过，企业做出的是退出决策，损失沉没成本，而机会开发失败，企业面临的则是创业失败。

创业者的机会开发过程遵循探索—开发—退出的逻辑路径（Kang 和 Uhlenbruck，2006；Vandor 和 Franke，2016）（具体如图 2-6 所示），机会探索包括机会发现、信息搜寻、资源评价和机会选择四个过程，如果创业者发现机会只是主观想象的而非现实可行的机会，或是创业者缺乏开发机会的资源禀赋时，他们常常会选择退出（P1），否则，进入机会开发阶段（P2）。机会开发又包括组织、协调、战略更新和学习四个阶段，开发过程中可能出现两种情况：一种是创业者从中发现了新的创业机会，便同时进行已有机会的开发和新机会的探索两项工作，即通常所讲的组合创业者（portfolio entrepreneur）（P3）；另外一种是创业者专注于一项创业机会，并在机会开发结束后退出创业（P4）。

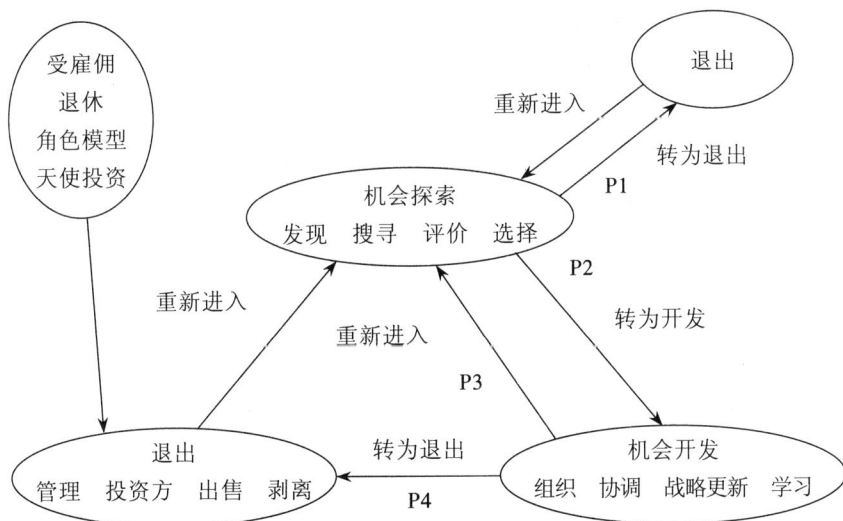

图 2-6　机会探索与机会开发过程

资料来源：Kang 和 Uhlenbruck，2006。

### 2.3.3　机会开发的时机选择

实物期权理论认为，投资原则应该遵循次序原则，以便"仅在外界环境允许时方才履行行为"，创业者探索活动的理性选择是按照比率原则，采用知识累加与成本的比值作为衡量比率的，创业者应该按照由高到低的顺序逐一执行探索活动。Choi 等人（2008）发展了上述理论，率先指明"何时结束探索活动，转为机会开发"，也是创业研究的重要问题：一方面，缩短探索时间，加快机会开发可以减少竞争，获取更大的先动优势；另一方面，增加探索时间延迟机会开发，又可以累积知识从而降低开发时的创业损失。因此在理论上存在一个机会开发最佳时点（optimal exploitation time），在这一点，创业者达到"无知临界值"（ignorance threshold）。他们将"无知临界值"作为机会开发时机选择的考察指标，丰富了实物期权视角下的机会开发研究（如图2-7所示）。

"无知"（ignorance）是指创业者一种"缺乏领会商业机会所必需的技术和市场知识的状态"（如图2-7中 A 点所示），此时创业者的理性决策是积累知识，待到他（她）的无知降到了一个"可接受的水平之后，他（她）才可以开始机会开发活动"，这个"可接受的水平"便称为"无知临界值"（如图2-7中 B 或 C 点所示）。所谓临界值的意思是，唯有达到这个要求，才可以开始机会开发。

无知临界值是时间的函数，随着时间的增加，创业者不断获取市场、技术信息，无知程度下降，越来越趋近于临界值。这一过程从另外一个角度来看，意味着随着时间的增加，无知临界值将越来越容易达到，表现在图2-7中，即无知临界值是向右上方倾斜的曲线。

无知临界值取决于两个因素：创业者知识管理导向和机会的类型。若创业者知识禀赋足够多可以采取显性导向公开企业知识以获取创业合法性（如企业知识是受法律保护的技术发明、专利等），这种情况下，企业应该相对加快机会开发，减少探索时间；反之，如果企业多是不能公开的商业秘密，不得不采取隐性导向时，最好推迟机会开发，通过增加探索时间降低开发时创业损失。

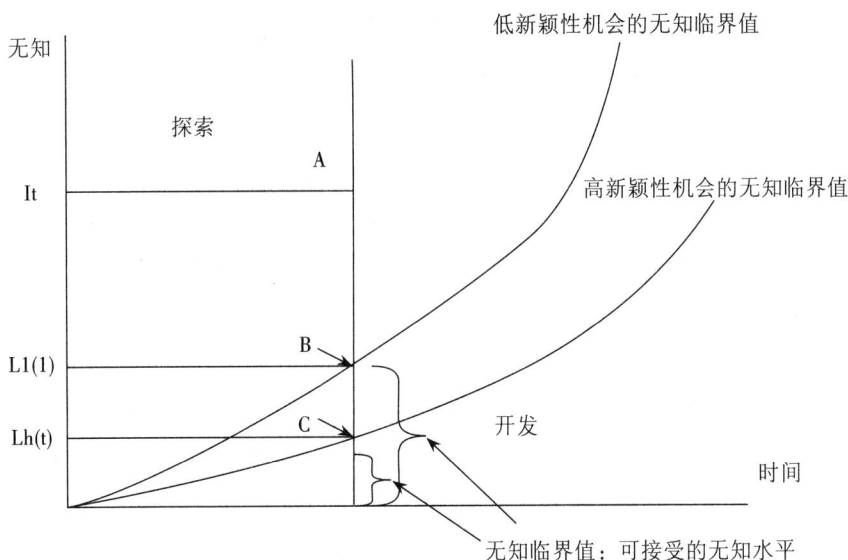

图 2-7　无知临界值与机会开发

资料来源：作者根据相关资料整理而得。

　　机会类型与无知临界值的关系是，机会的新款性越低，创业者越容易掌握相关的技术和市场知识，因此无知临界值越大（注：本研究中临界值高低有别于现实情境的判断，此处无知临界值越大，代表越容易"达到"，即难度越低）；反之，机会的新颖性越强，无知临界值越低，创业者越难达到这个最低要求，因此相对要增加探索时间，机会开发的时机将被推后（表现为图 2-7 中，高新颖性机会的无知临界值 C 点要低于低新颖性机会的无知临界值 B 点，代表更难通过）。

　　机会开发时机的研究深化了实物期权理论与创业的整合研究，提出无知临界值作为评价指标考察最佳机会开发时点，至于最佳时点的测量则未做探讨（Anokhin 和 Wincent，2013）。事实上，不仅上述研究缺乏定量测量，定量研究的缺乏一直是机会开发研究的普遍问题，也是其理论研究难以深化的根本原因所在，近年来学者们开始尝试机会开发的定量研究，其中尤以机会开发方式的探讨成果最为丰富。

### 2.3.4　机会开发方式

　　现有机会开发方式的定量研究主要从两个角度切入：一是从竞

争战略视角,考察新创企业采用何种战略,间接刻画其机会开发方式。二是采用创业机会的创新性度量新创企业类型及其机会开发方式。

第一种研究视角将新创企业的竞争战略作为研究对象,评价在不同行业中的新创企业竞争战略选择与创业绩效之间的关系。McDougall和 Robinson(1990)专注于单一产业(信息产业),根据战略力度和市场范围两个维度将竞争战略分为八种,逐一进行了定性描述。随后的研究将新创企业在多行业的扩张纳入讨论范围,Carter、Stearns 和Reynolds(1994)从差异化范围和经营重点两个维度聚类出六种竞争战略,探讨其特征和适用范围。Park 和 Bae(2004)则通过案例研究从技术能力(追随者还是领先者)、产品市场成熟度(成熟还是新兴)、目标市场类型(本土还是国际)三个维度对新创企业的竞争战略进行了聚类分析。

此类探讨存在的问题是,停留在战略这一相对宏观的层面,缺乏对企业创办微观机制的关注,以机会为典型特征的新创企业研究与成熟企业间竞争战略似乎无法区分开来。虽然国内学者林嵩等(2006)尝试从机会入手,根据市场环境特征和产品技术特征将机会分为了四类,继而考察各自机会开发方式的差异,但其研究方法仅基于定性推理和验证性案例,尚未形成定量测量。

第二种对机会开发方式的研究是直接从创业机会角度切入的,March(1991)对组织学习的开拓性研究启发创业学者开始从机会类型入手考察机会开发方式,认为机会类型决定了机会开发决策,新颖性强的创业机会与模仿型机会的开发方式必然不同,机会开发是对机会类型"量身定制"的回答。在此基础上,根据创业机会的新颖性不同,机会开发可以区分为创新型机会开发和模仿型机会开发两种,创业者采用全新技术,研制全新产品,在一段时间内引起产业结构的重大变化,其创业结果需要较长时间才能显现的机会开发方式被定义为创新型机会开发(McGrath,2001;Becker、Knudsen 和 March,2006)。而挖掘现有市场机会,对已有生产方式或技术进行改进,拓展产品功能和市场吸引力以期获取创业租金的方式称为模仿型机会开发(Katila 和 Ahuja,2002;

Benner 和 Tushman，2003）。与竞争战略视角的机会开发方式研究不同，"机会-机会开发"的逻辑链条紧扣创业研究最为重要的两个理论构念，反映出机会视角的创业研究本质，有助于揭示创业发生机理，微观视角的分析模式也更易深入揭示机会开发作用机制及过程。但是，目前国外的此类研究新近展开，多是采用定性研究方法明晰理论问题，量表开发和实证检验等定量研究刚刚起步，更缺少面向创业绩效的逻辑关系研究（刘佳、李新春，2013）。

### 2.3.5　机会开发的内容

创业的目的是创造并获取创业租金，为了达到这一目的创业者要完成两项彼此关联的活动。第一项活动是创业者从自身的资源禀赋出发，收集创业所需的各类资源并有效整合以期产生一定的创业租金。第二项活动是保证创业者在执行具体的创业活动中能够通过有效的防护措施保证产生的创业租金不被其他竞争对手攫取，或者说至少不被全部攫取，创业者可以获取部分的创业租金（Alvarez 和 Barney，2004；Vandor 和 Franke，2016），这种防御竞争对手的战略从另一个角度讲是战略创业活动（Hitt 等，2001）。

目前，对机会开发的研究主要集中在第一种能力上，即创业者如何获取各种资源来组建企业，在很多时候，资源获取就被等同于机会开发，实证研究中研究者在考察机会开发过程时也几乎就锁定在获取资源的活动。就资源获取而言，资金是创业者最难获取的资源之一，大量文献探讨了企业如何获取创业资本（Reynolds，2011；Shane 和 Nicolaou，2015）。研究者发现，由于初创企业以模仿创业为主，机会新颖性的缺乏使得它们不会成为风险投资的目标群体，它们唯有转向依靠内部社会网络谋求资金，所以家族内部融资是绝大多数企业初始资金的重要来源（Bygrave，2005），对于这类企业，创业者的人力资本和社会资本通常在融资中起着举足轻重的作用（Bhagavatula 等，2008）。而对于高科技企业，天使投资和风险投资也是创业者追求的外部融资渠道，创业者通常会采用情境思维在内部融资和外部融资中进行考量，当他们预期内部融资的交易成本更低，并且内部融资不会带来家族成员干预企业运营的窘境时，会倾向于内部融资（Au 和 Kwan，2009），反之，创业者可能会将融资的视野拓展至外部的陌生人。除资金之外，创业者需要获取的其他资源还包括技术资源、生产设备、厂房和人员等，现有研究考察了哪些因素会影响企业获取上述资源的能力（Reynolds，2011），在企业组建的过程中，各类资源的获取应该遵循怎样的步骤（Carter、Gartner 和 Reynolds，1996），以及对于特定的创业者其资源禀赋的交互作用会对新创企业的资源获取产生怎样的作用（Semrau 和 Werner，2013）等，资源获取这一领域产生了大量的研究成果，也为实践领域提供了很多有益启示（Arregle 等，2013）。

但是，资源获取仅是机会开发的一部分内容，为了保证机会开发的顺利完成，新创企业需要在创业的同时不断进行战略思考（strategic thinking），形成异质性的创业战略作为防止租金耗散的有效机制，这种构建战略的能力也构成机会开发的一项重要内容，甚至是更为重要的内容（Brinckmann、Grichnik 和 Kapsa，2010；Dimov，2010）。当然，新创企业的战略创业完全不同于成熟企业的战略创业，新创企业的战略创业多是面对快速变化的市场，创业者发现没有时间或是没有必要事前制订周详的计划，为了适应市场需要，新创企业通常需要对原先的理论逻辑进行根本性的调整，最终采用的战略常常是事先没有设想到、在企业经营中陆续出现的战略思想，这类战略区别于成熟企业常见的意图型战略（intended strategy），是一种自发型战略（emergent strategy）（Mintzberg 和 McHugh，1985；Shane 和 Nicolaou，2015），自发型战略是新创企业中最常见的创业战略。

在构建战略和获取资源的同时，新创企业的组织架构也在同时搭建，研究发现倾向于直觉式认知的创业者长于战略谋划却对组织创生（organization creation）这类战术性活动表现不佳（Reynolds，2011），实证数据显示有一半的潜在创业者在组织创生中遭遇失败，更有企业因为组织计划的不成功导致了创业绩效受损。当然，我们并不是说所有的创业机会都要通过组建企业并以企业实体的形式才能开发、获利，事实上，在市场中直接销售创业机会的套利者、或是通过加盟方式出售机会的创业者是普遍存在的（Alvarez 和 Barney，2004），只是说上述两种开发机会的方式不属于新创企业的研究范畴，本书不作关注。在新创企业的研究领域中，有效地组建企业实体无疑是机会开发过程中必不可少的重要活动（Shane，2003；Edelman 和 Yli‑Renko，2010；Newbert 和 Tornikoski，2010；Semrau 和 Werner，2013）。

综上所述，本研究认为机会开发需要创业者同时具有战略创业、资源获取、组织创生三项能力（Shane，2003；Alvarez 和 Busenitz，2001；Gruber，2007），三者缺一都会损害机会开发过程，甚至会导致创业失败。现有研究片面地强调了资源获取，对战略创业和组织创生的研究非常缺乏，而且资源获取、战略创业和组织创生三个方面的研究相互独立，缺乏有效联系，缺乏机会统筹下的整合分析视角。

本小节首先从机会的研究现状入手，通过对机会开发内涵的深入解析探讨了机会开发时点和开发方式问题，继而提炼了机会开发内容的关键维度。

通过机会开发的现有研究可以发现，研究者较好地揭示了机会识别的作用机制（Ardichvili、Cardozo 和 Ray，2003；Ucbasaran、Westhead 和 Wright，2009），但是对于机会开发的讨论非常不足。其具体表现在：第一，机会开发的理论框架尚未形成，机会开发的影响因素和作用结果更多的是定性的探讨，缺乏来自经验数据的实证检验。例如，尚未就不同机会开发方式与新创企业的创业绩效间建立逻辑链条，而这种相关性分析对于解决国内外学者关注的创业失败问题至关重要。第二，机会开发构念的内部结构尚未打开，研究者较多地将机会开发简化为一维的结果变量，机会开发本身仍旧是一个理论黑箱，内部结构及各部分作用机理仍未得到理论揭示，操作性定义和测量等实证研究更是鲜有涉及。本书尝试对上述两项工作进行探索，首先在前述效果逻辑理论基础之上构建机会开发的理论模型。虽然效果逻辑理论为新创企业研究奠定了理论基础，但是仍然没有回答采用何种理论逻辑将机会开发引入创业研究，也就是说机会开发与其他关键构念交互作用的理论框架还没有搭建。理论框架的缺失不仅阻碍了对机会开发的深入解析，而且让机会开发始终游离在主流创业研究框架之外，也不利于创业学本身的理论发展。本研究将严格基于效果逻辑理论的挖掘来探索机会开发的理论研究框架。第二项工作是探索机会开发黑箱的内部结构，即机会开发的内部维度及各维度测量。本研究将采取质性研究（qualitative study，包括理论文献分析、企业访谈和书面企业案例三类资料）与定量研究（quantitative study）相结合的方法提炼和检验机会开发的内部维度并形成最终量表（Suddaby、Bruton 和 Si，2015），并在上一步构建的理论模型中定量考察机会开发与其他关键变量的情境作用关系，揭示机会开发的发生机制。

# 3　理论基础与研究假设

通过第2章的文献梳理可以发现，新创企业研究的理论基础是效果逻辑理论，它整合了认知理论、资源基础理论和社会资本理论这三个创业研究核心理论，既能够从本质上把握新创企业研究的学科合法性，又可以保证理论模型的包容性与拓展性。基于效果逻辑理论的机会开发研究新近展开，机会开发的内部结构亟待揭示，三类"手段"与机会开发间的作用机理也需要来自理论和实证的阐释与检验。本章在对效果逻辑理论最新研究进行评述的基础上，构建了基于效果逻辑理论的机会开发研究框架，引入机会开发考察创业者从"手段"到创业结果的中间过程。通过理论演绎得出机会开发内部维度之后对三类"手段"与机会开发各维度关系提出假设，留待后续实证检验。

## 3.1　理论基础

### 3.1.1　效果逻辑理论的提出背景

效果逻辑理论是在考察创业者决策制定行为时被引入创业研究

的①。目前学术界认为经济和管理领域的决策制定通常有两类典型方法。第一类出现在与经济学相关的领域，比如管理经济学、市场营销和战略管理，当事人多会采用定价决策模型，应用微观经济学中边际收入等于边际成本、市场出清价格等原则来做决策。另一类是和心理学相关的领域，比如人力资源管理、组织行为学、领导学中的个人决策问题，当事人通常使用心理测量的方法制定决策。尽管上述两个学派的学者已经从个人、企业、产业/市场和经济四个层次详细探讨了决策制定问题，但是他们全部的分析都是基于一个前提假设：企业业已存在（Sarasvathy，2001；Kerr 和 Coviello，2019）。换句话说，四个层次的研究都没有包括创办企业这个特殊决策。因此对于企业新创活动来说，经济学和心理学分析方法均不适用。

但是在现实生活中，每天都有大量的新企业诞生，绝大多数创业者对他们的创业进度表都是比较了解的，何时要取得营业执照，何时要去银行贷款，何时要雇用员工，他们都非常有计划，在这一系列创业决策的背后，是否有一种理论对其进行指导呢？对此，Sarasvathy（2001）提出一个崭新理论框架——效果逻辑理论（effectuation theory），并在此后十几年内迅速发展（Sarasvathy，2001；Goel 和 Karri，2006；Sarasvathy 和 Dew，2008a、2008b；Welter 和 Kim，2018），逐渐成为新创企业研究的经典理论框架（Perry、Chandler 和 Markova，2012）。

追根溯源，效果逻辑理论实质上发源于西蒙的有限理性和美国实用主义哲学（方世建，2012）。西蒙主张人是有限理性的，具有有限认知能力，并不能完全掌握相关信息和预测相应的结果，人的决策准则并非"最优"而是"满意"（Simon，1997）。而实用主义哲学强调行动和效

---

① 创业作为一种行为（action），显然不是创业者对客观现象的自然反映，而是行为人经过先期的谋划，经过了较长时间心理过程才表现出的外在行为，遵循态度—意图—行为的逻辑脉络，是计划行为理论的典型案例。计划行为理论的相关研究，被解释变量先是被试是否会创办自己的企业，后来发展为测量被试创办自己企业的可能性，却始终没有对创业行为展开分析，如行为的内容包括哪些，创业行为发生的步骤如何，还有更为重要的，创业者如何进行创业的决策制定（decision-making）。本书未有综述决策制定的相关文献，这是因为决策制定是一个非常宽泛的概念，笼统地看，企业经营、日常生活中的每一项活动，都可看作一次决策制定过程，机会开发只是成千上万项活动中的一项，用这样一个普遍适用的理论解释创业问题，针对性不是特别强。尽管如此，决策制定却是在机会开发过程中确实实存在的，需要从理论上对这一特殊行为进行剖析和阐释。

果，认为一个真理或概念的意义在于应用它们可能产生的实际效果，而且只有行动和实践才能检验和证实真理。詹姆斯创造了 "effectuation" 一词，强调行动对手段的依附关系，表达不断修正实际行动的初始意向或采用新的意向引导新的行动的过程。Sarasvathy 巧妙地借用 "effectuation"，创造性地提出效果逻辑理论，效果导向（effectuation）是和目的导向相对的理论概念，二者都是意在描述决策过程。"效果导向是将一组要素看作给定值，当事人的工作是在由这组要素可能达到的很多种结果之中进行选择"；"目的导向则是给定某一结果，为了达到这个结果，在很多的备选方案中进行选择"（Sarasvathy，2001）。可见，二者在决策制定时的思维过程刚好相反。举例来说，假设有一位厨师要准备一顿晚餐，他有两种方式来完成这个任务，一是厨师根据厨房现有材料配合他自己的烹饪水平来做一顿晚餐，此时厨师要根据现有原材料考虑各种可能做的菜品，经过取舍权衡后，完成晚餐制作，这种根据已有资源在所有可能达到的结果之间进行选择的方式，就是效果导向。第二种，由顾客事先确定菜品，厨师的工作就是根据菜品，选择原材料，选择在哪家商店购买这些原材料，这种结果既定，选择事先方案的方法就是目的导向。

在创办企业时，创业者会根据自身情况在上述两种逻辑中进行选择：有些创业者对要创办的企业有一个整体的谋划，会按照未来目标来想方设法地积累创业资源；另外有些创业者则是根据已有的资源禀赋，在此基础上尝试各种可能的组合方案，由于这类创业者在创业初期对于自己的企业未来会是一个什么样子心里十分模糊，所以他们可能还会在创业过程中随着环境的变化而改变初始的创业目标（两种逻辑下创业过程表现见表3-1）。由于效果导向逻辑支持"一对多"模式，即创业者根据既定的资源禀赋可以创办几种类型的企业，所以说初始创业资源不会束缚在唯一的一个结果上，这就极大地增强了效果导向的现实适用性。又因为创业是一个风险和不确定性极高的行为，效果导向保证了创业者可以随着时间变化、环境调整而灵活决策，因此说在创业活动中，效果导向更为常见（Baker 和 Nelson，2005；Karri 和 Goel，2008）。当然，虽然现实中采用效果导向的创业者要多于目的导向创业者，但这并不能表明效果导向是更有效、更易取得成功的，这一问题还需要后续的实证研究做出准确的分析（Daniel 等，2018）。

表 3-1　　　　　　　效果导向和目的导向下创业过程间的差异

| 项目 | 效果导向 | 目的导向 |
|---|---|---|
| 给定值 | 初始资源禀赋是给定的（比如，现有的大学学历、银行现金及想和我一起创业的同学） | 创业的目标是给定的（比如，要创办一家面向中产阶级的咖啡店） |
| 创业决策制定标准 | • 创业者根据既定的初始资源，考虑它们可能带来的所有结果，并在所有结果中进行选择<br>• 究竟选择哪种结果，取决于创业者能承担的最大损失/能接受的最大风险<br>• 创业者主导型：给定了具体资源，创业者的个性和识别及应对环境变化的能力共同决定了他会创办何种企业 | • 为了达到既定目标，可以采取很多种途径，我的工作就是要在众多途径中选择最有效的那种<br>• 筛选方案的标准是看哪种的预期回报最高<br>• 结果主导型：创业者选择哪些资源来达到既定的目标取决于事前确定的这个目标，以及他对资源的了解程度 |
| 所需能力 | 应对变化环境的卓越才能 | 运用知识的能力 |
| 常见领域 | • 人的行为<br>• 前提假定通常是动态性、非线性的研究领域 | • 自然知识<br>• 在静态的、线性的环境中更为适用 |
| 不确定的本质 | 研究关注的是，在不可预知的未来环境之中可以被掌控的那些要素 | 研究关注的是，在不确定的未来环境下那些可预测的要素 |
| 核心逻辑 | 既然我们可以在一定程度上控制未来情况，因此就没有预测未来的必要 | 既然我们可以在一定程度上预测未来，我们便可以掌控未来 |
| 结果 | 通过联盟或其他合作方式，创办新企业 | 通过竞争战略使将要成立的企业可能拥有更好的竞争地位 |

资料来源：作者根据相关资料整理而得。

### 3.1.2 效果逻辑理论研究评述

十余年来效果逻辑理论研究已取得了阶段性成果，从最初的检验效果逻辑理论的效度研究，论证效果导向逻辑确实存在于创业过程并对新企业绩效产生正向影响（Read、Song 和 Smit，2009），逐步发展到具体的定量研究，通过实验研究和田野调查的方法来开发实证研究的测量量表，进一步考察效果逻辑理论和目的导向理论的区别以及动态转化问题（Chandler 等，2009；Dew 等，2009）。但是，截至目前，理论研究中还存在颇多争论，远未能形成统一的研究框架，理论研究模型还处于发展的初级阶段，正在努力向中级阶段过渡（Perry、Chandler 和 Morkova，2012），实证研究则刚刚起步，现有实证研究主要包括下述三方面：

（1）创业环境与效果逻辑理论

早在 Gartner 创业模型中，创业环境就已被列为创业过程的重要组成要素之一（Gartner，1985），创业环境是创业活动必须考虑的因素，依时而变、顺势而为早已成为创业者的经验之谈。在创业决策研究中，创业环境依然具有相当重要的价值，不同的创业环境决定了创业者应采用不同的决策行为。基于创业决策逻辑的适用环境不同，学者们考察了创业环境与创业决策逻辑之间的关系。Sarasvathy 和 Kotha（2001）以 RealNetworks 公司为研究对象，采用田野调查的方式验证了高度不确定性情境下创业者会采用效果导向逻辑进行决策（Sarasvathy 和 Kotha，2001）；Meuleman 等（2010）对 152 家比利时新创企业进行研究，发现环境不确定性对效果导向模式的选择产生了显著调节效应（Meuleman、Lepoutre 和 Tilleuil，2010）。总体而言，创业环境的不确定性程度越高，创业者越倾向于选择效果导向逻辑，反之则倾向于采用目的导向逻辑。

（2）创业经验与效果逻辑理论

Read 和 Sarasvathy（2005）基于创业者的创业经验，对创业者的不同逻辑选择进行研究，提出了一系列可测性假设。他们从以往文献中发现专家型创业者（expert entrepreneur）的决策过程高度符合效果导向逻辑，创业经验差异会导致决策选择不同：创业者往往会综合运用两种逻辑，但创业经验更多的创业者对效果导向逻辑有更稳定的偏好。在 Read 和 Sarasvathy（2005）研究的基础上，学者们通过案例研究、口语分析等方法以创业者的创业经验为主要研究着力点，对假设进行论证性研究。Politis 和 Gabrielsson（2006）发现创业者既有的工作经验和职业发展路径会影响创业者决策模式：有创业经验和小企业工作经历的创业者在创业决策时更可能采用效果导向模式，而具有大企业工作经历的创业者更可能采用目的导向模式（Politis 和 Gabrielsson，2006）。Sarasvathy 等（2008）则通过口语报告等方法对比有创业经验的创业者和无创业经验的 MBA 学生，结果发现 89% 的专家型创业者更多倾向于效果导向，而 81% 的 MBA 学生倾向于使用目的导向（Sarasvathy 等，2008）。2009 年，他们同样采用口语报告分析方法对 27 位专家型创业者和 37 名 MBA 学生进行了更为细致的研究，再次验证了专家型创业者倾向于采用效果导向模式、MBA 学生倾向于目的导向决策的结论（Dew 等，2009）。但与其他定量研究类似，上述研究同样未能揭示效果逻辑理论的内部结构——"我是谁""我知道什么""我认识谁"等在创业过程中的作用方式及两种决策模式下的差异比较。

（3）企业生命周期与效果逻辑理论

创业决策理论相关研究表明，企业的生命周期与创业决策之间也存在联系。在企业的初创阶段（generation phase）超过 60% 的创业行为遵循效果导向逻辑，而在之后的阶段效果导向逻辑的运用会越来越少（Harmeling 等，2004）。Read 和 Sarasvathy（2005）也指出，成功企业很可能在创业初期采用效果导向逻辑，随着公司成长扩大会采用目的导向逻辑。在企业的初创阶段，企业发展不稳定，而且对环境的承受能力比较弱，作为新生事物会遭受更多的挑战和考验，很难预测到环境的变化，无法明确最终目标，因此创业者往往偏向于灵活可变的效果导向逻辑；随着企业成长成熟，其面临的环境可预测性越来越强，此时创业者会考虑目的导向逻辑，并在适宜的机会中选择应用目的导向理论对其进行机会开发。

根据现有效果逻辑理论研究成果，创业者会根据创业环境、创业经验和所处阶段动态选择决策模式。在新创企业初期，创业者往往更多采用效果导向模式，并且这一模式也被证明可以增进创业绩效。但是现有研究存在两点局限性：其一，未讨论创业者"手段"的具体内涵与分类，效果逻辑理论中的"手段"迟迟无法落地；其二，对创业者的"创业过程"鲜有讨论，或是没有界定/测量创业过程变量，或是仅考察了创业绩效这一创业结果，均没有将创业者"手段"与最终"结果"之间的"创业过程"逻辑链条解释清楚。本研究认为，创业者利用手头资源开展创业的过程就是其机会开发的过程，机会开发是考察创业过程的重要视角，将其引入效果逻辑理论模型预期可达到两个目的：其一，提升创业过程质量；其二，构建基于效果逻辑理论的机会开发研究模型。

### 3.1.3　基于效果逻辑理论的机会开发研究框架

效果逻辑理论构建了创业者资源与创业结果之间的概念化框架，但是从"创业者手段"到"创业结果"的创业过程尚未得到理论揭示。本研究认为，创业者拼凑手头资源创办企业的过程其实质是机会开发过程，在此过程中创业者的三类资源将对机会开发活动产生复杂作用，通过影响创业者的机会开发过程最终决定创业结果。因此本研究在已有效果逻辑理论框架中引入机会开发（如图3-1中阴影部分），考察从"手段"到"结果"的中间过程，并以机会开发为分界点，向前考察创业者资源与机会开发的作用方式及其情境影响（本研究的主体理论模型），向后简要验证机会开发是否可以提升新创企业的创业绩效，从而收获满意的创业结果（本研究进一步分析部分）。

从前面文献评述部分可知，机会开发构念本身仍旧是一个理论黑箱，其内部结构尚未打开，虽然理论研究倾向于认为机会开发是包含战略创业、资源获取和组织创生三个维度的理论构念，但还停留在理论假说阶段，缺乏后续的实证检验和经验研究的支撑，对这三个维度各自的理论内涵和操作性定义更是鲜有研究，鉴于此，本研究将在此首先梳理这三项机会开发活动的内涵与相互关系，以备接下来研究假设的提出。

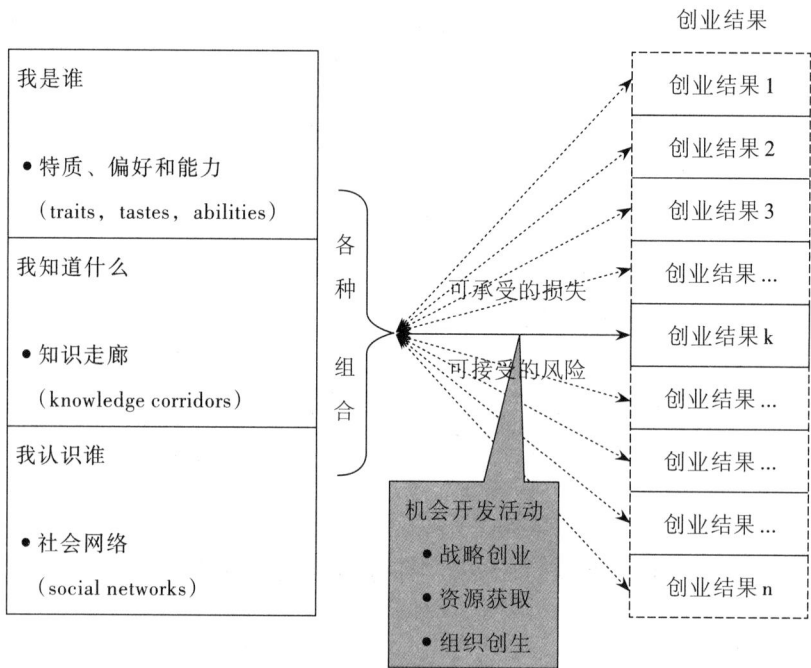

**图3-1  基于效果逻辑理论的机会开发研究框架**

资料来源：作者根据相关资料整理而得。

（1）战略创业

创业者之所以愿意开发某一创业机会，关键是他坚信通过自己的投入-产出组合会得到比现有组合方式更高的价值，尤其重要的是，关于生产组合的信息不会散播开来，只能是极少数人掌握，这样创业者就能够据此获取利润（Shane 和 Eckhardt，2003；Wood 和 Mckinley，，2017），因此在机会开发之前，创业者需要通过制定战略来防止信息散播过快而导致的创业租金耗散，这种在机会开发过程中采取措施来防止创业租金耗散、增强新创企业持续获利能力的行为活动被称为战略创业（strategic entrepreneurship）（Hitt 等，2001；Wright 和 Hitt，2017）。具有战略思维的创业具有区别于一般创业活动的独特能力，更有利于企业的财富创造，新创企业的战略创业能力往往通过构建创业战略来实现（Preller、Patzelt 和 Breugst，2018）。

那么，为何新创企业在机会开发的过程中要构建创业战略？首先，从需求角度看，虽然有些时候创业者已识别到创业机会并采取措施着手开发活动，但是由于缺乏战略思维，他们很可能会破坏该创业机会的潜在获利能力，仅能获得有限的创业租金，妨碍了更大的财富创造（Hitt等，2001）。如果创业者具有战略思维能力，就可以将短期获利和长期获利能力二者有效地结合起来，既保证了短期生存，又为未来应对竞争者提供了保证，因此创业战略在机会开发过程中具有重要价值（Klein等，2013）。其次，从供给角度看，创业战略的主要来源是企业的商业计划书和后续的动态调整。商业计划书是新创企业的最初战略蓝本，它描绘了企业未来的发展路径以及实现目标的策略方法，虽然有些学者指出在创业之初的动态环境面前事前的计划显得意义不大，但是理论和实践均发现，商业计划书可以减少新创企业在机会开发过程中可能出现的错误，并且能够快速地引领企业将资源投向价值最大的活动（Gruber，2007；Kivleniece 和 Quelin，2012；Snihur、Reiche 和 Quintane，2016），因此节约了创业初期最为宝贵的两项资源——资金和时间。随着机会开发的进行，创业者事前没有计划到的情况将陆续出现，此时要求创业者能够在商业计划书的基础上灵活应对，动态调整，这种通过不断修订计划来适应创业环境的自发型战略将有利于新创企业在高度不确定性和不可预见性的环境中求得生存和发展。

在明晰了战略创业的意义之后，需要进一步探讨其理论内涵。经过文献梳理可以发现，创业战略的研究始于公司战略，创业战略与参与战略（participative）、适应战略（adaptive）和简约战略（simplistic）一起共同构成了公司战略（Dess、Lumpkin 和 Covin，1997），创业战略常常表现为公司整体战略中的"进取性部分"，创业战略的特点是强调创新在战略管理中的重要性，鼓励企业通过变革来实现短期利润和长期利益的有效融合。随着创业问题的出现和不断深化，学者在公司战略基础上开始尝试从创业与战略管理相融合的角度重新认识创业战略，创业战略被认为是与创业导向和创业位势含义相近的一个理论概念，同样可以通过先动性、风险承担性、进取性和动态调整性（Miller，1983；Lumpkin 和 Dess，1996）加以测量。

上述两种研究路径存在一个共同点，就是均以成熟企业作为研究对象，考察公司战略或是公司创业中的"风险与创新性"部分，但是新创企业和成熟企业无论是资源禀赋还是竞争环境等方面都有显著差异，针对成熟企业的创业战略研究很难直接应用到新创企业，新创企业的创业战略研究应该具有自身的异质性。本研究认为，在机会开发过程中，一方面，创业者有意愿通过独占资源、建立壁垒等方式降低其他人开发同一创业机会的可能性，独占创业租金。另一方面，一旦创业者进入机会开发过程，他的创业想法或成型的产品渐渐被市场发现，其他竞争者就会通过学习效应和后来者优势不断掌握创业信息，创业者想要独占创业租金的目标又是很难实现的。鉴于此可以推演，新创企业的战略创业活动会集中表现为防止创业租金耗散以及积累长期竞争优势的那些活动。

因此，本研究认为新创企业战略创业的内涵是，创业机会开发过程中那些可以获取并保持企业竞争优势和价值的所有努力，它不包括机会开发过程中获取资源、组织创生等战术层面的活动。具体而言，战略创业体现在新创企业是为了阻止竞争对手分享创业利润而采取的一系列战略活动（Shane，2003；Alvarez 和 Busenitz，2001；Alvarez 和 Barney，2004）。战略创业研究之前一直没有得到创业学者的重视，原因之一可能在于新创企业通常存活率较低，疲于完成短期生存目标的创业者不太可能还有资源去谋求长期竞争优势的实现。但此看法未免偏颇，因为战略创业不是一定要以牺牲短期利益为代价的，它更应该是在企业尚未创立前在既定资源约束下谋求最佳战略位势的决策行为。

机会开发中的这种战略创业能力具体表现为哪些方面，是否仅仅体现在建立进入壁垒这一个层面，是需要深入分析的理论问题（McCarter、Mahoney 和 Northcraft，2011），鉴于现有战略创业的研究还处于基本概念辨析阶段，尚未形成系统性分析，因此本研究将在文献分析的基础上，结合实地访谈和书面案例研究等多资料来源进行质性分析提炼战略创业这一构念的内部结构，并在专家意见和信度、效度检验后最终形成战略创业的测量项目，质性研究和量表检验将在第5章进行。

（2）资源获取

"对于新企业的成功而言，成熟的商业概念、战略和执行力是毋庸置疑的关键要素，但是还有一个常被人们忽略或低估的同等重要的要素——创业初期的资源"（Brush、Greene 和 Hart，2001）。新创企业缺乏管理经验，没有忠实的顾客基础，没有足以建立其声誉的前期业绩，所以对于创业者而言，获取资源来组建企业是一项挑战性极高的工作。资源获取是指创业者出于开发创业机会、创办企业的目的，而发生的获取财力、人力、物力、信息、订单等资源的努力。很多研究将资源获取作为机会开发的基础条件，其中财务资源是对企业创立最重要的一类资源（Shane，2003），除此之外，在机会开发过程中，还需要购置设备，雇佣员工，获取技术信息（Brush、Greene 和 Hart，2001；Sirmon、Hitt 和 Ireland，2007），这就涉及设备、人力和信息资源的获取。另外，对于新创企业还有一点关键因素会影响其生存，这便是企业合法性。新创企业通常要承受新创弱性（liabilities of newness），它们缺乏前期信用记录，没有可以抵押的财产，因此产品较难得到市场认可。如果企业向市场提供的又是一个全新的产品，其合法性就会遭到更大的质疑（Samuelsson 和 Davidsson，2009）。根据 Aldrich 和 Martinez（2001）的研究，创新型的新创企业除面临着道德和管制方面合法性的问题，还要克服认知合法性这一瓶颈。在这一背景下，如果企业具有获取消费者认可的能力，顺利获取了第一笔订单，就能够维持企业的短期生存，继而，新创企业可以借此打开销售渠道，产生滚雪球效应，带来消费者的认可和企业的持续成长。鉴于此，合法性认可也是新创企业需要获取的一类重要资源。

（3）组织创生

获取创业租金从大的方面可以分为两类：一是通过市场的方式出售创业机会；二是创办企业。鉴于本研究的对象是新创企业，因此在机会开发的同时就必须要形成一个实体的架构，这就是组织创生（Shane，2003）。组织创生是指为了实现创业目标，通过制定组织规则和搭建组织架构来支撑一系列旨在开发创业机会的活动。

创业者在构建战略和获取资源时面临诸多挑战，比如说创业者很少能够顺利地获取所需的全部创业资源，而且想要形成较高的进入壁垒也对机会的新颖性提出了更高要求。现实中的创业者或是缺乏足够的初始资源，或是创业机会很容易被竞争者识别和模仿，或是两方面困难兼而有之。在此情况下，创业者想要通过开发创业机会获取创业租金就显得更加困难了。此时，如果创业者能够根据环境要求建立一种适宜的组织协调方式，尽可能地降低机会开发的成本，不仅能够保证企业顺利组建（Semrau 和 Werner，2013；Newbert 和 Tornikoski，2010），而且更重要的是，可以帮助创业者克服资源获取和战略创业中的不利因素，成功地获取部分创业租金（Alvarez 和 Barney，2004）。

组织创生包括一系列紧密联系且相互影响的活动（Shane，2003）。首先，界定企业规范。在创业早期，为了增强适应性，新创企业通常采取非正式的组织政策（Reynolds，2011），但随着企业规模的扩大，创业者发现非正式途径限制了他的管理幅度，创业者往往开始试图通过正式的组织安排增强控制能力，因此在不同情境下制定企业规范是机会开发过程中的一项重要能力。其次，顺利的机会开发还需要具备有效的沟通机制。由于创业面临高度不确定性和信息不对称，要让企业员工充分了解创业机会的特征以便采取统一行动就需要建立一套员工间沟通协调的机制，实证研究发现，当企业内部员工沟通充分，企业与顾客、供应商等利益相关者交流充分时，新创企业的生存概率更大（即机会开发能力更强）（Edelman 和 Yli-Renko，2010）。再次，机会开发的同时还需要明确专业化分工。在机会开发的过程中，无论企业的组织制度和沟通方式多么简单和非正式，但至少员工要对个人的工作分工和汇报链条清晰明确。最后，组织创生过程中需要划分好控制权利。虽然在新创企业初期创业者更多表现为亲力亲为，很多经营活动都是他本人负责，但其对下属仍然要形成有效的监督机制，以防由于创业团队的利益冲突而使得组织创办失利（Brinkman 和 Hoegl，2011）。

战略创业、资源获取和组织创生三项活动对创业结果都有显著影响，在不同情境下三项活动对创业绩效的作用大小可能有所差异。比方说，对于高科技企业，技术专利或核心员工是企业生存和发展的基础，在这类企业中，能否垄断相关的专业技术人才、申请技术专利来延长竞争对手的模仿时间就会直接关系企业的获利能力，因此可以预期战略创业能力与创业绩效的相关性会更明显。而对于劳动密集型企业，创业者多是采用模仿式创业，创业机会是行业内几乎共有的通识，因此这类企业几乎很难设置进入壁垒，它们更多的是通过新的资源组合方式（比如更加节约成本的组合方式）来获取高于行业平均利润的创业利润，对于这类企业而言，战略创业活动就显得不那么重要，而如何有效协调众多的员工保障企业实体的顺利创办就显得更加重要。同时，对于这类企业，在机会开发阶段如何选择创业者资源也会有所差异，创业者人力资源、社会资本等资源与机会开发之间的作用机制也会与高科技企业有所差异（Bhagavatula、Garner 和 Sutherland，2008）。

## 3.2　研究假设

基于效果逻辑理论的机会开发研究框架成功地将机会开发引入效果逻辑理论模型之中，在对机会开发内部结构探索之后，本研究提出四个研究假设，首先是第一类"手段"——创业认知——与机会开发关系的假设。其次是第二类"手段"——先前经验——与机会开发关系的假设。再次是第三类"手段"——社会资本——与机会开发关系的假设。鉴于机会开发是创业者内外部资源约束下的情境活动过程，本研究最后对机会新颖性在创业者资源与机会开发间的情境影响提出假设，并在全部四个假设之后形成了本研究的研究模型。

### 3.2.1　创业认知与机会开发

效果逻辑理论认为创业者第一类"手段"是创业者特质（traits, tastes and abilities），从创业者特质视角研究创业问题出现在创业理论发展早期，是 20 世纪 60 年代和 70 年代的创业研究主流，随着对创业研究的深化，学者发现创业者特质在预测创业行为时能力非常有限，因此从 20 世纪 80 年代开始，创业者特质的思路逐渐被机会视角、资源视角所取代，但是直到现在，学者始终认为创业者特质中的一种特质在解释创业行为时具有重要意义（Kickul 等，2009；De Carolis、Litzky 和 Eddleston，2009；Chaston 和 Sadler-Smith，2012），这便是创业认知。

创业认知来源于创业学者对社会认知概念的发展，社会认知是人们解释、分析、记忆和使用社会环境中的各种信息的方式方法（Baron，2004）。社会认知不仅考察个体的认知，而且更强调个人的认知是处在一组社会情境之下的，个人认知的形成是个体特征和社会环境交互作用的结果。由于企业新创发生在社会背景之下，并且受环境的影响十分明显，因此认知的嵌入性对机会开发过程具有重要作用。学者尝试专门研究在企业新创这一背景下，一类特殊的个体——创业者，他们的认知方式和认知特征，以及创业认知与机会开发间的作用机制，这便出现了创业认知问题。创业认知指在机会评估和企业新创及成长中，个人用于估计、评价和决策的知识结构的情况（Mitchell 等，2002）。创业认知分成两大类：直觉式认知和分析式认知（Allinson 和 Hayes，1996）。直觉式认知的创业者在处理问题和制定决策时倾向于全盘地把握，他们不太强调细节，相对而言不是循规蹈矩的（nonconformist），这些人处理问题时更喜欢采取开放式观点，依赖于随机发现的方法，在处理需要全局性思维的问题上往往表现出色（Groves、Vance 和 Choi，2011）。而分析式认知的创业者在机会开发过程中倾向于采取逻辑性思维模式，他们强调系统性的调查方法，对于需要循序渐进分析方法的决策问题，分析式认知通常能够取得更好的效果。学者发现，在创业过程的不同阶段，认知方式对创业的作用有所差异：在机会识别阶段，直觉式认知的创业者通常能够识别出数量更多、质量更高的创业机会，而在机会开发阶段，具有分析式思维的创业者往往表现更加突出，但目前尚处于理论假说阶段。

正如前文所述，机会开发能力是一个三维度概念，它包括了战略创业、资源获取和组织创生三种紧密联系、彼此交叉的能力，在这三种能力中创业认知方式均起到了重要作用，同时创业认知在三种能力中的作用机制也有所差异。

战略创业是创业机会开发过程中那些可以获取并保持企业竞争优势和价值的所有努力，它表现为创业者在事前设置进入壁垒以及在机会开发过程中的阻止信息外溢的各种尝试。很多创业者在创办企业时疲于应付日常琐事，没有考虑到在创办成功后如何防止竞争者来攫取创业租金，那种具有前瞻性思维、在创生租金的同时还能建立持续创生租金能力的创业者通常是喜欢沉静思考、考虑全面又不失逻辑系统思维的创业者，而这些特质在具有分析式认知的创业者身上表现得更为显著（Seawright 等，2011）。而且，战略创业不仅要求创业者了解自身企业机会开发全过程的各个细节，而且还要其掌握竞争对手情况，否则就无法为对手设置有效的进入壁垒，这些能力的养成通常需要创业者具备较高的逻辑分析能力，依靠直觉、随机的思想火花往往很难应付得了，因此直觉式认知的创业者的构建创业战略的能力较之分析式认知创业者处于劣势（Grégoire、Corbett 和 McMullen，2011）。

另外，从战略创业的供给方面来看，即创业者的主观意愿也可以得到同样的结论——分析式认知的创业者将更擅长于构建创业战略（Román、Congregado 和 Millán，2013）。首先，唯有分析式认知的创业者会乐于在机会开发之前就提前进行战略谋划，直觉式认知的创业者由于对自己临时反应能力和随机的智慧迸发更有信心（或他们已经习惯于此种方式，几乎无法改变），他们往往不会做"计划的功课"（planning work），在他们看来，这种循规蹈矩的行为方式有时甚至会带来行事的僵化，他们更喜欢在混乱中主动出击，出其不意完成机会开发过程，因此较之分析式认知的创业者，直觉式认知的个体对战略创业的重视程度不高，执行意愿相对较弱。其次，分析式认知的创业者更愿意从前期行动中汲取失败教训，学习能力的提升也会增强其战略创业能力。分析式认知的创业者相信信息过程理论，他们认为可以通过先前经验的总结提高后期信息处理能力，可以通过前期创业中的失败降低机会开发中的不确定性动态推进创业成功（McGrath，1999），而直觉式认知的创业者往往忽略这种事物发展之间的逻辑链条，他们更强调创业中的全景式思维，他们认为循序渐进的机会开发方式可能负面效果要强于正面收益，因此直觉式认知的创业者对战略创业的重视程度较之分析式认知个体要低些。

人是一个认知的吝啬者（cognitive misers）（McGuire，1969），直觉式认知的创业者更是如此，他们仅愿意关注所有信息中极其有限的部分就形成创业评价，结果就表现为认知偏差会更加明显。直觉式认知的创业者非常注重主观直觉在创业中的重要性，但是直觉是否正确以及直觉背后的知识储备是否完整往往被其忽略。由于对自己的知识储备"过度自信"，即使创业活动失败他们也往往不会归咎于其直觉的失误，而会诉诸个人之外的其他因素。与此同时，直觉式认知的创业者对其控制创业活动的能力也存在着过高的估计，这种"控制假象"也可能降低其对机会开发过程的重视，简单地认为单凭其卓越的创业能力就有望解决创业中的困境，往往会简化创业程序，结果降低了机会开发中的必要活动。不仅如此，直觉式认知的创业者在形成直觉时，通常会对那些正面信息更敏感，做出更乐观的估计（Kahneman 和 Lovallo，1993），由于忽略了很多创业中的风险，因此对机会开发的重视程度和投入水平也较之分析式认知的创业者较少。

综合了构建战略能力的需求、供给和认知偏差三方面分析，本书提出以下假设：

H1a：分析式认知与战略创业能力具有正相关关系。

资源获取阶段，为了能够掌握创业必需的各类资源，需要创业者事前对资源的类别、来源和获取方式进行全面、细致的谋划，比如说对于资金，创业者需要能够阐述清楚创业想法和获利的潜能，说服银行、投资者或社会网络中的内部人为企业注资（Semrau 和 Werner，2013）。为了吸引到合适的员工，也要求创业者能够很好地诠释清楚企业的创业机会、未来前景、雇员未来的职业发展和工作挑战性等。

如果说创业者获取单独某项资源相对容易的话，那么想要获取创业初期的合法性则是对创业者认知能力的极大挑战，这是一项系统性、程序性并重的工作，分析式认知的创业者通常表现得更加出色（Groves、Vance 和 Choi，2011）。新创企业缺乏前期绩效和市场知名度，在创办之初几乎都没有从消费者处得到合法性认可，为了取得合法性，创业者需要有效地调用其手头的所有资源，至少做好以下几项工作：（1）发挥自身资源的信号功能，提高市场对新创企业的信心。如果创业者具有高学历、成功的前期创业经验或是在某行业具有一定的知名度，这些资源都会增强市场对新创企业能力的认可，新创企业的产品也更容易得到市场合法性的认可。（2）利用社会资本寻找企业的第一笔订单，通过绩效的积累建立企业合法性。如果可以寻找到愿意购买企业产品的客户，新创企业就获取了向市场证明其能力的机会，企业也就可以借此积累自己的合法性资源。创业者需要逻辑清晰、有理有据地阐释企业的产品和服务，力求说服对方购买企业的产品/服务，在此方面，具备理性思维、强调全面分析、工作计划的分析式认知的创业者更容易取得成功。

（3）合理组织资源，保质保量地完成第一笔订单。当企业艰难地拿到第一笔订单之后，需要高质高效地完成订单，使得这个初始绩效发挥信号的功能，提高市场消费者对企业能力的认可，增强企业合法性。整个订单的完成过程也需要创业者具备较高的组织协调能力，讲究细节和方法、善于缜密思维的分析式认知的创业者应该会完成得更好。因此，不仅是在资金、技术和人才资源获取方面，在合法性资源的获取上，分析式认知的创业者也比直觉式认知创业者能力更强，基于此，本书提出以下假设：

H1b：分析式认知与资源获取能力具有正相关关系。

组织创生能力在分析式认知的创业者中往往表现更加出色，这是因为较之资源获取能力和战略创业能力，组织创生能力更侧重于细致、缜密的分析（Shane 和 Delmar，2004），企业的创办是由一系列琐碎、具体的活动组成的系统，如果将其按细致化程度由高到低划分，至少可以分解为战术性组织活动、战略性组织活动和愿景性组织活动三个层次（Lichtenstein、Doodey 和 Lumpkin，2006），每个层次的组织都要求创业者协调多种活动，合理安排好各项活动的先后顺序、按部就班持续推进（Newbert 和 Tornikoski，2010），哪项或哪些活动出现失误都有可能导致最终的创业失败，因此它要求创业者小心谨慎、循序渐进，分析式认知的创业者往往更擅长此种类型的工作，因此会表现得更耐心、更出色。

组织创生的过程与小企业管理过程类似，包括创业团队的分工与监督、一般员工的配备与管理、组织规章的形成与推行、正向现金流的获取等事项，只有这些工作都顺利完成，才能称为机会开发成功。即使是经验丰富的管理者想要完成上述一系列复杂的活动也具有很大的挑战，更不用说新生的创业者。对于那些采用分析式认知的创业者，源于其逻辑思维、系统化思考能力较突出，可能会在小企业管理中推行得更顺利（Kickul 等，2009）。基于此，本书提出以下假设：

H1c：分析式认知与组织创生能力具有正相关关系。

在上述三个二级假设的基础上可以得出本书的第一个一级假设：

H1：分析式认知与机会开发能力具有正相关关系。

### 3.2.2 先前经验与机会开发

创业者在机会开发过程中的第二项手头资源是创业者的先前经验（what they know）（Sarasvathy，2001），创业者的先前经验包括前期工作经验（prior working experiences）和前期创业经验（prior entrepreneurial experiences），前者属于一般性人力资源，有助于增强创业者的全面技能，而后者则有助于积累创业的专用人力资源，具有创业经验的连续创业者无论从创业内容、创业进度还是创业的结果上通常会表现得更加积极（Alsos 和 Kolvereid，1998；Stuetzer、Obschonka 和 Schmitt-Rodermund，2013；Engel 等，2017）。

首先构建创业战略要求创业者在本企业实际的基础上考虑如何获取比较优势，因而对创业者能力要求更高，前期工作经验的磨炼有助于培养创业者的这种战略思考、控制全局的能力。一方面，随着工作经验的增加，当事人可能会从基层管理者上升为中高层管理者，在管理实践中需要做出的战略决策数量就会不断增加，这种经验学习会使得其战略思考能力也在潜移默化地提高。另一方面，即使当事人一直是一般管理者，未涉及战略层面的决策行为，也会随着工作经验的丰富而接触到更多的工作内容，增加其知识库储备，从而在未来创业活动中起到促进作用（Backes-Gellner、Tuor 和 Wettstein，2010）。

另外，我们也可以预期，对于前期创业经验更长的创业者，其战略创业能力就相对突出。机会开发过程就是创业者的创业学习过程（Haynie 等，2010），通常创业学习有两个来源：一是体验学习获取直接经验，即创业者亲自参与创办企业的活动积累相关创业知识；二是观察学习获取间接经验，即创业者的创业知识来源于其对周围人和事物的观察，再经过自身认知系统加工，形成了专用性的创业知识。前期创业经验使得创业者可以通过经验学习获取非创业者未知的创业知识，这些创业知识不仅对其获取资源大有裨益，而且节约了创业者解决日常管理问题的时间，创业者将有可能投入更多的时间和精力培养构建战略这一难度更大的机会开发能力上（Unger 等，2011），以谋求更好的竞争优势。鉴于此，本书提出以下假设：

H2a：先前经验与战略创业能力具有正相关关系。

其次，先前经验也可以促进创业者获取资源（Morris 等，2010）。创业者在前期工作中积累的各种人际关系常常成为其创办企业的启动资源，创业资金有时候就来自前期共事的朋友和商业伙伴，新创企业的早期员工也可能来自前期工作伙伴。前期工作经验使得交易各方与创业者之间建立起信任，节约了双方的交易成本，加快了创业者资源获取的速度，提高了获取质量。另外，具有较长工作经验的创业者也积累起一定的专业技术知识，这种经验也会促进其更好地甄别和获取技术资源、机器设备等创业资源，提高技术资源的获取质量。不仅如此，行业工作经验还可以作为一种信号显示，增强外界对新创企业合法性的认可，继而凭借合法性吸引到更多的创业资源。

此外，如果创业者不是初次创业，具有前期创业经验，这也会提高其资源获取的能力。初次创业成功的人开办另一家企业，被称作平行创业者（parallel founders）（Alsos 和 Kolvereid，1998），由于前期成功的经历增强了市场信心，平行创业者不仅在获取资源方面更有经验，而且也相对容易。即使前期创业失败（无论是企业尚未建立起来，还是成立后生存了短暂时间），如果创业者可以从中汲取有益经验，那么明智失败（intelligent failure）[1]也会增加创业者的累积知识，最大限度地降低曲解资源、滥用资源等行为发生的可能（Sitkin 和 Pablo，1992），为创业者再次探索机会、开发机会奠定基础（March，1991），因此前期创业经验会提高创业者资源获取的能力。鉴于此，本书提出以下假设：

H2b：先前经验与资源获取能力具有正相关关系。

创业者的前期工作经验越长，在前期企业中的嵌入性就越大，从企业中获取的组织管理知识也就越多（Elfring 和 Hulsink，2002；Backes-Gellner、Tuor 和 Wettstein，2010），这些既成知识减少了创业者重新制

---

[1] Sitkin 和 Pablo（1992）根据是否能从中学习知识将失败区分为无收益失败（little learning benefit）和明智失败（intelligent failure），他们认为明智失败是指"虽未有达到预期目标，但从中汲取到有利于未来发展的信息和知识"。

定新创企业规章制度的工作，可以将稀缺的时间资源转移到修改和完善企业规章的活动之中，从而提高组织创生的成功概率。此外，作为一名前期企业的被管理者，创业者也可以较好地了解员工沟通、组织协调中的常见问题，从而在构建自己企业的过程中尽量避免偏差的发生（McGrath，1999）。同时，创业者还会提前对未来可能出现的情况形成预期，制订备选方案，这种前瞻性的思维（Alvarez和Businetz，2001）降低了由于组织协调不足所导致的创业失败可能性。

如果创业者前期曾经创办过企业，无论成功或是失败，都会深化其对组织过程的了解（Bandura，1982），创业者会在各项组织活动中进行筛选，集中处理其中的关键步骤，如果前次创业恰恰是因为某项失误而遭受了失败，创业者也将会在本次创业活动专注解决此类问题，度过同样的创业陷阱保证机会开发的顺利完成。基于此，本书提出以下假设：

H2c：先前经验与组织创生能力具有正相关关系。

在上述三个二级假设的基础上可以得出本书的第二个一级假设：

H2：先前经验与机会开发能力具有正相关关系。

### 3.2.3　社会资本与机会开发

在创业中，个人的社会资本构建是有一个过程的，先是结成双向关系，然后将这种社会关系转化成经济关系（比如说亲属成为投资者，与创业者之间结成了经济关系，这其中应用的是社会交换理论），再然后是将各种交换进行层次性的安排，企业得以创建。

首先，社会资本能够提高创业者的战略创业能力。社会资本有效地降低了创业中的信息不对称，创业者可以借由社会网络增加对市场信息、竞争对手信息的掌握，制定更为有效的措施防止竞争对手攫取创业利润。同时，来源于社会资本的各种信息还能提高创业者战略创业中的动态能力，使得创业者可以根据环境变化和前期活动动态地调整后续创业行为，具备战略调整能力的创业者可以更好地隔离竞争者，构建企业的持续竞争能力（Jack，2010）。此外，创业者在与网络成员，尤其是网络中的其他创业者的交往过程中，可以通过观察和模仿获取间接经验，这种观察学习会提升、促进企业的战略创业活动，而且频繁、深入的社会交往还会增强创业者的观察学习能力，从而带来其战略创业能力的持续进步（Kwon 和 Arenius，2010）。在创业实践中，创业学习的主要方式就是观察学习，而非经验学习（Lumpkin 和 Lichtenstein，2005），观察学习减少了经验学习中的典型错误，并能更加高效地提升创业者思维模式，提高战略性思维能力。基于此，本书提出以下假设：

H3a：社会资本与战略创业能力具有正相关关系。

其次，创办企业需要各类资源，而新创企业的资源稀缺性常常成为其生存和成长的阻碍，制约了企业的创办（Eisenhardt 和 Schoonhoven，1996；Arregle 等，2013），在此情境下，新创企业走出困境的一个关键战略是利用创业者的个人关系和社会交往（Coleman，1990），创业初期的社会资本是企业获取资源的重要手段（Larson 和 Starr，1993），对网络中成功模板的近距离观察也有助于提高创业者战略创业能力及组织协调能力。社会网络可以减少信息不对称（Eckhardt 和 Shane，2003），网络成员之间的信任促进了资源获取。就财务资源获取来看，即使在发达国家资本市场相对完善的情况下，网络成员，尤其是网络内部成员，仍然是创业者资金的最主要来源（Reynolds，2011）。即使是风险投资家在选择投资项目时除了考察商业计划本身（Sacks，2002）之外，往往也倾向于选择那些他们更了解的创业团队，所以创业者要想吸引风险投资，不仅要有一个好的创意，还需要良好的社会关系（Shane 和 Cable，2002），社会资本有助于新创企业的融资和融资能力的提升（Florin、Lubatkin 和 Schulze，2003）。在中国情境下，在 20 世纪 80 年代至 90 年代之间，被调查的百家私营企业中虽然有 41% 是从银行和信用社获取创业贷款的，但是这种贷款的达成大多数都是通过亲情熟识的关系网络得到的，而到了 20 世纪 90 年代中期之后，这种亲属型的融资渠道在私营企业中越来越少，但是内源式融资一直是企业获取资金的主要方式（储小平，2003）。尤其是对于规模较小的中国新创企业，人们往往更倾向于选择非正式的投资渠道获取资金，资金的获取对社会资本的依赖性很大（边燕杰、张磊，2006）。

除此之外，社会资本也是新创企业获取人力资本的基础，人力资本流入企业后还需要必要的社会资本支持，从而为企业创造关键性的新资源（Blyler 和 Coff，2003）。新创企业缺乏前期绩效很难吸引到合适的员工，创业者只好依靠社会资本中的人际关系来直接接触，或通过这些中间人推荐值得信任的合适员工来完成企业必需的人员配置（Batjargal 等，2013）。虽然对当前私营企业的调查发现，社会招聘机制的功能在渐渐增强，但是亲属网络推荐在获取人力资本上仍然发挥着很大的作用（储小平，2003）。另外，社会资本同样影响销售和市场资源的获取，与客户是否具有社会关系对于新创企业能否得到第一个订单，以及得到订单之后能否持续得到订单都是紧密联系的（边燕杰、张磊，2006）。基于此，本书提出以下假设：

H3b：社会资本与资源获取能力具有正相关关系。

最后，创业者的社会资本越多，其组织创生的能力也越强。网络信息扩散、网络学习和模仿是创业者信息获取的重要途径（Bhide，2000；Hitt 等，2001），创业者通过个人网络获得的各类技术、才能、声誉，加之通过创业伙伴的社会网络获取的各类资源一起都为其构建企业实体的活动提供了宝贵的借鉴（Stam、Arzlanian 和 Elfring，2013）。网络促进了知识的转移，创业者可以借鉴成功创业者的做法来安排企业组建流程，利用观察学习到的知识避免自己组织创生中可能出现的失误，提高机会开发的成功概率。基于此，本书提出以下假设：

H3c：社会资本与组织创生能力具有正相关关系。

在上述三个二级假设的基础上可以得出本书的第三个一级假设：

H3：社会资本与机会开发能力具有正相关关系。

### 3.2.4 机会新颖性对创业者资源与机会开发关系的情境影响

机会开发是创业者在不确定性下的战略决策行为，因而机会开发是否会发生以及开发的结果如何，是创业者内部资源和外部环境情境约束的共同结果（Stam、Arzlanian，和 Elfring，2013）。前文探讨了创业者资源禀赋（即内部资源）对机会开发的影响，为了全面解析机会开发过程不能忽略机会新颖性这一重要外部环境要素的作用，机会新颖性作为情境要素会对创业者资源禀赋与机会开发能力之间的作用机制产生影响。

　　当创业者开发的是创新型机会时，创业者与其他利益相关者（如资源供给者）之间的信息不对称将更加明显。此时机会的新颖性很高，可能是一项全新的技术（如20世纪70年代出现的互联网），或是一项全新的产品（比如1973年出现的全球最早的个人电脑Micral），需要创业者本人具有较强的逻辑思维能力和缜密的分析能力才可以开创一种合适的组织方式来完成创新机会的开发，创业者还需要随着市场对机会认识的深入来动态调整企业的开发策略，提高开发过程的适应性，在这些活动上，具有分析式认知的创业者通常会表现得更好。

　　另外，创新型机会的最大价值就在于其创新性，一旦这种创新性被其他人掌握，机会的获利潜力也就随之消失，因此创业者都会在机会开发过程中尽量避免信息的扩散，这种限制信息向资源供给者流动的努力就进一步加剧了创业者和资源供给者之间的信息不对称（Shane 和 Cable，2002；Dimov，2011），同时造成了资源供给者的逆向选择（Amit、Glosten 和 Muller，1990），使得那些掌握了创新机会的创业者由于缺乏必要的资源供给而无法开展机会开发活动。此时，创业者为了在尽量减少机会信息外露的前提下还能够说服资源供给者向企业投入资源，便要更加条理有序、有礼有节地向投资者阐释企业的创业概念，在此方面分析式认知创业者表现得更突出。基于此，本书提出以下假设：

　　H4：机会新颖性对创业认知与机会开发能力之间的关系起调节作用，创新型机会中创业认知与机会开发能力之间的关系要强于模仿型机会中二者之间的关系。

　　面对创新型机会，具有丰富先前经验的创业者在机会开发中的行为效果通常会更好。由于创新型机会的不确定性更高，复杂程度也更高，因此更可能在机会开发过程中遭遇失败，开发难度更大。前期行业经验和创业经历会提高创业者能力，这种经验丰富的创业者，其机会开发能力也会较之初次创业者更高（Renko，2013），更可能获取机会开发成功。

　　其次，创新型机会的新创弱性更严重，先前经验丰富的创业者在说服产品市场和资本市场的相关者接受新创企业的合法性地位方面能力更强（Suchman，1995；Uotila，Maula、Keil 和 Zahra，2009），先前经验还能作为信号增强相关者对新创企业的信心，增强机会开发能力。

而且，对于先前经验丰富的人，其创业的机会成本更高（Parker和Belghitar，2006），如果机会成本更高的人选择创业，那么其他相关者就会增强对创业者的信心，最终促进创业者的机会开发活动。而对于模仿型机会，由于其市场获利潜力有限，所以即使是由经验老到的创业者来开发，可能最多也只能得到市场平均收益，或是稍高于平均收益的创业利润，其他相关者也不会因此而对这些创业者的机会开发活动投入更大的支持。因此，先前经验对机会开发的正向作用在创新型机会的企业中会更加明显。

基于上述三方面，本书提出以下假设：

H5：机会新颖性对先前经验与机会开发能力之间的关系起调节作用，创新型机会中先前经验与机会开发能力之间的关系要强于模仿型机会中二者之间的关系。

较之模仿型机会，开发创新型机会的创业者需要具备更多的异质性资源（Uotila、Maula、Keil和Zahra，2009），这些资源绝大多数都来自创业者的社会网络（Ma、Huang和Shenkar，2011）。这是因为社会网络中的内部人可以容忍创业者对机会信息的隔绝和保密，并且在高度的信息缺失的情况下向新创企业投入资源。社会资本的信任关系也使得内部人可以预期创业者不太会出现道德风险问题而损害其投资收益，甚至内部人会在预期到投资风险时基于社会资本中的情感性因素而仍旧支持创业者的机会开发活动（Reynolds，2011）。

此外，由于是全新的创业机会，创业者对其毫无经验，市场中也缺乏可资借鉴的先例，所以创业者对如何组织资源、如何设置进入壁垒防止创业租金的耗散均知之甚少，此时创业者唯有依赖社会网络的信息和资源才可能顺利度过机会开发的艰难时期。因此，社会资本对机会开发的促进作用在创新型机会的企业中体现得更明显（Stam、Arzlanian和Elfring，2013）。

基于上述两方面，本书提出以下假设：

H6：机会新颖性对社会资本与机会开发能力之间的关系起调节作用，创新型机会中社会资本与机会开发能力之间的关系要强于模仿型机会中二者之间的关系。

综上，本研究基于效果逻辑理论构建了创业者资源与机会开发能力之间的逻辑关系，并从机会新颖性角度深入分析此关系的情境影响，提出的假设和理论模型总结如下：

H1：分析式认知与机会开发能力具有正相关关系。

H2：先前经验与机会开发能力具有正相关关系。

H3：社会资本与机会开发能力具有正相关关系。

H4：机会新颖性对创业认知与机会开发能力之间的关系起调节作用，创新型机会中创业认知与机会开发能力之间的关系要强于模仿型机会中二者之间的关系。

H5：机会新颖性对先前经验与机会开发能力之间的关系起调节作用，创新型机会中先前经验与机会开发能力之间的关系要强于模仿型机会中二者之间的关系。

H6：机会新颖性对社会资本与机会开发能力之间的关系起调节作用，创新型机会中社会资本与机会开发能力之间的关系要强于模仿型机会中二者之间的关系。

创业者资源与机会开发能力的研究模型如图3-2所示。

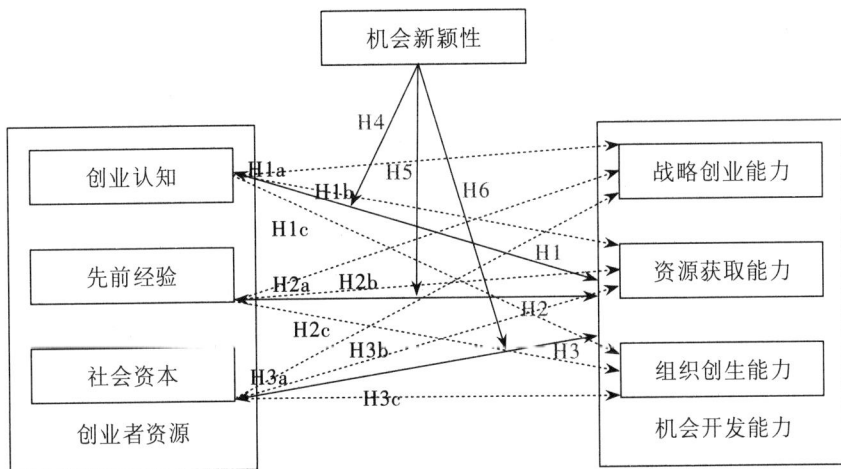

图3-2 创业者资源与机会开发能力的研究模型（资料来源：作者整理）

# 4  研究设计

　　为了检验理论模型和研究假设，本研究将采用质性研究和定量研究相结合的方法。具体而言，由于本研究中的关键潜变量——机会开发能力，在以往研究中没有成熟的量表更没有有效的实证测量，因此本书首先采用质性研究方法通过开放编码、轴线编码和选择编码三个阶段形成机会开发能力的初始量表，再通过量表的信度和效度检验来修正初始量表，形成最终的机会开发能力量表，用于大样本实证检验。在定量研究阶段本研究采用问卷调查方法获取截面数据，针对不同教育背景、不同地区、不同行业、不同企业规模、不同所有制性质的新创企业主进行调查，以便增大研究结果的普遍意义。本章的结构安排是：首先介绍本书的调查方法与调查对象，其次介绍问卷设计与变量测量。

# 4.1　调查方法

## 4.1.1　质性研究

首先在探测机会开发能力内部结构时，采用质性研究方法。在前文理论模型和研究假设中，机会开发能力被演绎为战略创业能力、资源获取能力、组织创生能力三个维度，但是这三个维度是根据西方学者的理论研究推演而得出的（Shane，2003），尚未经过实证检验，更没有经过中国情境的再检验；同时三个维度的内部结构也不清晰，尤其是对战略创业和组织创生两项能力的测量尚无具体量表。鉴于此，有必要通过原始资料自下而上归纳出机会开发能力的"本质"，这种研究逻辑适合采用质性研究。

在质性研究阶段，本研究将采用多来源的原始资料以便增强研究结论的可信性和有效性。具体而言，原始资料的来源共计三个。第一是理论文献，本研究对主流期刊上发表的文献进行了全面回顾，筛选出机会开发的相关文献共 66 篇，应用 Nvivo8.0 软件进行分析，通过开放编码、轴线编码和选择编码三个阶段提炼机会开发能力的内部维度和具体测项，形成初始量表。第二是来源于企业访谈的原始资料。考虑到文献分析数量有限（66 篇）及理论文献可能带来的实用性不足等问题，本研究补充创业者访谈资料作为质性研究的第二个来源，共计在 6 个省市范围内深度访谈了 15 位不同行业、不同企业规模的新创企业主，同样采用三阶段编码的质性研究方法对访谈资料进行分析，并根据分析结果对文献研究得到的机会开发能力初始量表进行第一次修正。原始资料的第三个来源是书面案例，即通过对已发表的书面案例资料进行再分析、加工、聚类等进一步增加对机会开发能力的理解。本研究基于样本代表性、原始资料可靠性等原则选择了四本案例资料中共计 24 家新创企业，其中既有行业中规模较大的知名企业，也有不为外界所知的中小企业；既有海归创业者企业，也有本土创业者企业，旨在通过书面案例研究对量表题项进行第二次修正。

通过上述三项原始资料形成机会开发能力的初始量表后，采取专家意见法对初始量表的内容效度进行评价，根据专家意见谨慎地对量表题项进行增减，并利用第一轮调查问卷对初始量表的信度、效度做出检验，这部分定量研究将在质性研究之后随即展开，具体结果在第5章质性研究的最后进行汇报。

### 4.1.2　问卷调查

问卷采用两阶段发放，在小范围试测之后进行问卷的第一次发放，共发放问卷200份，回收91份，回收率为45.5%，在回收的问卷中有效问卷81份，有效率为89.0%。第一轮调查问卷的目的是对质性研究形成的机会开发能力量表进行探索，并在此基础上进一步修正量表以备正式研究所用。

第二次问卷发放对象为新创企业的创业者。为了尽量降低非随机抽样的影响，样本选择了全国多个省区，包括辽宁、广东、云南、北京、上海、浙江等14个省市，既体现地域差异（南方与北方），又兼顾经济发展差异（沿海省市和内陆省市）。为了获得更多的有效样本，研究者要求派发者在派发时综合应用多种方式（当面、电话、邮件等）并注意跟进，要求派发者一定向填写者传递两个信息，第一是本问卷对研究者个人的重要意义，恳请他们帮助支持；第二是问卷的保密性，填写者完全匿名填写问卷，但鼓励他们在问卷封面填写邮箱，以便将研究结果分享给受访者。这样做的另一个好处是当某些问卷存在关键数据缺失时可通过该方式与受访者取得联系，从而完善问卷。此阶段共发放问卷310份，回收246份，回收率为79.4%，在回收的问卷中有效问卷131份，有效率为53.3%。

## 4.2　调查对象

本研究的调查对象是新创企业的创业者。对于新创企业的界定，理论界有不同看法，Chrisman、Bauerschmidt 和 Hofer（1998）认为在创业企业没有达到成熟阶段之前都可以被称为"新创企业"，新创企业达到成熟阶段花费的时间因行业、资源、战略等差异而显著不同，最短可能3—5年（"全球创业观察"将新创企业界定为成立时间在42个月以内的企业），较长的也许要8-12年，据此学者的研究会采用不同的企业年龄标准，有6年为标准（Zahra、Ireland和Hitt，2000）、8年为标准（Zahra，1996）、12年为标准（Covin、Slevin和Covin，1990）。由于本书是考察创业者在创业之初的机会开发情况，为了最大限度地避免产生后视偏见，本书选用42个月作为标准选取新创企业。

在问卷调查阶段，鉴于对研究对象随机抽样的困难，本研究采用方便抽样。问卷发放主要通过三种渠道：一是通过高校和相关研究机构发放；二是通过研究者本人的同学、朋友等社会关系滚雪球式发放；三是利用网络发放。其中第二种是本研究问卷的主要来源，虽然方便抽样可能导致抽样的随机性不足，但唯有通过扩大样本数量、覆盖省份、行业类型和创业者背景等方式尽量降低其影响。三种渠道发送的问卷均是匿名填写以排除受访者顾虑，提高问卷的回收率和有效性。此外在问卷首页注明该问卷作为学术研究的非公开性，并诚意邀请受访者参与创业管理相关的论坛并可以分享本研究的调查结果，从而吸引受访者填答。

## 4.3　问卷设计与变量测量

本研究最终发放的问卷包括五部分。第一部分是创业机会新颖性量表，共计4个题项，采用5级likert量表，"完全不同意"记为1，"完全同意"记为5。第二部分是机会开发能力量表，是本研究自行开发的量表，将在质性研究、信效度检验后最终生成。第三部分是创业绩效量表，同样采用5级likert量表，请创业者对企业的相对绩效进行评价，与同行业其他企业相比绩效"很低"记为1，相比绩效"很高"记为5。第四部分是创业认知量表，采用目前理论界公认的Allinson和Hayes（1996）量表，共计38个题项。问卷最后一部分是创业者背景信息，包括创业者特质、新创企业特质和企业客观绩效数据等信息（调查问卷详见附录1）。

在上述五部分中，机会开发能力量表需要自行开发，本研究将在第5章详细阐述该量表生成过程。机会新颖性、创业绩效和创业认知三部分采用现有的成熟量表，这是因为选用成熟量表具有两个好处：一是在文献中占有显著地位的量表一般会具有较高的信度和效度；二是在文献中被反复利用的量表一般具有较高的认可度（陈晓萍、徐淑英、樊景立，2008）。具体而言，除机会开发能力之外，本研究其他变量的定义与测量方法如下：

（1）创业认知。认知在长期内是相对稳定的，是个人稳定的心理特质，可以通过心理学技术进行测量（Sadler-Smith 和 Badger，1998），目前公认的测量认知方式的量表是 Allinson 和 Hayes（1996）开发的认知方式指数（Cognition Style Index，CSI），CSI 的前提假设是每个人的认知方式都处在一个由直觉式和分析式分居两极的连续区间之内，通过一系列问题测量认知方式更倾向于哪一极从而判定其认知方式属于直觉式还是分析式，到目前为止 CSI 已经在测量不同国家的创业者、管理者（包括人力资源、信息技术、电气工程等领域）、大学讲师、商学院学生、健康患者、一线员工等各类人群中取得了满意的信度，截至 2006年 Allinson 和 Hayes 已发表 25 篇引用 CSI 的一流期刊文章和书籍章节，其他学者的 57 篇一流期刊文章和书籍也引用 CSI。创业认知是在机会评估和企业新创及成长中，个人用于估计、评价和决策的知识结构的情况（Mitchell 等，2002），鉴于认知方式具有稳定性的特征，因此 CSI 不仅可以用于测量一般意义上的认知方式，也适用于创业认知的测量，很多创业研究已经开始采用 CSI 测量创业认知（Kickul 等，2009）。CSI 量表共计 38 个题项，每个题项有三个选择，分别为"是"、"否"和"不确定"，其中 21 个题项对"是"编码为 2，对"不确定"编码为 1，对"否"编码为 0（分析式认知），其余 17 个题项编码正好相反，即对"是"编码为 0，对"不确定"编码为 1，对"否"编码为 2（直觉式认知）。最后通过总得分来描述受访者是直觉式认知方式还是分析式认知方式。由于 CSI 是英文量表，国内尚无成熟的中文版翻译，因此在发放问卷前研究者先将英文量表翻译成中文并请英语专业的专家校正修改，再将修改后的中文 CSI 量表请另一位英语专业专家翻译成英文，与 CSI

原始量表对照，修改中文量表中表述的不足形成最后的中文版 CSI 量表。

（2）先前经验。根据 Sarasvathy（2001）提出的效果逻辑理论模型，创业者在创业情境下一类重要的资源是"我知道什么"（what I know），通过创业者的知识水平加以测量（Sarasvathy，2001），但是该模型及 Sarasvathy 之后的理论文章都未有创业者知识水平的操作化测量（Sarasvathy 和 Dew，2005；Sarasvathy，2008；Sarasvathy 和 Dew，2008a、2008b；Sarasvathy 等，2008）。创业者知识是一个宏大的理论构念，Shane（2000）认为在机会发现过程中创业者知识中最为重要的有三种，分别是关于市场的知识（prior knowledge of markets），关于如何满足市场需求的知识（prior knowledge of ways to serve markets）和关于顾客问题的知识（prior knowledge of customer problem），后续学者在 Shane（2000）的基础上对前期知识进行了实证检验，Shepherd 和 DeTienne（2005）应用实验法测量 Shane（2000）中第三类知识"关于顾客问题的知识"对潜在财务回报和机会识别的影响，Ko 和 Butler（2006）则对前期知识、双关思维模式和创业机会识别进行了量化研究。不难发现，上述前期知识的分类都是针对机会识别过程的，在机会开发中仅有市场知识显然是不够的，它需要包括市场知识、行业知识、营销知识、销售知识、信息化知识等在内的综合知识（Dencker、Gruber 和 Shane，2009），理论上可以通过工作经验、行业经验和创业经验作为替代变量，它们是比市场知识更全面又有针对性地测量创业者知识水平的指标（Morris 等，2012）。问卷中分别采用创业者在创办本企业前的工作经验是几年、行业经验有几年和创业经验有几年来度量。

（3）社会资本。Nahapiet 和 Ghoshal（1998）研究之后，学者对社会资本内涵与维度的看法基本取得一致，具体而言，社会资本包含结构性社会资本和关系性社会资本两个维度，前者是指网络结构中各方联系所构成的总体态势，后者则是网络中特定的人们之间的人际关系。结构性社会资本可以通过网络规模、网络异质性和网络密度测量（Granovetter，1973；Burt，1992、2000），关系性社会资本通过连带的强弱程度测量，是更加情境化的维度，国内研究者有的采用纵向联系、横向联系和社会联系三个题项测量（边燕杰、丘海雄，2000），也有从关系网络的数量和质量，企业家开发、维护、利用网络能力两个方面进行测量的。但是，这种两维度的社会资本测量方式在实际操作中过于烦琐，受访者填写问卷的质量很难保证，而且创业初期有些网络资源的效果收效甚微，创业初期关键性网络资源往往就集中在创业者家庭成员和朋友这两类上（Zimmerman，2002；Arregle 等，2013），再加之本书并未要区分社会资本不同维度对机会开发能力的各自影响，因此出于有效性和简洁性考虑采用下述问题测量："创业团队中家族成员的数量是多少？""创业团队中朋友/熟人的数量是多少？""创办之初有几位家族高管，所占高管比例是多少？"

（4）机会新颖性。创业机会新颖性的高低差异会明显影响其机会开发过程，对创业者资源能力的要求也显著不同（Hunger 等，2002；Samuelsson 和 Davidsson，2009；刘佳、李新春，2013）。从机会与创业间关系出发可以通过四个题项完整测量机会新颖性，分别是"产品/服务已经申请了技术保护（专利、商标权等）""研发活动是企业的重要战略""企业提供的产品/服务在市场中是唯一的""企业提供的产品/服务在市场中没有直接竞争对手"，采用 5 级 likert 量表，"完全不同意"记为1，"完全同意"记为5。

（5）控制变量。

①创业时创业者的年龄。创办企业时的年龄会影响创业者的认知和知识水平以及创业者的能力构成。可以预期，年龄越大的创业者，其行业经验和创业经验可能越丰富，其在机会开发过程中的表现也会越突出。因此，将其作为控制变量加入模型。

②创业者的受教育程度。根据效果逻辑理论，创业者知识是创业行为的关键影响因素，受教育水平可以作为创业者知识水平的一个量度。正式教育经历越长的创业者具有越完整的知识结构，将有助于其综合素质的提升，这类创业者在复杂的机会开发过程中能力也会越出色。

③行业。创业者的机会开发能力受其所处行业的显著影响（Uotila 等，2009），相对于传统制造行业，知识密集型的高科技行业（如信息工程、生物医药等）对创业者获取资源、制定战略等方面能力的要求更

加明显，高科技创业的高风险也导致在此类行业中创业者资源对其机会开发能力发挥更大的作用。实证分析中高科技行业赋值为1，非高科技行业赋值为0。

④创业时的企业规模。创业时规模较大的企业往往更容易克服新创弱性得到市场的认可，同时规模也可能为企业带来规模经济性从而建立企业的竞争优势，这些都有利于创业者机会开发能力的提升。因此本研究将企业规模作为控制变量之一，采用雇员总数的自然对数来衡量。考虑到行业差异会导致绝对规模的比较缺乏代表意义，因此本研究同时加入相对规模作为控制变量，相对规模是由创业者评价"本企业在同行业的规模属于：微型、较小型、中等水平、较大型，还是特大型"。

# 5 机会开发：质性研究

## 5.1 质性研究方法

机会开发是本书的核心构念，但目前尚无机会开发的成熟测量工具。缺乏科学的测量工具使得研究者难以对研究领域内的知识做出推动和贡献，在中国这样一个实证研究还在起步和不断完善阶段的社会，对以理论为基础的有效研究工具的运用就更为重要了（Farh、Cannella、Lee，2006）。这是因为，第一，众多中国研究中所采用的量表都是以西方量表为主的，这可能会造成语境和翻译的差异问题；第二，中国特殊文化和价值观可能对量表的内容和适用性产生作用，提出新的内涵和外延。在前文研究模型中尽管机会开发能力被演绎为资源获取能力、战略创业能力和组织创生能力三个维度，但这是西方学者基于理论推演得出的（Shane，2003），尚未经过实证检验，更没有经过中国情境的再检验；同时三个维度的内部结构也不完全明晰，资源获取能力具有成熟测量量表，而对战略创业能力和组织创生能力的测量都没有具体题项，更无成熟量表。基于此，为了保证能够得出切实可信的结果，本书需要首先对机会开发的测量进行确认和完善，这种从自然情境下收集原始资料从而自下而上归纳出事物"本质"的研究逻辑适合采用质性研究。

"质性研究是以研究者本人作为研究工具，在自然情境下采用多种资料收集方法对社会现象进行整体性探究，使用归纳法分析资料和形成理论，通过与研究对象互动对其行为和意义建构获得解释性理解的一种活动"（陈向明，2000）。质性研究的过程一般包括：确定研究对象、陈述研究目的、提出研究问题、了解研究背景、构建概念框架、抽样、收集材料、分析材料、做出结论、建立理论、检验效度、讨论推广度和道德问题、撰写研究报告等。鉴于质性研究本身是一个不断演化渐进的过程，所以上述环节在实际操作中不是彼此独立、顺序进行的，而是彼此重叠、互相渗透、循环往复的，会视具体研究内容而有所不同。

质性研究中收集资料的方法主要有三种：访谈、实物分析和观察。访谈通常是开放式访谈，或者在研究早期采用开放式，随后逐步缩小范围采用半开放式。在访谈过程中访谈者应注意被访者对问题的定义和思维方式，遵循他们的思路，用他们的语言表述来讨论问题。尽管访谈者事先准备了访谈提纲，但是提纲只具有提示作用，如果被访者没有提到访谈者认为重要的问题，可以在访谈接近结束时采用开放式问题征询被访者意见。访谈中访谈者需要同时观察被访者的非语言行为（比如面部表情和形体动作）并不失时机地记录下来，尤其是被访者使用的原话。在被访者同意的前提下可以对访谈过程进行录音，并在访谈后尽早对结果进行分析处理并撰写备忘录。

实物分析（document analysis）包括对所有可以收集到的有关文字、图片、音像和实物等材料的分析（陈向明，1996）。对实物资料的分类通常包括两大类：个人类和官方类。个人类通常包括被研究者个人所写的东西，如日记、信件、自传、传记、个人备忘录等，这些材料的获取往往需要与被研究者建立密切的个人关系，而官方类资料则相对比较容易获得，比如统计资料、报纸杂志、历史文献等，如果不涉及隐私权保护等约束的话官方类实物是建议研究者更多使用同时也更易获取的。本研究中的调查对象是新创企业家，调查问题是创业伊始的机会开发活动和创业绩效等问题，即使笔者与研究者建立起密切个人关系，创业者也很少会保留创业当时的笔记和记录，而另一方面官方类资料中却有较多关于机会开发活动的资料，因为是公开发表的，又不涉及隐私保密，鉴于此本书中的实物分析来自官方类，具体包括学术文献和书面案例研究。

最后一类质性研究的资料来源是观察，包括参与观察和非参与观察两种。在参与观察中观察者与被观察者一起生活工作，在密切互动中观察他们的言行，其长处是深入到被研究者文化内部的观察者可以更深刻地了解研究对象，不足是观察者很难保持必需的心理和空间距离。在非参与型观察中观察者置身于被观察世界之外，作为旁观者了解事件动态，其优点是具有一定距离对研究对象进行比较"客观"的观察，弱点是深入性不足更不能随时向被研究者发问。本书的研究时间限定在新创企业创业之初，客观上不具备参与到其创业过程的可能性，因此本研究没有从观察中获取质性分析材料。

原始资料收集上来之后就要对其进行分类和编码，具体做法丰富多样，最常用的是类别分析。类别分析是将具有相同属性的材料归入同一类别，材料的属性可以从事物的要素、结构、功能、原因等各个层面进行分类。类别可以组成树枝行主从属结构或网状连接性结构。"扎根理论"提倡将类别分析分为三阶段：开放编码、轴线编码和选择编码，本书即采用这种方法对原始资料进行分析，采用的工具是 Nvivo8.0 软件，这是一款在质性研究中得到广泛认可的分析工具，采用编码为理论建构的基础，可以处理多样性的研究材料。当然设定分析框架、类别和代码的工作仍旧需要由人工来做。

具体的分析步骤是：首先进行文献研究，这是因为区别于"从无到有"的建构理论方式，本书根据前人理论已经试验性地提出了机会开发内部的三个维度，率先进行文献研究可以对相关文献对上述三维度划分的评价有一个宏观掌握，但是文献研究需要注意一个关键性问题，就是从一开始研究者就不能让前人理论束缚了自己的思路，不能有意无意地将别人的理论往自己的资料上套，研究者要根据原始资料尽可能多地编码，尤其当遇到三个维度之外的参考点时一定要尽可能少地剔除、尽可能多地比较思考，通过原始资料、研究者个人理解和前人理论之间搭建的三角互动关系既有演绎又有归纳的研究逻辑来提升质性研究的信度和效度。第二步进行访谈资料的质性研究，完成两项工作：一是就文献研究形成的机会开发结构进行第一次检验和补充；二是对源于外文文献研究形成的初始量表进行中国情境检验。第三步增加书面案例企业的资料，本书从公开媒体获取的24家企业机会开发过程的资料，同样采用Nvivo8.0软件提炼机会开发内部结构，并与来自文献（66篇文献）和来自访谈（15位企业主）的质性分析结果一起形成最后的量表。下面第2节先讲文献研究过程及结果，第3节描述访谈和书面案例的质性结果。

## 5.2  文献研究

为了系统梳理研究者对于机会开发的研究成果，识别机会开发的关键维度和指标，本书对主流期刊上发表的文献作了全面的回顾，筛选出机会开发的相关文献共66篇，应用Nvivo8.0软件进行分析。

文献筛选的过程是，首先选择了11本主流期刊，其中包括8本公认的一流管理学期刊：Academy of Management Journal（AMJ）、Administrative Science Quarterly（ASQ）、Academy of Management Review（AMR）、Strategic Management Journal（SMJ）、Organization Science（OS）、Journal of International Business Studies（JIBS）、Journal of Management（JOM）和 Journal of Management Studies（JMS），另外还有3本创业管理的一流期刊：Journal of Business Venturing（JBV）、Entrepreneurship Theory and Practice（ETP）和 Journal of Small Business Management（JSBM）。在这些期刊中搜索以机会开发为研究主题的文献，为了避免遗漏关键文献，本书不仅将机会开发（opportunity（ies）exploitation（s）、opportunity（ies）development（s）、opportunity（ies）pursuit、opportunity（ies）、evaluation（s）等）作为搜索关键词，尽量全面地包含所有可能涉及机会开发主题的关键词，具体而言，在上述11本期刊中分别键入以下关键词：new business（es）development（s）、 business（es）venture（s）、business（es）creation、venture（s）creation、venture（s）formation、venture（s）establishment（s）、nascent entrepreneur（s）、start-up（s）、business（es）（organization（s））emergence、emerging、start venture（s）、start business（es）、entrepreneurship、entrepreneurial、entrepreneur（s）等，搜索在文章标题中包含任一关键词的文章。对于每一个关键词搜索出现的结果，再进一步筛选出讨论机会开发过程（操作中采用创业过程）的文献，在这样两步骤之后留存下来的文献，作为文献研究的来源。

为了尽量全面地搜集质性分析的材料，文献来源需要拓展至期刊文章之外，通过对期刊文献的参考文献的发掘进一步识别出其他的核心文献，按照这种按图索骥的方法本书又积累了其他关键文献，这部分文献主要是以书籍和重要会议的会议论文为主，这些文献同样被填充到文献资源库之中（书籍同期刊文章一样，一本书作为一个条目），最后，通过期刊文献和参考文献两个来源共搜集到文献66篇（文献来源详见表5-1）。

表5-1 **文献研究的样本来源**

| 文献来源 | 影响因子（2018年） | 总提取篇数 |
|---|---|---|
| Academy of Management Journal（AMJ） | 7.191 | 3 |
| Academy of Management Review（AMR） | 10.632 | 5 |
| Administrative Science Quarterly（ASQ） | 8.024 | 4 |
| Strategic Management Journal（SMJ） | 5.572 | 4 |
| Organization Science（OS） | 3.257 | 5 |
| Journal of International Business Studies（JIBS） | 7.724 | 2 |
| Journal of Management（JOM） | 9.056 | 2 |
| Journal of Management Studies（JMS） | 5.839 | 4 |
| Journal of Business Venturing（JBV） | 6.333 | 16 |
| Entrepreneurship Theory and Practice（ETP） | 6.193 | 12 |
| Journal of Small Business Management（JSBM） | 3.120 | 5 |
| 其他会议论文或图书 | — | 4 |
| 文献研究总数 | | 66 |

资料来源：作者根据相关资料整理而得。

### 5.2.1　开放编码

采用 Nvivo8.0 进行文献分析的第一步是对文献进行开放编码。编码（coding）是通过使用代码把材料打散、概念化，并以新的方式组合在一起的过程。编码过程包括对现象、个案、概念等进行不断的比较，不同的材料内容被赋予不同的概念或代码，通过逐级层层抽象而导致理论的形成。在这一过程中，首先是要分别给材料单元赋予紧扣文本原意的概念或代码，这便是开放编码。开放编码（open coding）是材料分析的第一步，也叫作一级编码，在 Nvivo8.0 中由 free nodes 来实现。根据扎根理论，在开放编码的早期阶段，最好采取密集编码的方式，对文字进行逐字逐行的分解，以便发现研究者感兴趣、对回答研究问题是重要的、突出的和频繁出现的现象（Pandit，1996），本书首先选择了专门针对机会开发的两本书籍进行这种密集的开放编码，编码单位是逐句、逐行进行的，期待获得更全面的节点，以便指导后续的编码工作。节点的名称绝大多数来自文献的原文。扎根理论同样指出，密集的开放编码不可能贯穿于全部的文本材料。到了一定阶段，范畴（category）多起来、理论逐渐形成时，可以改为以句或段落为单位进行编码。根据文献内容，在对接下来的 64 篇文献进行分析时，本书的编码单位是逐行、逐句和段落交叉的综合应用，并且在编码过程中一直秉承着追求"范畴饱和"的原则，即不断从文献材料中寻找代表机会开发各个维度的例子和现象，直到文献中再也找不到其他的维度材料为止。

经过对两本书籍的密集编码和对其余 64 篇文献的交叉应用，开放编码共得到节点 331 个。在编码过程中不难发现，在所有的节点中有一类是与获取资源相关的，这其中又包含了财务资源、人力资源、社会资本等不同种类的资源的获取，根据扎根理论，前者提到的"获取资源"是机会开发这一理论概念的维度（在扎根理论中通常被称作次范畴，subcategories），而财务资源、人力资源等各类资源又是"资源获取"的指标（在扎根理论中通常被称作次次范畴）。按照同样的分析思路可以发现，另有一些节点是关于机会开发中的战略问题的，另外有一类是关于如何组建企业实体的，此外，还有一些节点信息是关于机会识别、创业者资源等与机会开发不直接相关的信息。由于开放编码的原则是尽量遵照原始材料,同时为了梳理出学者在机会开发研究领域的研究全貌,因此对于非相关节点信息在此未作删除,留待第二步编码——轴线编码中进一步分析。

### 5.2.2 轴线编码

轴线编码(axial coding)是材料分析的第二步,也叫做二级编码,这一阶段的工作有两项:一是研究者从开放编码得出来的所有范畴中选取那些最能反映和符合材料的范畴并加以提炼。二是对这些范畴之间的内在联系进行澄清和梳理,其中的联系可能包括:因果关系、时间先后关系、语义关系、情境关系、相似关系、差异关系、对等关系、类型关系、结构关系、功能关系、过程关系、策略关系等。

(1)步骤一:合并同项

在开放编码中得到的331个节点中,首先进行同类项合并。比如在开放编码中对于resources coordination、resources acquisition 和 resources availbility 是作为独立的节点编码的,在轴线编码过程中,通过对节点内容的进一步分析可以发现,它们表述的内容基本相同,因此可以予以合并。再比如access to resources考察的是创业者获取资源的能力,但是这个节点信息同时也表明了在机会开发过程中获取资源是必需的一项活动,因此access to resources与resources acquisition也可以合并同类项。

(2)步骤二:第一次提炼

在对所有内涵相似的节点信息进行同类项合并之后,需要通过自下而上的方式将节点信息进行一次提炼。在331个自由节点除了可以合并同类项的节点信息之外,其他的节点无法合并,它们表征的是不同的信息,但是经过对节点间内容的比照分析可以发现,这些节点可以抽象为几大类"节点",这便是位于节点之上一个层次的"维度"概念。比如下列5个节点虽然表示不同的信息:innovation of manufacturing process、innovation of new product、market aggressive、market breadth、scope of serving market,但是它们都从不同侧面反映了机会开发过程中创业者如何构建竞争优势的问题,是创业者的一种战略行为,因此这5个节点可以抽象为一个更高层次的维度——战略创业,在分析中这5个自由节点仍旧保留，只是在"自由"的同时，还以战略创业的指标（indicator）的形式出现，在Nvivo8.0中采用树状节点（tree coding）这一分析工具来实现，即战略创业作为维度是树干，5个节点作为指标是树形图的枝条。

采用同样的方法对所有节点进行抽象提炼后可以发现，全部自由节点可初步提炼为下列6个维度：资源获取、战略创业、组织创生、环境因素、商业计划和生产销售，另外还有些节点信息相对分散（自由节点数为49），无法抽象到上述6个维度中，且自身也难以聚合成一个理论概念，因此暂时以"其他"来命名，如此一来，所有节点便被提炼为包含"其他"在内的共计7个维度，具体编码结果详见表5-2。

表5-2　　　　　　　　　　　　　　　轴线编码第一次提炼结果

| 范畴 | 节点 | 指标 | 参考点<br>（累计频数） |
|---|---|---|---|
| 资源获取<br>参考点：132 | 财务资源40 | 内部融资或外部借贷获取启动金 | 9 |
| | | 能够获取未来财务资源 | 6 |
| | | 财务资源使用得有效率 | 3 |
| | | 与利益相关者有效沟通以获取更多财务支持 | 9 |
| | | 在商业计划中提前设计融资计划 | 5 |
| | | 有效获取二次融资 | 8 |
| | 人力资源10 | 家庭成员或亲戚是企业的第一批员工 | 5 |
| | | 前期合作伙伴 | 2 |
| | | 通过高薪酬吸引优秀研发人员 | 2 |
| | | 核心员工是家族成员，其余人才通过市场招聘 | 1 |
| | 技术资源6 | 创业者本人就是专家 | 2 |
| | | 市场中购买 | 2 |
| | | 内部培养技术员工，或是送出去培训 | 2 |
| | 机器和设备10 | 市场购买 | 10 |
| | 企业合法性<br>（第一笔订单）8 | 第一笔订单就签了一个大客户，树立了企业形象 | 2 |
| | | 家族成员或亲戚关系拿到的订单 | 2 |
| | | 政府帮忙联系 | 1 |
| | | 创业者的坚持终于熬到第一笔订单 | 3 |

续表

| 范畴 | 节点 | 指标 | 参考点（累计频数） |
|---|---|---|---|
| 资源获取<br>参考点：132 | 市场资源获取26 | 如何寻找到客户 | 8 |
| | | 形成具体的产品或服务 | 6 |
| | | 与供应商、顾客等建立良好关系 | 6 |
| | | 市场营销的策略和能力 | 6 |
| | 原材料资源获取4 | 生产必需的原材料 | 4 |
| | 社会资本获取3 | 创业者与潜在投资者建立良好关系 | 1 |
| | | 识别机会和开发机会 | 1 |
| | | 是与人力、财务、物质、组织资源并列的 | 1 |
| 战略创业<br>参考点：65 | 适用于成熟企业的战略创业 | 运用外部网络 | 4 |
| | | 资源调配及组织学习 | 5 |
| | | 创新 | 11 |
| | | 开展国际化 | 3 |
| | | 创业导向 | 8 |
| | 适用于新创企业的战略创业 | 占有稀缺人才或市场 | 4 |
| | | 法律约束 | 3 |
| | | 建立了规模优势 | 7 |
| | | 动态调整能力 | 4 |
| | 概括性地提及"战略创业" | — | 20 |
| 组织创生<br>参考点：17 | 管理和控制企业的能力 | 组织好创业团队 | 3 |
| | | 亲力亲为，几乎所有事情都是创业者负责 | 1 |
| | 建立沟通机制 | 组织中更多的是情感性和合作性互动 | 1 |
| | | 创业者要花费时间来管理日益增加的雇员 | 1 |
| | | 企业还要与顾客、供应商等利益相关者有效沟通 | 1 |
| | | 通过备忘录记录各部门沟通活动 | 2 |
| | | 具体阐明组织中的权力链条 | 1 |
| | 制定组织规范 | 绝大多数决策是通过正式化制度达成的 | 1 |
| | | 有明文规定如何向上汇报和向下传达 | 1 |
| | | 每天的生产经营预算有章可循 | 1 |
| | | 由最初的非正式组织政策向正式化转变 | 1 |
| | 是否专业化分工 | 创业者与下属分享权力 | 1 |
| | | 创业元老都是通才，几乎各方面事情都要操心 | 2 |

| 范畴 | 节点 | 指标 | 参考点（累计频数） |
|---|---|---|---|
| 环境因素 参考点：6 | 宏观层面 | 一国经济发展情况 | 1 |
| | | 政府管理水平 | 1 |
| | | 政府颁布法律条令 | 1 |
| | 微观层面 | 创业者与政府和社会之间的沟通与互动 | 1 |
| | | 获得政府的优先购买权 | 1 |
| | | 与外部环境互动的能力 | 1 |
| 商业计划 参考点：19 | 最重要的是营销计划 | — | 4 |
| | 制订商业计划的必要性 | — | 4 |
| | 机会开发过程中的一项活动 | — | 11 |
| 生产销售 参考点：8 | 机会开发过程中的一项活动 | — | 8 |
| 其他 参考点：49 | 创业形式和意图 | — | 10 |
| | 认知层面的机会开发过程 | — | 6 |
| | 机会开发中的各项活动 | — | 33 |

资料来源：作者根据编码结果整理而得。

（3）步骤三：识别维度间关系

轴线编码的第三步是进一步考察每个维度的内涵及维度间相关关系。首先要明晰每个维度的内涵，才可以在此基础上厘清维度之间的关系。

①一个维度——资源获取。

资源获取这一维度共涉及节点数8个，参考点132个（参考点是指在所有文献中与资源获取相关的信息出现的频数为132次，参考点不能被合并），其中直接以"资源获取"为名称的节点共计1个，参考点25个，另外7个节点涉及的是资源的不同类属，分别是财务资源获取、人力资源获取、机器设备获取、原材料获取、社会资源获取、顾客资源获取和第一笔订单的获取。在所有资源类型中，财务资源获取的频数最高，为40次，其后依次为市场资源获取（26次）、人力资源获取（10次）、机器设备获取（10次）、第一笔订单获取（8次）、技术资源获取（6次）、原材料资源获取（4次）和社会资本获取（3次）。这个结果也从侧面反映出企业创建中各类资源的相对重要程度，学者们倾向于对财务资金的强调，有些核心文献就是单独讨论财务资源获取和利用的问题（Alsos、Isaksen和Ljunggren，2006），有些甚至会用财务资源表征所有类型的创业资源（Shane，2003）。此外，本书在编码过程中也发现，仅就财务资源获取这一问题，现有文献会从不同层面加以研究，这包括：a.财务资源的获取途径，是通过内部融资（来自亲属、朋友）还是通过外部借贷；b.当期和未来财务资源获取的动态平衡，通过识别创业者未来财务资源的获取能力来考察；c.财务资源的使用效率与新创企业生存与发展之间的关系；d.创业者如何通过与利益相关者的有效沟通来获取更多的财务支持；e.在商业计划中提前设计融资计划是否有利于创业者获取财务资源；f.创业过程中企业如何有效地获取二次融资，持续支持企业的生存和成长等。

财务资源之外的其他创业资源，如原材料和机器设备，是企业创生的必备要素，之所以在文献中被提及的次数很少（分别为4次和10次），一个重要的原因是这些资源的获取相对容易，它们更多的是作为企业创生过程的一个步骤出现的，研究者对于这类实务操作性的商业过程并无多大兴趣（林嵩等，2004），它们在文献中常常会被一笔带过，但这并不能说明它们在机会开发过程中不重要。

在本书提炼出来的7个资源类属中，有3类资源是现有理论中较少涉及的，分别是市场资源获取、社会资本获取和第一笔订单的获取，接下来我们逐一考察这3类资源，分析这3类资源的理论内涵，为第三阶段的选择编码做准备。

市场资源获取是研究者十分强调的一种机会开发能力（频数为26），对其重视程度仅次于财务资源获取（参考点为40），具体而言市场资源获取包括以下几方面：a.如何寻找到客户，即寻找客户的方式是更多依赖于前期的商业计划书和系统分析，还是通过手头已有的资源相机决策；b.市场资源的主要表现形式，即是否形成了具体的产品或服务；c.市场资源的获取途径，包括与供应商、顾客之间的关系，市场营销的策略和能力，是否需要在顾客中进行小范围的试测等；d.市场营销的运用和效果，编码中我们发现，学者在对市场资源获取的分析中极其强调市场营销（marketing）的作用，这其中包含营销计划的制订、营销对象的识别、营销渠道的建立与维持等方面，此类文献都在不同程度上指明了营销对于获取顾客的重要作用，也直接指出了营销对于新创企业生存的关键作用。对于这样一类重要的资源，为何市场资源的获取在之前的理论框架中缺失掉了，没有与人力资源、机器设备、财务资源等并列在一起共同构成资源获取的内容？通过分析这26个参考点所在的文献，我们发现市场资源获取的内容不是作为机会开发而提出的，而是作为机会开发的条件和结果出现的。

在编码中提炼出的另外一类现有理论框架未包含的资源是社会资源，此处的社会资源与社会资本是同一含义，只是为了与大范畴——资源获取保持一致，而命名为社会资源。在3个提到社会资源的参考点中，第一处是在论述整个创业过程中，提到了发展社会资本对于创办企业的作用，此处共有两个条目，分别是：创业者与潜在投资者之间建立起了良好的关系，并有效保持了这种良性关系；创业者与那些可以接触到大笔资金的关键人物之间可以建立起有效的联系（Kolvereid 和 Iasksen，2006）。第二处是在讨论年轻并缺乏创业经验的年轻人如何保证创业成功的问题时，提出了凭借社会资源（social resources）保证企业存活与发展的看法，在这类新创企业中，社会资源是机会识别和机会开发的最核心要素（Khaire，2010）。最后一处提到社会资源的文献是

Brush等人在对新创企业创建初期的各个阶段中如何构建资源的分析中，提到了社会资源是与人力资源、财务资源、物质资源和组织资源并列的创建企业的必备资源，社会资源的操作化定义则是创业者个人的社会网络（Brush、Greene和Hart，2001）。

通过对社会资源的分析可以发现，与其将它作为机会开发过程中必须获取的一种资源，不如完全地反映社会资本的原貌，即个人由于嵌入在社会关系中而积累的一种能力，具备这种能力的结果是企业可以与投资者建立联系，可以在缺乏其他资源的情况下保证企业生存和发展。换言之，社会资源是一类长期积累的资本，它不是创业者在产生创业想法并付诸实施过程中才要着力去获取的，而是创业者的一种资源禀赋，它不适合作为资源获取的一个子范畴，更适合作为影响资源获取的关键前置变量。鉴于此，在本步骤的轴线编码中，将社会资源一项从资源获取中删掉。

②第二个维度——战略创业。

资源类别的划分相对直观，因此对资源获取内部结构的分析相对容易，文献分析的结果是将资源获取划分为获取人力资源、获取财务资源、获取厂房设备、获取技术和获取市场资源五个子范畴。与之相比，对于机会开发过程中的战略问题的思考就显得纷繁复杂，表现为在对文献编码时，概括性地提及战略创业的有20处，细化到战略创业的表现另有45处。为了科学提炼出战略创业的子范畴，防止由于参考点过多而阻碍聚合的实现，首先需要解决的问题是，界定战略创业的理论定义和操作性定义[1]。通过文献梳理发现，构建创业战略在理论上可以表述为创业机会开发过程中，那些可以获取并保持企业竞争优势和价值的所有努力（Shane，2003），实际操作中则体现为通过提高竞争者的模仿门槛而防止创业租金耗散的各项活动。根据这两项定义，本书对45个参考点进行聚类分析，聚类的过程共分为三步。

第一步，提取出不是针对战略创业本身，而仅仅是描述了战略创业原则或规律性的节点信息。在最初的开放编码时，有些节点的表述并非

---

[1]　之所以在"资源获取"这一维度的要素提炼中没有专门界定概念的定义，是因为资源获取是一个在理论上和操作中都比较清晰的概念，对所有文献编码后的节点信息可以自然地聚合为几类也恰恰说明了这一点。

是"战略创业"这一术语，而是选择了其他表述方法，虽然意思相近，但是为了追求范畴饱和仍然将其独立编码，未合并到战略创业这一节点之上。待到这里专门对45个节点进行分析时可以发现，部分节点与其说是独立信息，不如说是对"战略创业"的一种同义反复。比如：

学者们普遍认为企业最主要的利润来源于其成功地开发了某一市场机会（Schnookler, 1966）。近来学者们发现商业信息的分布是不对称的，只有那些具有警觉性的创业者才能够识别机会（或是非均衡）、填补市场空白。通过这种活动，警觉性的创业者获取了短期的利润，直到市场重新恢复均衡（Kirzner, 1997）。无独有偶，Shane（2000：448）也提出"在技术变革带来机会开发活动之前，创业者必须要发现可以应用该项技术的那些创业机会"。因此，需求拉动型战略的根源是已经存在又尚未被满足的客户需求（Herstatt 和 Lettl, 2004）。（Newbert 等，2007）

在开放编码时，将这一段内容以"需求拉动型战略"命名，很显然，这是新创企业战略创业的类型之一（原文在此段之后就介绍了另外一种战略创业——技术推动型战略），如果需要对战略类型进行分类研究时，可以采用此种划分标准，但是本书是要发掘战略创业的内部维度，因此这种笼统的表述（需求拉动型战略，或是技术推动型战略）不能提供关于维度的任何具体信息。对于这类节点信息，它们确实是对战略创业的描述，只是分析的角度和切入点不同，为了编码的全面和严谨性不能擅自删除，因此暂时将其划入"战略创业"这一节点（轴线编码之前，战略创业概括性表述的参考点数目为20），留待后面的选择编码做最后处理。

另外有一类节点信息，反映的是战略创业的实现途径，不是战略创业本身的内容，对其也需要进行专门分析。比如 Romanelli（1989）在分析新创企业的战略对其存活率的影响时指出：

如果说市场宽度表明企业所能控制的资源的范围和差异性，那么市场进取性/有效性这一维度则是指在广泛或具体市场上资源获取行为的深度和快速性。从本质上讲，进取型企业追求的是尽可能多地控制创业资源，尽可能快地获取创业资源，进取型企业也要承担由此带来的支出增加……（Romanelli, 1989）

在开放编码阶段，本段落被命名为市场进取型，隶属于战略创业这一范畴下。在这里，市场宽度和市场进取性被用于度量新创企业的战略创业，有些企业会选择向多个细分市场提供产品/服务，满足的市场宽度较高；另外有些企业则实施专业化的战略创业，选择在某一特定市场进行高度渗透和深度挖掘。可见，高市场宽度和高度市场进取性是新创企业战略创业的两种类型，却不是战略创业的具体内容（即单凭这一节点信息，我们无法提炼出高市场宽度战略的实施方法，同样也无法提炼出高市场进取性战略的实现方法），因此在对战略创业内容进行编码这一大前提下，上述节点信息被删除。

还有一类节点信息在开放编码阶段将其划入战略创业范畴下，但是深入分析就可以发现这些条目并不适合于描述新创企业的战略创业。比如 McDougall 和 Robinson（1990）在研究新创企业的进入战略时通过企业在下列活动中的表现来定义竞争战略：

生产特殊产品，还是生产日常用品；

产品线单一，还是具有多条产品线；

满足有限市场需求，还是满足广阔市场；

持续地进行新产品研制，还是维持现有产品生产……（McDougall 和 Robinson，1990）

在开放编码中，本书将上述战略内容直接用其条目进行命名，在轴线编码阶段，经过对战略创业的理论定义和操作性定义的分析可以发现，上述节点信息反映的是新创企业的战略定位，或者说是企业的进入战略问题，即企业究竟应该进入哪一市场，向哪些消费者提供何种产品（或产品组合）。关注点是在识别机会之前，企业对于应该进入哪个市场领域所做的系统谋划。但是根据 Sarasvathy（2001）的观点，进入战略是一种目的导向理性，目的导向理性在创业领域是不太适用的，因为新创企业常常缺乏足够的资源来实现其事先谋划的进入战略，它们的常用做法往往是最大限度地开发其既定的资源禀赋，根据环境的动态变化对初期战略进行适当调整，以减少创业租金的耗散。退一步来看，即使我们忽略进入战略的前提假定，即承认创业中的目的导向逻辑，上述进入战略也不适宜成为战略创业的内容。因为无论是上述哪种战略行为都发生在机会开发之前，都是创业者（或创业团队）对创业机会的选择和界定，这些节点信息表明的是企业创业机会的类型和获利潜力，不是机会开发过程中获利潜力。因此，这些进入战略的节点信息（共计8处）不能作为战略创业的维度，在此予以删除。

第二步，区分新创企业战略创业和成熟企业战略创业。在第2章对战略创业的文献梳理中已经提到，现有战略创业研究可以区分为成熟企业与新创企业两个领域，两类企业在资源禀赋及竞争环境方面均有显著差异，因而在战略创业的表现形式上也存在很大不同。但是，很多创业管理的学者同时也进行战略管理和组织行为的研究，所以在分析新创企业战略创业时会不自觉地将成熟企业的研究范式和研究结论引入进来，这种倾向表现在提炼出的45个节点中，有些是专门针对成熟企业的。比如：

*……我们将创业定义为对此前尚未被开发的机会所进行的识别与开发。因此，创业行为包括创造新资源或采用新方法来组合资源以实现新产品的商业化及进入新市场，并且/或者是实现满足新的顾客需求这一目标（Ireland 等，2001；Ireland 和 Kuratko，2001；Kuratko、Ireland，和 Hornsby，2001；Sexton 和 Smilor，1997；Smith 和 DeGregorio，2001）。另一方面，战略管理包括为了生产具有竞争优势的产品并获取高于平均收益的回报而付出的所有承诺、决策和行为（Hitt、Ireland 和 Hoskisson，2001）……创业时关于创造的问题；战略管理是在创业所得的基础上，如何建立并保持自身优势的问题（Venkataraman 和 Sarasvathy，2001）……因此，创业和战略二者应该进行整合分析，共同研究可以创造财富的战略创业问题。我们将这种分析视角称作战略创业……战略创业中最重要的四个范畴是外部网络、资源和组织学习、创新以及国际化。（Hitt 等，2001）*

在开放编码中，本书将上述一段内容编码为4个节点，分别是运用外部网络、资源调配及组织学习、进行创新以及开展国际化，这4个节点都是战略创业的具体内容，也是被学者提及次数较多的项目（表现为外部网络的参考点有4个，组织学习的参考点有5个，创新的参考点有11个，国际化的参考点有3个），应该是战略创业的重要信息。但是，正如前文所提及的，成熟企业和新创企业中战略创业的表现是不同的，外部网络、国际化等四项活动都对企业的资源禀赋提出了较高要求，是属于成熟企业公司创业的内容，对于新创企业，它们很难达到这种资源要求，因此这四项战略创业不适用于新创企业。鉴于此，尽管上述节点是作者在论述新创企业问题时提出的，但考虑到它们的深层次内涵仅适用于成熟企业，只能予以删除。

除了因为资源禀赋原因将某些仅适合成熟企业的战略创业予以删除之外，另外还有些战略创业在研究习惯上也是被归类在成熟企业之中的，比如说创业导向。

根据 Miller（1983）的观点，一家聚焦于创业战略（制定）的企业会"参与到产品市场的创新活动之中，承担某种程度的创业风险，而且会是第一个发起先动性的创新活动来打压竞争对手的"。因此从概念上讲创业战略有三个维度，这已被后来的学者广泛认可（Covin 和 Slevin，1989；Lee 和 Pennings，2001；Lumpkin 和 Dess，1996）：创新性、风险倾向性和先动性（Li 和 Li，2009）。

虽然实证研究中对于创业导向的分析没有特别地区分新创企业或是成熟企业，但是创业导向一般被认为是属于公司创业的内容，是企业主体在环境变化及内部资源约束的背景下所表现出的先动性、竞争进取性、创新性和风险倾向性。采用创业导向来分析机会开发过程不太适合，因为在机会开发过程中，企业实体尚未建立或正处于组建过程中，此时就去度量组织的创业导向，缺乏足够的理论意义。鉴于此，创业导向的四个维度（开放编码之后形成了4个节点）不适合作为战略创业的内容，在此予以删除。

根据这种分析方法，对剩余的所有战略创业的节点信息进行分析，将只适用于成熟企业的节点提取出来，予以删除，同时适用于成熟企业和新创企业的节点，予以保留（比如，"将短期利润与长期发展相结合""通过差异化战略获取竞争优势""持续地坚持低成本战略"）。

第三步，将专门针对新创企业战略创业的节点进行归类，识别出节点间逻辑关系。经过前面两步的工作，那些仅从宏观上描述战略创业的节点、或是仅能作为战略创业的提取原则的节点被进一步处理，或是重新将其命名为"战略创业"直接归入战略创业的节点，或是直接删除不相关信息。接下来，仔细分析了节点中仅适宜于公司创业层面的战略创业，删除不适合新创企业战略创业的节点，得到最后可用于提取战略创业维度的节点信息，共计18项。根据战略创业的操作性定义"通过提高竞争者的模仿门槛而防止创业租金耗散的各项活动"，这18个节点初步可以聚合为四个方面。第一，对创业资源的占有能力（节点数为4）。如果新创企业掌握了投入所需的资源，雇用到了稀缺的技术人才，产品覆盖的细分市场范围又很大，都将为新进入者提出极高的进入壁垒，从而降低竞争者对其创业租金的攫取。第二，法制约束（节点数为3）。新创企业的专利或特许经营是最好的限制进入者进入的方式，但实证结果发现，专利或特许经营保护仅存在于某些行业，比如高科技行业、特许经营行业。第三，企业建立起规模优势（节点数为7）。大规模生产带来的规模经济性使新进入者进入即亏损，现有的实证研究也支持规模与绩效正相关的研究结论。第四，动态调整性（节点数为4）。由于新创企业的战略创业多表现为自发型战略，很少能在机会开发之初就制定出系统的商业计划和创业战略，因此边干边总结、边干边调整的决策模式就显得十分必要。通过创业反思不断发现新的问题，并从阶段性的创业成功或创业失败中学习，持续增强机会开发的创新性水平，都有利于企业的生存和发展。因而，动态调整性是新创企业战略创业的一项重要内容。

③第三个维度：组织创生。

开放编码阶段得到了与组织创生相关的节点信息共11个，这11个节点可分为如下几类：

第一类节点信息说明了在机会开发过程中组织创生的必要性，这类节点不能作为"组织创生"这一维度的子范畴。通过文献梳理可以发现，很多学者都认为注册企业实体、组织创生是机会开发中的必备一环，强调在机会开发过程中界定边界的重要性（Haber 和 Reichel，2007），尤其是在以创业活动顺序为研究重点的文献中，更是对组织创生包括了哪些具体过程进行了详细描述（Davidsson 和 Honig，2003；Carter、Gartner 和 Reynolds，1996）。通过这些信息可以验证一个理论观点：虽然组织创生经常被研究者忽略，但是它确实是机会开发过程中不可忽视的一个必要内容。

在组织创生的11个节点信息中，第二类是关于"组织创生"的其他表述方法，这包括形成组织架构（structuring company）（Gatewood、Shaver 和 Gartner，1995），形成法律实体（formed leagal entity）（Carter、Gartner 和 Reynolds，1996；Lichtenstein、Dooley 和 Lumpkin，2006），战略性地组织创生（strategic organizing）（Lichtenstein、Dooley 和 Lumpkin，2006）等。对这类节点信息的处理方式是全部归入"组织创生"这一节点，增加了这一节点的参考点数量，表示这个信息被反复提及的次数。

经过上述两个步骤之后，余下的节点信息专门针对的是组织创生的内容，共计4项，一是管理和控制企业。这一节点共有4个参考点，分别是："组织好创业团队"（3次）和"新创企业初期，创业者很多事情都是亲力亲为，由于几乎所有事情都由他个人负责，因此企业内的监督活动较少，他对下属多是进行财务控制，管理上充分授权"。二是建立沟通机制。这一节点共有5个参考点，分别是：a.组织中更多的是情感性和合作性的互动方式；b.创业者需要花费时间来组织和管理日益增加的雇员；c.创业面临高度不确定性和信息不对称，要使得企业员工充分了解创业机会的特征以便采取统一行动，实证研究发现，当企业内部员工沟通充分，企业与顾客、供应商等利益相关者交流充分时，有助于新创企业的生存和成长；d.需要通过备忘录的方式对组织中各部门之间的重要沟通备案；e.具体阐明组织中的权力链条。三是界定组织规范。这一节点共有4个参考点，分别是：a.组织中绝大多数的决策是通过正式化的制度和程序来达成的；b.组织中有明文规定如何向上汇报、向下下达指令；c.每天的生产经营预算均有章可循；d.在创业早期，为了增强适应性，新创企业通常采取非正式的组织政策，但随着企业规模的扩大，创业者发现非正式途径限制了他的管理幅度，创业者开始试图通过正式的组织安排增强控制能力。四是进行专业化分工。这一节点共有3个参考点，分别是：a.在进行组织决策的时候，效果导向理性的创业者的做法与传统的决策制定者恰好相反，他们更倾向于和其他人共同分享决策权力。结果，和传统的决策者相比，效果导向理性的创业者在管理那些具有良好组织程序的大型组织时，绩效效果相对较差。b.创业初期企业员工，尤其是创业者和高层管理者通常没有明确的分工，他们多是通才，几乎各方面的事情都要操心，实证研究发现，在企业成立的一年之内，通才管理方式会增加企业绩效（参考点2个）。

④第四个维度：环境因素。

自从 Gartner（1985）在其著名的创业过程模型中提出创业研究需要关注环境、个人、组织和创业过程四者的交互作用这一观点之后，很多学者开始将环境看作机会开发过程中的重要变量。根据系统学派的观点，创业是一项开放性活动，每时每刻都在与环境进行资源和信息的交换，创业资源来自环境，企业提供的产品和服务能否在市场中顺利销售也受环境竞争性和动态性的显著影响，环境是机会开发过程中的关键影响因素这一论断已经得到学者的广泛认可。从宏观层面看，一国的经济发展情况、政府管理水平等环境因素都会影响新创企业出现的数量和发展质量（Terpstra 和 Olson，1993），尤其是政府颁布的法律条令可能从根本上改进或延缓新创企业的创建速度和质量（Davidsson 和 Honig，2003；Bhide，2000）。从微观层面看，很多环境要素会对机会开发过程产生直接影响。比如 Gartner（1985）在创业过程包括的活动中就强调了"创业者与政府和社会之间的沟通和互动"这一项目，并强调如果可以获得政府优先购买将会促进企业的机会开发过程。Alsos 和 Kolvereid（1998）更是将机会开发中的很多关键性活动直接纳入环境范畴，他们认为"与外部环境的互动"是与制订商业计划和融资同等重要的创业活动，新创企业的执照申请、人员雇佣、销售促进活动、技术专利申报、获得第一笔订单和持续的现金流等活动都离不开与环境的互动。

通过上面的分析可以发现，在"环境"这一节点包含的6个参考点中，有3个参考点是从宏观上讨论环境对机会开发的作用，另外3个是具体到执行层面考察环境与机会开发过程之间的关系，然而无论是宏观和微观哪个层面，环境都是作为机会开发过程的影响因素（或是前置变量，或是调节变量），而不是机会开发的内容。在6个参考点中，"与外部环境的互动"是唯一一个包含了6项机会开发内容的参考点，但是在开放编码阶段这6项指标已经一一编码完毕，因此"与外部环境的互动"也变成了"被架空"的参考点，不能反映出机会开发的内容。鉴于此，环境不能作为机会开发内容的一个维度，它与机会开发是相关关系，二者的关系图将在轴线编码的最后，以一个整合的框线图的形式一并给出。

⑤第五个维度：商业计划。

机会开发过程中是否需要提前制订商业计划一直是理论界争论的一个问题（Gruber，2007）。一派观点认为商业计划是成功创办企业必需的一项重要活动（Shane 和 Delmar，2004），商业计划不仅使创业者更快地聚焦于未来的创业活动，而且可以加速创业进程，降低创业失败率。另外一派学者则对商业计划在创业过程中的作用提出了强烈的质疑（Bhide，2000），他们认为创业者所面临的环境通常是不确定性极高、动态变化的，因而前期制订好的商业计划待到执行时是否依然有效十分值得推敲。与此同时，创业所需的人、财、物等创业资源也是在创业过程中逐渐累积的，一旦这些资源出现缺失可能也会导致商业计划无法履行。为了检验两个相悖的理论命题，学者们进行了实证研究，现有的研究结论更加倾向于"商业计划会产生积极作用"这一命题，表现为在编码过程中直接肯定商业计划具有促进作用的文献有11篇，词频数为19。

这19个参考点主要反映出下列四项内容：第一，商业计划的内容十分广泛，其中营销计划制订是最为重要的。商业计划书中可能包含企业战略、产品定位、生产计划、营销计划、售后服务等多项内容，理论研究表明，商业计划中最核心的部分就是营销计划，那些制订了商业计划的新创企业往往也就是完成了营销计划的撰写，在执行中适用性最大也就是其中的营销计划部分。

第二，创业过程中制订商业计划是有必要的。正如Gruber（2007）在谈及营销计划的作用时曾指出的：

在营销计划中考察与消费者之间的关系问题是很重要的，因为这种关系对于企业销售产品至关重要，顺利销售产品可以使得企业占据优越的市场地位，是市场认可和具备生存能力的信号，同时成功销售产品还可以提高消费者的口碑。此外，在计划中分析消费者关系之所以重要的另外一个原因是，新创企业由于缺乏既有企业的合法性而很难与消费者建立起信任关系，因此提前谋划如何建立关系就显得更加重要。

第三，在这个理论逻辑之下，Gruber（2007）认为营销计划中对消费者关系的考量会促进创业过程。此外，商业计划往往能够帮助创业者兼顾短期利润和未来生存，在国外的某些特殊行业（如高科技行业），商业计划还可能帮助新创企业获取风险投资。对于商业计划可能随着创业环境的不断变化而变得不再适用这一问题，要求创业者具有高超的计划制订策略。这种策略性体现在，如果创业者面对动态性较高的创业环境，他们最好的策略是重点谋划那些具体性的活动，比如如何收集信息、如何制定市场组合、如何建立良好的消费者关系、如何加速商业计划的进度等，这些具体性的计划会降低不确定性给创业过程带来的负面影响，提高商业计划的适用性。

第四，商业计划这一节点反映出的最后一个层次的内容是，商业计划是整个创业过程中的活动之一。如果按照企业的组建过程详细分解，创业活动共包括注册企业实体、寻找机器设备、雇佣员工、形成商业概念等46项活动，制订商业计划是众多创业活动中的一项。前面两点的分析显示出制订商业计划的必要性，那么接下来企业需要关注的就是商业计划的具体内容。学者们在文献中也详细探讨了这一问题，Alsos 和 Kolvereid（1998）认为商业计划至少应该包括如下7项具体内容：a.为制订计划作准备；b.组织起创业团队；c.寻找机器设备；d.获取机器设备；e.制造产品/服务；f.进行市场调研；g.全身心投入企业运作之中。由此可见，制订商业计划是机会开发过程中的一项工作，因其相对其他活动更加复杂和重要所以得到了学者的重视（表现在开放编码中词频数为19），但是，正如前文曾经指出的，这种分析各项创业活动内容和发生先后顺序的研究倾向只是企业操作层面关注的要点，理论分析应该侧重规律性和一般性的总结，因而"商业计划制订"作为一项创业活动不应该成为机会开发内容的一个维度，这一节点应予以删除。但是通过对这一节点19个参考点的三层次分析可以得出的启示是，在理论研究中，商业计划制订对新创企业的组建和创业绩效都将产生促进作用，这一作用在实践中的发挥情况还有待在后续的案例研究和企业访谈中加以印证。

⑥第六个维度：生产销售。

与"制订商业计划"这一维度十分类似，开放编码提炼的第六个维度——生产销售，同样也是机会开发过程中众多活动之中的一项，同样是由于其重要性而被单独提出的，这种重要性体现在开放编码中共有7篇文献共计8个参考点是关于生产销售这一维度的。在某种程度上，机会开发的最直接表现就是生产产品并向市场销售，可以说，生产销售是对机会开发最"朴素"的概括。除了"生产销售"，文献中还采用了其他表述方法，比如 "企业边界内外的资源交换"（exchange of resources across the boundary）（Haber 和 Reichel，2007）等。有的学者还将生产和销售过程拆开，认为生产销售包括了5个连续的步骤，分别是"思考在机会开发过程中，何时应该开始向消费者提供产品和服务""产生想法或商业概念""对想法和概念进行早期发展""将企业产品在小范围内试测""准备大批量地生产和销售"（Davidsson 和 Honig，2003）。

同"制订商业计划"这一维度一样，生产销售只是创业过程中46项必需活动之中的一项，虽然其重要性可能高于其他各项而得到了学者的专门讨论，但仍然是操作层面的具体活动，不能从理论上揭示机会开发的内涵，因此也不适宜作为机会开发的一个维度。

⑦第七个维度：其他。

在开放编码阶段，对于无法准确归类的节点暂时没有处理，统一划入了"其他"这个范畴，这一范畴共涉及23篇文献，共计49个参考点。对于这49个参考点的分析主要从两方面进行：一是比照前面6个维度的轴线编码结果，考虑能否分离出相应的参考点进入上述6个维度；二是对无法归入这6个维度的参考点，逐层考察，分析其是否能够聚合成新的维度。

第一步，将涉及前述6个维度的参考点提取出来，归入相应维度。打开"其他"所包含的这49个参考点可以发现，有些参考点是前面6个维度的另外一种表述方法，比如"权力的分享"（Alsos、Isaksen 和 Ljunggren，2006）是"组织创生"中的"管理和控制问题"，"为新产品制定价格"（De Carolis、Litzky 和 Eddleston，2009）是生产销售中的一个环节，"寻找创业伙伴"（Kamm 和 Nurick，1993）是从另一个方面反映出企业的人力资源获取能力等。经过这种分析方法，共有9个参考点被归入资源获取、战略创业、组织创生和生产销售4个维度，剩余40个参考点进入第二步分析。

第二步，对剩余的40个参考点进行聚类分析的目的是考察它们能否聚合成新的有意义的维度。经过分析发现，这40个参考点主要反映了三方面信息：一是创业形式和意图，具体包括创业者如何定义其发现的创业机会（Vesper，1980）以及选择何种创办方式、如何选择地理区域等（Gartner，1985），显然，这些参考点信息都不属于机会开发的内容，它们或是机会的定义，或是机会类型，鉴于此，本书对这些参考点予以删除。第二类参考点反映了认知层面的机会开发过程，学者认为对风险的态度和对不确定性的容忍是机会开发中的关键影响因素，它们会显著影响创业进程（Kodithuwakku 和 Rosa，2002；Seawright、Mitchell 和 Smith，2008）。无论是对待风险抑或不确定性，这些都是机会开发过程的前置变量，而非机会开发本身，因此也不适宜用来描述机会开发内容，予以删除。最多的一类节点信息是关于创业过程中的各项活动，创业活动包括在工商部门注册、寻找办公地点、设计并发布产品广告、为产品定价、寻找营销通路等（Lichtenstein、Dooley 和 Lumpkin，2006；Kolvereid 和 Isaksen，2006；Brockner、Higgins 和 Low，2004；Gatewood、Shaver 和 Gartner，1995），有学者认为创业活动共包括46项，有人则将创业活动概括为三个层面共计18项，然而无论从哪个角度去归纳创业活动，都会陷入"过分操作性、缺乏抽象性"的陷阱，因此，正如前文总结的经验，这种从创业活动视角研究机会开发过程的做法是难以从理论层面解剖机会开发过程的，也不利于对机会开发内容进行抽象概括，鉴于此，本书对涉及创业活动的31个参考点予以删除。

通过对"其他"维度的两步骤分析可以发现，"其他"节点所包含的49个参考点中部分可以归入资源获取、战略创业、组织创生和生产销售4个维度，剩余部分无法提炼出新的维度。

轴线编码的第二次提炼结果见表5-3。

表5-3 　　　　　　　　　　　　轴线编码第二次提炼结果

| 范畴 | 节点 | 参考点（累计频数） |
| --- | --- | --- |
| 资源获取 | 财务资源获取 | 40 |
| | 人力资源获取 | 12 |
| | 技术资源获取 | 12 |
| | 机器和设备的获取 | 13 |
| | 第一笔订单的获取 | 8 |
| 战略创业 | 占有稀缺人才或市场 | 7 |
| | 拥有专利或特许权 | 4 |
| | 建立了规模优势 | 7 |
| | 具有动态调整能力 | 6 |
| 组织创生 | 建立了灵活的组织制度 | 4 |
| | 人员间沟通频繁 | 6 |
| | 创业者可以有效控制企业 | 4 |
| | 创业者是通才，大小事情均亲力亲为 | 3 |

资料来源：作者根据编码结果整理而得。

轴线编码的最后一步是要在明晰各维度内涵的基础上，绘制各个维度之间的逻辑关系图。

现将轴线编码的整个分析结果总结如下：资源获取、战略创业和组织创生这三个维度最能反映和符合机会开发这一理论构念，环境、商业计划和生产销售则不是机会开发本身包含的内容，因而，根据轴线编码的原则仅需对资源获取、战略创业和组织创生三个维度之间的内在联系进行澄清和梳理。

维度间关系包括因果关系、时间先后关系、语义关系、情境关系、相似关系、差异关系、对等关系、类型关系、结构关系、功能关系、过程关系、策略关系等，鉴于资源获取、战略创业和组织创生三部分都是机会开发过程中的内容，因此三者之间是结构关系，它们共同构成了机会开发这一理论构念。而且这三者在机会开发中产生的作用也是交织在一起的，对于某些机会来说创业者的资源获取能力更重要，而对于其他机会，可能构建战略或是创办企业显得更加重要，资源获取、战略创业和组织创生的逻辑关系如图5-1所示：

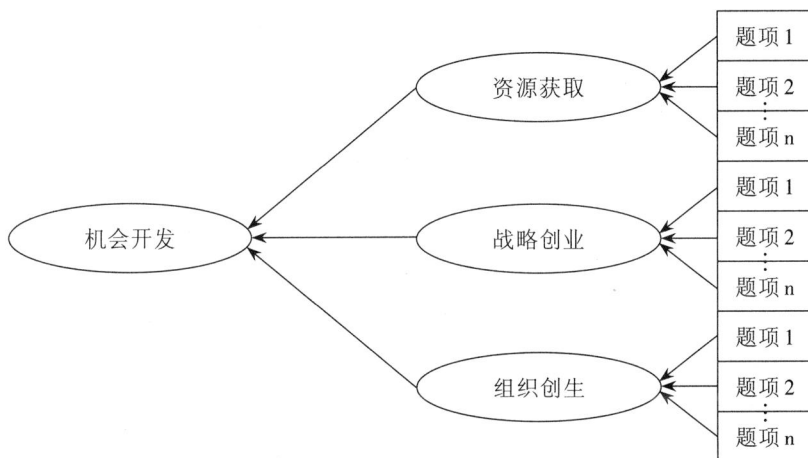

**图5-1　机会开发各维度之间的逻辑关系图**

资料来源：作者根据编码结果整理而得。

### 5.2.3　选择编码

选择编码是材料分析的第三步，又称三级编码，在这个阶段，编码是在更抽象的水平上进行的，研究者在已有范畴（本书是维度）的基础上，选择或提炼一个最能覆盖和概括所有范畴和现象的核心范畴（core category），同时理顺核心范畴和其他所有范畴的关系，澄清各个范畴之间的主次从属关系。本书经过轴线编码得到了资源获取、战略创业和组织创生三个核心维度，在本阶段需要对这三个维度进一步抽象，抽象为一个更高层的范畴。

究竟概括为哪个理论构念更加合适？首先有一点十分明确，即是与机会开发相关的某一具体理论构念。之所以这样肯定是因为从文献分析开始，就是围绕机会开发来收集文献，共得到核心文献66篇，而且在接下来的开放编码和轴线编码时也都是根据"是否属于机会开发范畴"这一标准在整理资料，因此编码得到的资源获取、战略创业和组织创生这三个维度描述的一定是机会开发的某一层面属性，所谓属性，包括类型、动机、内容、过程、意义等。明晰了上述问题之后，接下来需要进一步思考，这三个维度反映的是机会开发的哪个属性。在所有属性中三个维度最能反映的是机会开发的能力，即机会开发能力包括了三个层次的能力。将其抽象为机会开发能力既能最贴切地涵盖三个维度的信息，又能最大限度地避免概念太过于操作性（比如，机会开发活动、机会开发过程）而难以称之为理论构念。三个维度与机会开发能力之间是部分与整体的关系，三个维度一起组成了机会开发能力这一构念，在实证分析中，表现为聚合性结构，而非反应性结构。

选择编码过程中除了抽象出核心范畴之外，还有一项重要工作，即明确需要补充的概念类属，以便继续抽样并补充材料进行材料分析，直到理论饱和（即进一步的编码和对范畴的丰富已经不再能提供新的知识）。尽管本书对所有机会开发的核心文献进行了从开放编码、轴线编码到选择编码的逐层分析，但毕竟文献数量有限（共66篇），而且侧重理论逻辑的文献是否可以用来反映现实的创业活动，都需要给出明确回应。鉴于此，质性研究中还需要辅以访谈材料和案例研究，下面就对这两部分资料进行质性研究。

## 5.3 访谈和书面案例的质性分析

前文通过文献研究形成了机会开发内部维度及各题项的初始结果，考虑到文献分析数量有限（66篇）及源于外文文献分析可能带来的实用性不足，本研究补充企业主访谈作为质性研究的第二个来源，通过对访谈原始资料的分析对机会开发能力量表进行第一次修正。

### 5.3.1　深度访谈资料处理过程及对初始题项的修正

对于访谈企业的选择，本研究主要基于以下几点考虑：第一，具有广泛的代表性，具有现实研究意义；第二，企业尚处于创建早期，创业者对机会开发过程印象深刻，不会出现后视偏见；第三，研究样本的易获得性，保证在有限的成本内完成研究。基于此，本研究选择了15家深度访谈企业，其中7家从事制造业（2家为高科技型企业，5家为传统制造业），8家属于服务行业，所处地点为北京1家、上海2家、广州4家、杭州2家、大连4家、营口2家，希望通过广泛的覆盖行业和地理位置提高样本的代表性（受访者情况详见表5-4）。

表5-4　　　　　　　　　　受访者情况列表

| 姓名 | 年龄 | 性别 | 学历 | 企业所在地 | 创业时间 | 行业 |
|---|---|---|---|---|---|---|
| 丁某 | 32 | 男 | 本科 | 北京 | 2009年 | 传媒 |
| 王某某 | 33 | 男 | 本科 | 辽宁大连 | 2009年 | 户外媒体设计 |
| 陈某 | 36 | 男 | 专科 | 辽宁大连 | 2008年 | 美容养生 |
| 梅某某 | 45 | 男 | 研究生 | 辽宁大连 | 2008年 | 咨询 |
| 杨某 | 35 | 男 | 本科 | 辽宁营口 | 2009年 | 建筑材料生产与租赁 |
| 蓝某 | 41 | 女 | 研究生 | 辽宁营口 | 2010年 | 有机食品生产 |
| 梁某某 | 36 | 女 | 研究生（EMBA） | 广东广州 | 2008年 | 自动化设备研发制造 |
| 阮某某 | 39 | 男 | 研究生（EMBA） | 广东广州 | 2009年 | 工程咨询 |
| 钟某某 | 48 | 女 | 研究生（EMBA） | 广东广州 | 2008年 | 文化产业 |
| 丘某某 | 48 | 男 | 研究生（EMBA） | 广东广州 | 2007年 | 自动化工程 |
| 安某某 | 31 | 男 | 本科 | 辽宁大连 | 2008年 | 服装制造 |
| 李某 | 42 | 男 | 专科 | 上海 | 2008年 | 医疗器械销售 |
| 刘某 | 33 | 男 | 本科 | 上海 | 2009年 | 机械制造 |
| 贾某某 | 33 | 男 | 研究生 | 浙江杭州 | 2008年 | 教育培训 |
| 肖某 | 36 | 女 | 研究生 | 浙江杭州 | 2007年 | 水处理药剂生产 |

资料来源：作者根据访谈记录整理而得。

（1）设计访谈问卷

为了提高访谈的效率效果，在文献研究、案例研究以及实践工作者的经验建议下，本书设计了一份针对创业者和创业机会开发的访谈提纲，并交由两位熟悉的新创企业主审阅，通过与其交流，进一步调整提纲结构和问题并明晰特定产业的专业问题，在此基础上对访谈提纲进行了修改，形成了五部分内容的提纲（访谈提纲请见附录2）。

每次访谈之前都先向创业者介绍访谈目的。接下来首先请创业者简单描述新创企业概况及当时创业的动机。之所以要从这一问题开始，一是因为它有利于快速切入主题，二是因为成功创业者一般都比较乐于同别人交流创业经历。在了解新创企业基本情况之后，访谈转向对创业者个人特质进行询问，这是本书理论模型中的前置变量部分，它会对机会开发能力产生影响。访谈中的第三部分是研究的核心问题，即机会开发过程。为了将纷繁庞杂的机会开发过程梳理出清晰的逻辑，这部分首先引导创业者思考在组建企业前，他/她是如何发现这一创业机会的，哪些因素帮助其成功抓住了这个机会，之后再逐步过渡到对机会开发活动的讨论，最后在对整个机会开发过程的完整描述之后，请创业者概括机会开发过程中创业者需要必备的机会开发能力有哪些。第四部分是对创业者特质、机会开发与创业绩效间关系的描述，请创业者说明三者之间具备怎样的逻辑关系及其得出此种结论的原因。最后，为了让受访者有一个自我表达的机会，访谈提纲还设计了两个问题作为补充：一是他/她的创业格言；二是对于那些想从事创业的年轻一代能否提供一些比较好的建议。这将有助于丰富调查内容，甚至弥补上述具体访谈过程中所遗漏的重要信息。

（2）资料收集过程

深度访谈的时间是2011年3月至9月，每次访谈都采用半结构式，访谈问题集中关注机会开发过程和创业者特质的内容。通过采取一系列开放式问题进行引导，访谈者最少2位，其中笔者负责提问并记录回答，另外1位（有时候2位）只负责记录，不做提问①。访谈前访谈者首先申明调查目的，解释这些数据将如何被使用，并做出承诺绝对保密该公司的所有资料，同时恳请对方允许录音（本研究访谈的所有15位创业者均表示同意），在录音的同时尽可能做好详尽的笔记。每次访谈时间控制在1个半小时至3个小时之间。

在前三次访谈中发现（企业所在地均为广州），创业者对于机会开发过程都十分明了，列举出许多机会开发的具体活动，但是对于机会开发能力这个概念认知度不高，所以访谈者采取提醒的方法适当地进行解释和说明，然后由受访者自行进行描述和评价。在最初的三次访谈结束之后，立即将访谈内容整理成文字，用来修正下一次的访谈计划，确保后续访谈内容的有效性。所有15次访谈都形成了完整的记录材料，另外从企业中带回的内部资料、新闻简报等材料也有助于丰富访谈内容。

（3）一般性资料处理

在开始修正文献研究得出的机会开发能力题项之前，先简要地梳理此次调查的创业者及其新创企业的有关背景资料。

①创业者的创业动机各异，有些属于生存型，有些则是机会驱动型，还有些创业动机属于二者之外。这种对创业动机的分类来源于全球创业观察（GEM），根据GEM的分类，创业动机区分为两类：一是除了自己创业别无他选，是一种被迫的创业，即生存型创业，这类创业者大多希望通过创业增加个人收入；二是创业者发现了一个吸引人的创业机会，是为了开发此机会才做出创业决定的，属于机会驱动型创业，机会驱动型创业者追求在创业过程中获得的个人成就感。GEM还通过全球各国的数据分析得出结论，认为包括中国在内的发展中国家绝大多数创业者属于生存型创业者。

但是我们在访谈中发现，生存型创业并不如GEM数据反映得如此广泛，至少在本次访谈的15位创业者中仅一人算是生存型创业，而且当访谈者询问受访者周围的企业家朋友的创业动机时，15位均表示极

① 当创业者提供给研究者的时间相对比较紧张时，笔者提问可能会加快，因此会请2人专门负责记录，以保证不漏掉重要信息。

少的朋友是被迫的生存型创业。此外访谈中还发现，除了这两类创业动机之外，有些创业者反映他们不属于生存型和机会驱动型的任何一种，他们创业的初衷就是因为"想要自己办公司"。如一位从事户外媒体设计的创业者王某某就谈到：

"之所以决定要创业，是因为我觉得自己在职业经理人角色上已经做了很多年，自己创业是顺理成章的下一个挑战。当积累到一定程度之后我就决定自己来做，至于做什么，当然是选择和自己前期职业相关的装饰设计行业，于是就在2009年注册成立了自己的公司。"

对于访谈中唯一一位生存型创业者陈某，他提示研究者，"那些除了自己创业别无他选的人，大多数可能会选择成本更低的创业方式，比如个体工商户，而不是自己办企业。"陈某本人是借助家族资金同时受业态限制的双重因素影响，在创业方式上选择了注册成立公司。陈某的说法也许可以部分解释为何访谈反映出中国企业的生存型创业者远远少于机会驱动型创业者。

此外，对于机会驱动型创业者，有很多也将增加经济回报作为创业目标，并非仅追求个人价值实现，这也同GEM对机会驱动型创业的定义存在差异。一位从事商业数据调查与提供的创业者梅某某直言不讳道：

"我在（大学）毕业之后没有马上创业是因为启动资金不足，只能去一个小的咨询公司打工。我在两年时间内从最基层的调查员做到企业的"二把手"，那个时候自己积累了些资金就决定跳出来自己干了。当时的目的就有两个：一是看自己到底行不行；二是多赚钱。毕竟给别人打工收入有限，自己干虽然有风险，但是回报也高，我相信自己能干好。"

基于创业动机的访谈结果可见，现实中的创业动机与GEM观点存在契合之处，更有差异，二者比较请见表5-5。

②创业者思维模式有些属于直觉式，更多属于逻辑分析式。从20世纪五六十年代开始的创业者特质研究就十分关注创业者如何加工信息、做出决定的问题，即考察创业者的认知是在整体感觉之上

表 5-5　　　　　　　　GEM 与访谈中对于创业动机的比较分析

| | 创业动机类型 | | |
| --- | --- | --- | --- |
| | 生存型创业者 | 机会驱动型创业者 | 其他 |
| GEM 结论 | "没有其他更好的工作选择而从事创业的人" | 为了追求一个机会而开创企业的创业者；不以增加收入为目的 | 仅有生存型和机会驱动型两种创业动机，别无其他 |
| 访谈结论 | 没有其他更好的工作选择 | 追求一个机会，为了增加个人收入 | "为了自己当老板"而去创业 |
| GEM 同访谈的共同点 | 别无他选的被迫型创业 | 机会拉动的主动型创业 | 无 |
| GEM 同访谈的差异 | 无 | 现实中机会驱动型创业者同时追求机会和个人收入增加 | GEM 中缺少以"自己当老板"为动机的创业者 |

资料来源：作者根据相关文献和访谈记录整理而得。

做出的直觉式认知，还是基于细节的分析式认知。很多学者认为创业者面临瞬息万变的创业环境，机会稍纵即逝，那些决策迅速敢于拍板的人更可能获取创业成功，在创业环境中想要搜索细节信息按部就班地决策恐怕不太现实，因此直觉式创业者可能在现实中更为普遍。

就这一问题访谈中采用 Allinson 和 Hayes（1996）的经典量表测量创业者认知水平，结果发现，如果直觉式认知和分析式认知处在一个连续族谱的两端，则 15 位创业者更多地处于中间偏分析式的一侧。一位从事养生美容业的创业者表示：

"在决定自己干的时候，可能没有把后续的事情考虑得非常仔细，那时候是靠着自己的直觉，直觉自己能够办成这件事。但是一旦企业成立了，再做决策的时候，敢于拍板是很重要的，但是这些拍板还是要在逻辑分析基础之上。"

另一位创业者也坦言：

"创业需要具备饱满的创业热情，但是在企业决策的时候，还是要更加理性，冲动拍板是不行的。"

（4）机会开发能力题项的修正

访谈中笔者发现创业者大多对其创业过程记忆犹新，甚至是创办初期的一些"插曲"都历历在目，但是请他们概括开发创业机会都需要具备哪些能力时他们的回答通常非常宏观（比如诚信、高情商、掌控能力等），此时笔者会适时引导"单就机会开发的过程中，您认为必须具备哪些能力"？如果创业者还是回答相对抽象的话，再给他们举个例子"比如说融资的能力强与弱对于能否成功创业很关键，除此之外还有什么能力呢"？记录员负责将创业者列举的每一条能力独立编码。在编码过程中主要采用人工手动编码，虽然Nvivo8.0也可以处理录音材料（笔者对15位受访创业者均录音），但是鉴于访谈创业者数量不多又是比较分散进行的，同时每位创业者访谈时均至少2人记录，因此本书仅对企业访谈整理的笔录做编码分析。

在上述开放式询问之后笔者将文献研究得到的机会开发能力的初步量表呈现给创业者（为了不限定创业者个人总结，本量表一定要在开放式回答之后呈现），首先请他们对量表包含的三个维度做出评价，他们认为机会开发能力概括为这三个维度是否合适。另外还要询问创业者除此之外他们认为机会开发能力还应该包括哪个（些）维度，为什么？其次，对每个维度（包括创业者新增加的维度）请创业者评价其中的题项，比如题项的表述是否清晰，题项是否反映了维度的内涵，新增加的维度请创业者自行列出题项。最后，根据创业者的评价和最开始开放式问答时的编码进行轴线编码（轴线编码的第一次提炼结果请见附录3），留待与接下来的书面案例研究做横向比较。

## 5.3.2 书面案例研究的引证分析

为了提高质性研究的信度和效度，本书增加了原始资料的第三个来源——书面案例，即通过对企业学者的深度案例研究资料进行再分析、加工、聚类等处理以增加对创业过程、机会开发能力的理解。这种书面案例研究在实证研究中也得到了比较广泛的利用，如 Holbrook 等（2000）对半导体行业的演变过程的研究，贾良定等（2004）对中国企业家愿景型领导的研究等，贺小刚（2006）对企业家能力和组织能力的提炼等都是如此。通过书面案例研究对量表进行再加工，这是对题项的第二次检验。

（1）案例来源

案例主要来源于有关企业家创业历程的书籍、报刊、教学案例等公开性资料，在选择过程中把握三项原则：一是有意扩大案例覆盖的行业、地理位置、企业规模、成立时间范围、创业者类型（国内还是海归）等来提高样本的代表性；二是避免了学术性材料而倾向选择自传、新闻报道等非学术资料，因为学术性著作或文章中作者可能会出于论证个人观点的需要而将资料再加工，从而降低资料的原始性；三是选择权威出版机构或著名撰稿人/记者的报道提高可信性。在此三项原则指导下笔者挑选出四本资料，分别是《专注——解读中国隐形冠军企业》（浙江人民出版社），《财富人生：天下浙商》（上海教育出版社），《中国企业家》（经济日报社主办），《创业英雄——10 位海归创业先锋》（中国发展出版社）。四本资料一共包含 61 家创业企业的案例，其中很大一部分企业案例没有详细记录机会开发过程，无法从中提取机会开发能力的相关题项，故未纳入本研究，最后留下案例 24 家（传统行业 16 家，高科技行业 8 家），这些案例企业中既有像分众传媒、奥普浴霸、美特斯邦威、安信地板这类规模较大的行业知名企业，又有天朗、明珠星、万丰奥特这类不太为外界所知的全球单打冠军，同时考虑到本土创业者和海归创业者可能存在的差异，本研究也纳入了海归创业的企业，包括实力强大的华谊兄弟、东大阿尔派、搜房网以及一些中小规模企业。书面案例选择过程详见表 5-6。

（2）资料收集及整理过程

笔者首先对 24 家企业案例中与机会开发相关资料进行提取，以维新制漆为例提取的初始资料如下：

表5-6　　　　　　　　书面案例研究来源及入选企业名录

| 资料名称 | 案例总数 | 适用案例数量 | 适用企业名称及创始人 |
|---|---|---|---|
| 《专注——解读中国隐形冠军企业》 | 15 | 8 | 德生（梁伟）明珠星（刘锦成）<br>天朗（胡文章）万丰奥特（陈爱莲）<br>维新制漆（叶凤英）志成冠军（周志文）<br>圣雅伦（梁伯强）创美时（张彩华） |
| 《财富人生：天下浙商》 | 23 | 8 | 传化集团（徐冠巨）奥普浴霸（方杰）<br>分众传媒（江南春）美特斯邦威（周成建）<br>正泰集团（南存辉）安信地板（卢伟光）<br>凯泉集团（林凯文）复星集团（梁信军） |
| 《中国企业家》 | 13 | 2 | 视美乐（邱虹云、王科、徐中）<br>新浪（王志东） |
| 《创业英雄——10位海归创业先锋》 | 10 | 6 | 华谊兄弟（王中军）美通公司（王维嘉）<br>东大阿尔派（刘积仁）启明星辰（严望佳）<br>瑞尔齿科（邹其芳）搜房网（莫天全） |

资料来源：作者根据相关资料整理而得。

**维新制漆公司初始材料**

创始人：叶凤英（香港理工大学工商管理专业毕业生，创业前是家庭主妇）。

创业机会：汽车原厂漆，技术要求高，开发难度大，除了跨国企业外，很少国内企业做。

但叶凤英有一个判断，因为国内汽车企业规模小，国外大企业不太愿意专门为中国企业研发原厂漆，这就给新创企业留下了空间。

1994年叶凤英在深圳创业，成立研究所，招聘技术人员，搜集资料，开始研究。

同年10月，叶凤英开始寻找客户。

既没成功的客户记录又没有雄厚的技术背景（企业合法性缺乏），大家都对她的企业摇头。

你们的工厂在哪里？

在深圳。

哦，原来是国产的嘛。在中国的市场份额有多大啊？

没有份额。

那，是国外的哪个品牌跟你们合作啊？

没有合作。

那你们的技术是从哪里来的啊？

我们是结合国外技术自主开发的。

哦，说白了你们的产品就是个杂牌喽。对不起，我们不可能用你的产品。

合法性是第二个瓶颈，如果是大企业产品，他们用了出问题，他们会认为是自己操作问题，但如果用新企业产品出了问题，一定会归罪于新创企业。

企业到处碰壁，最后终有一家愿意试用。

第一笔订单的关键：

总经理："整整半年当中有大半时间都在厦门金龙的车间里泡着，现在她随便去哪家汽车公司应聘个喷漆工保准没问题。"

赢得了第一个客户，吸引了行业关注，技术人才被对手瞄上，1995年，6名技术人员同时辞职，当时一共9名技术人员，"我的脑袋仿佛遭到轰然一击，几乎手足无措"，叶凤英说。

技术资源获取：与国外供应商合作，向他们学习。叶凤英以中国广阔的市场潜力说服他们与之合作。

小女子的真诚感动了他们，他们愿意教中国企业。

"做企业可能真的是要靠点直觉的""可能想得太清楚了就不敢做了""技术人员都是公司自己培养的""中国涂料界的人都是比较保守的，去创造什么东西要是失败了就怕没面子，但年轻人不会"。——叶凤英

叶凤英是天生的企业家，打不倒，很坚强。

第一笔订单：

"可能要花费几个月。第一个客户总是最难的。但是一旦有一家企业接受了你的产品，而且它又是市场领头羊的话，其他潜在客户很快就会跟风。人们看见自己最强大的竞争对手使用新产品的时候，关注度会

格外高"。——叶凤英引述 EP 亚太区总裁 Adrian Spencer（印度企业，生产牙膏管，在中国占领了三分之一市场份额）

创业战略：一定要创新

全球创新模范 3M 公司将自己公司的理念描述为"最有趣的产品往往是人们虽然需要但又无法用语言表述其需求的那些产品（Loeb，1995）"。

设置进入壁垒：广东宏达的经验（饲料香料）

（1）专用术语，除了本厂同行听不懂。

（2）采购流程控制，最终秘方只有老板和总经理知道，技术人员都只了解部分配方。

每家案例企业都形成类似于维新制漆的初始材料，在初始材料基础上对其进行开放编码和轴线编码（轴线编码的第一次提炼结果请见附录3），最后将前面已完成的文献研究和企业访谈与书面案例进行汇总，汇总结果见表5-7。

表5-7　　　　　基于轴线编码的机会开发维度及题项
——文献研究、访谈和书面案例的横向比较

| 范畴 | 节点 | 参考点（累计频数） | | |
| --- | --- | --- | --- | --- |
| | | 文献研究（66篇文献） | 访谈（15位创业者） | 书面案例（24家企业） |
| 获取资源 | 财务资源获取 | 40 | 18 | 13 |
| | 人力资源获取 | 12 | 17 | 18 |
| | 技术资源获取 | 12 | 12 | 8 |
| | 机器和设备的获取 | 13 | 3 | 1 |
| | 第一笔订单的获取 | 8 | 9 | 12 |
| 战略创业 | 占有稀缺人才或市场 | 7 | 7 | 6 |
| | 拥有专利或特许权 | 4 | 1 | 5 |
| | 建立了规模优势 | 7 | 8 | 1 |
| | 具有动态调整能力 | 6 | 6 | 9 |
| 组织创生 | 建立了灵活的组织制度 | 4 | 5 | 7 |
| | 人员间沟通频繁 | 6 | 6 | 4 |
| | 可以有效控制企业 | 4 | 6 | 1 |
| | 大事小事均亲力亲为 | 3 | 9 | 2 |

资料来源：作者根据编码结果整理而得。

通过对66篇文献、15位创业者访谈和24家书面案例企业的质性研究形成了机会开发能力的初步量表，其中包括三个维度，分别为战略创业能力、资源获取能力和组织创生能力，共计13个题项。根据量表开发的理论过程需要对量表的内容效度做出评价，笔者请中山大学管理学院的3位创业领域的学者和专家对各题项进行分类、合并和重要性评价。最后战略创业能力中最具代表性和重要性的描述项目被提炼出来，共计4个题项；专家认为资源获取能力中获取第一笔订单更多地反映获取前四种资源带来的结果，与前四种资源获取不属同一层次，故删掉第一笔订单获取这一题项，保留其余4个；组织创生能力中提取出4个题项。质性研究形成的初始量表见表5-8。

表5-8 **机会开发能力初始量表**

| 维度 | 题项 |
| --- | --- |
| 战略创业能力 | 1.企业产品覆盖了所有可能的细分市场 |
| | 2.企业拥有开发机会的技术专利 |
| | 3.创业者会根据前期经营情况动态调整开发策略 |
| | 4.企业的规模优势降低了同行竞争者的获利水平 |
| 资源获取能力 | 1.企业获取了生产厂房和机器设备 |
| | 2.企业获取了相关技术 |
| | 3.企业获取了有经验的雇员 |
| | 4.企业获取了必需的资金 |
| 组织创生能力 | 1.成员间多采用非正式沟通方式 |
| | 2.员工对本企业开发的创业机会都比较熟悉 |
| | 3.创业者几乎要过问经营中的所有事情 |
| | 4.创业者通过财务控制来监督下属工作 |

资料来源：作者根据质性研究结果整理而得。

## 5.4　量表检验

在量表检验中本研究通过第一轮调查问卷的发放（共81份有效问卷）进行定量的探索性因子分析，以便为后续确定测量模型和变量间关系提供基础；探索性因子分析得出的结果将通过更加独立的第二轮问卷样本进行验证性检验（这部分验证性因子分析将在第6章呈现）。通过两阶段的定量研究来保证机会开发能力测量模型的可靠性和有效性。

（1）量表探索。首先对形成的机会开发题项进行项目分析，以确定每个题项的临界比率值（critical ratio，CR）。独立样本 T 检验的结果显示，12个题项均通过项目分析的显著性检验，表明所有题项均有鉴别度，可以鉴别出不同受试者的反映程度（结果在此省略）。同时，根据 Churchili（1979）的理论对原始量表进行 coefficient alpha 和 item-to-total 的可靠性检验，以0.4作为截取点。结果表明，机会开发中的11个题项均有良好的单维性和信度标准，均通过检验，再删除就会降低 α 系数，因此不再删除任何题项。

（2）探索性因子分析。本书对创业机会开发量表进行了探索性因子分析和信度分析，首先，利用 SPSS17.0 对机会开发能力的12个题项进行探索性因子分析。由统计结果得知 KMO 值为0.698，并通过 Bartlett's 球形检验（p<0.000），说明数据符合因子分析的条件。

接着采取主成分法提取因子，采用方差最大化正交旋转。在选择提取结果时不指定提取公因子的数目，而是先采取提取因子特征值大于1的因子。这是因为虽然从理论上看机会开发能力包含3个维度（即此处的公因子），可以在提取结果时指定提取3个公因子，但是本着探索机会开发能力内部结构的目的暂时选择不指定提取数量，考察机会开发能力所有题项之间的关系。研究发现，在以特征值大于1为标准后，共提取出4个因子，总方差和旋转后的因子载荷表见表5-9和表5-10：

表 5-9　　　　　　**机会开发能力的总方差分解（N=81）**

解释的总方差

| 成分 | 初始特征值 | | | 提取平方和载入 | | | 旋转平方和载入 | | |
|---|---|---|---|---|---|---|---|---|---|
| | 合计 | 方差的% | 累积 % | 合计 | 方差的 % | 累积 % | 合计 | 方差的 % | 累积 % |
| 1 | 2.803 | 25.480 | 25.480 | 2.803 | 25.480 | 25.480 | 2.170 | 19.723 | 19.723 |
| 2 | 2.072 | 18.838 | 44.318 | 2.072 | 18.838 | 44.318 | 1.913 | 17.393 | 37.116 |
| 3 | 1.434 | 13.036 | 57.354 | 1.434 | 13.036 | 57.354 | 1.742 | 15.840 | 52.956 |
| 4 | 1.058 | 9.621 | 66.975 | 1.058 | 9.621 | 66.975 | 1.542 | 14.019 | 66.975 |
| 5 | 0.782 | 7.108 | 74.082 | | | | | | |
| 6 | 0.713 | 6.480 | 80.562 | | | | | | |
| 7 | 0.654 | 5.946 | 86.508 | | | | | | |
| 8 | 0.463 | 4.205 | 90.713 | | | | | | |
| 9 | 0.445 | 4.049 | 94.762 | | | | | | |
| 10 | 0.312 | 2.835 | 97.597 | | | | | | |
| 11 | 0.264 | 2.403 | 100.000 | | | | | | |

注：因子抽取采用主成分法分析；因子转轴采用方差最大化正交旋转。

表 5-10　　　　　　**机会开发能力的因子载荷（N=81）**

| 题项 | 因子载荷 | | | |
|---|---|---|---|---|
| | 1 | 2 | 3 | 4 |
| 1.企业获取了生产厂房和机器设备 | 0.740 | 0.140 | 0.027 | 0.241 |
| 2.企业获取了相关技术 | 0.799 | 0.063 | 0.098 | 0.215 |
| 3.企业获取了有经验的雇员 | 0.776 | −0.033 | −0.014 | −0.075 |
| 4.企业获取了必需的资金 | 0.565 | 0.059 | 0.522 | −0.186 |
| 5.企业产品覆盖了所有可能的细分市场 | −0.030 | −0.080 | 0.812 | 0.203 |
| 6.企业的规模优势降低了同行竞争者的获利水平 | 0.121 | 0.022 | 0.838 | 0.251 |
| 7.企业拥有开发机会的技术专利 | 0.152 | −0.112 | 0.167 | 0.762 |
| 8.创业者会根据前期经营情况动态调整开发策略 | 0.045 | −0.004 | 0.173 | 0.832 |
| 9.成员多采用非正式沟通方式 | −0.031 | 0.833 | 0.154 | −0.130 |
| 11.创业者几乎要过问经营中的所有事情 | 0.031 | 0.788 | −0.116 | −0.039 |
| 12.创业者通过财务控制来监督下属工作 | 0.143 | 0.742 | −0.056 | 0.040 |
| 10.员工对本企业开发的创业机会都比较熟悉 | −0.034 | 0.463 | 0.030 | −0.240 |

注：因子抽取采用主成分法分析；因子转轴采用方差最大化正交旋转。

从表5-9可以看出，旋转后累积解释方差量达到66.975%，基本可以确定提取主成分是合理的。进一步观察各个主成分的因子载荷（见表5-10）发现，与理论预期不同的是不指定因子个数后共提取出4个因子，其中资源获取和组织创生维度收敛良好（除了题项10），各自收敛为1个因子，战略创业的4个题项没有按照预期收敛为1个因子，而是形成2个因子。初步探测的结果显示，机会开发能力的内部维度基本符合理论假设，下一步将提取公因子数目确定为3，再探测其因子分析结果。

重新进行探索性因子分析，选择主成分法提取因子，采用方差最大化正交旋转，并将提取因子数规定为3。因子负载截取点为0.5，对在任意因子上负载都低于0.5或在多个因子上负载大于0.5的题项进行剔除（Straub，1989）。结果发现，题项10"员工对本企业开发的创业机会都比较熟悉"在3个因子上的载荷都低于0.5，故删除该题项。重新对剩余的11个题项指定提取3个主成分后，分析结果见表5-11，统计数据显示，旋转后累积解释方差量达到61.640%，因子结构合理，说明具有很好的结构效度。

表5-11　　机会开发能力的主成分分析结果（N=81）

| 成分 | 初始特征值 | | | 提取平方和载入 | | | 旋转平方和载入 | | |
|---|---|---|---|---|---|---|---|---|---|
| | 合计 | 方差的 % | 累积 % | 合计 | 方差的 % | 累积 % | 合计 | 方差的 % | 累积 % |
| 1 | 2.966 | 26.966 | 26.966 | 2.966 | 26.966 | 26.966 | 2.486 | 22.598 | 22.598 |
| 2 | 2.114 | 19.216 | 46.182 | 2.114 | 19.216 | 46.182 | 2.181 | 19.826 | 42.424 |
| 3 | 1.700 | 15.458 | 61.640 | 1.700 | 15.458 | 61.640 | 2.114 | 19.215 | 61.640 |
| 4 | 1.339 | 12.173 | 73.813 | | | | | | |
| 5 | 0.903 | 8.213 | 82.026 | | | | | | |
| 6 | 0.573 | 5.207 | 87.233 | | | | | | |
| 7 | 0.475 | 4.317 | 91.550 | | | | | | |
| 8 | 0.391 | 3.551 | 95.102 | | | | | | |
| 9 | 0.282 | 2.563 | 97.665 | | | | | | |
| 10 | 0.171 | 1.558 | 99.223 | | | | | | |
| 11 | 0.086 | 0.777 | 100.000 | | | | | | |

注：因子抽取采用主成分分析；因子转轴采用方差最大化正交旋转。

（3）可靠性与敏感性检验。确定因素后，继续进行量表可靠性的Cronbach's α 信度检验，结果见表5-12，总量表及各维度量表Cronbach's α 值均大于 0.70，说明本研究的量表具有很好的内部一致信度。敏感性（sensitivity）检验是量表开发需要考虑的一个重要指标。本研究采用 5 级 likert 量表，对于所有测量问题，回答者都被要求回答从"完全不同意"题项描述情况到"完全同意"题项描述情况，因此，该问卷对于回答者的态度变化将是敏感的。此外，对于每个能力的维度，都由 2 个以上题项进行测量，这也可以提高问卷的敏感性（Zikmund，2002）。

表5-12 　　　　　机会开发能力的探索性因子分析（N=81）

| 测项 | 主成分 | | |
|---|---|---|---|
| | 1 | 2 | 3 |
| **资源获取能力（α=0.779）** | | | |
| 企业获取了生产厂房和机器设备 | 0.037 | **0.767** | −0.013 |
| 企业获取了相关技术 | 0.207 | **0.822** | 0.075 |
| 企业获取了有经验的雇员 | −0.075 | **0.694** | −0.223 |
| 企业获取了必需的资金 | 0.241 | **0.563** | 0.160 |
| **战略创业能力（α=0.764）** | | | |
| 企业产品覆盖了所有可能的细分市场 | **0.825** | 0.182 | −0.043 |
| 企业拥有开发机会的技术专利 | **0.599** | 0.174 | 0.150 |
| 创业者会根据前期经营情况动态调整开发策略 | **0.714** | −0.137 | −0.103 |
| 企业的规模优势降低了同行竞争者的获利水平 | **0.878** | 0.177 | −0.054 |
| **组织创生能力（α=0.732）** | | | |
| 成员多采用非正式沟通方式 | 0.143 | 0.038 | **0.834** |
| 创业者几乎要过问经营中的所有事情 | −0.195 | −0.072 | **0.822** |
| 创业者通过财务控制来监督下属工作 | −0.006 | 0.020 | **0.789** |
| **总量表α=0.876** | | | |

注：因子抽取采用主成分法分析；因子转轴采用方差最大化正交旋转。

# 6 数据分析与假设检验

在前述问卷收集的基础上，本研究将关键变量缺失的样本剔除，最终有131家企业进入最后的样本分析，以下将分别对样本的描述性统计特征、关键概念测量的信效度分析和回归假设检验进行报告。

## 6.1 描述性统计分析

（1）样本所在地区分布

本研究的样本覆盖全国14个省份，考虑到各地区间制度因素可能产生的影响及方便抽样带来的不足，本书在研究设计时就尝试从多省份获取样本，并争取各省份样本数保持均衡，但从有效问卷来看仍然稍有偏差，其中以辽宁占比最高，为12.21%，也是唯一占比超过10%的省份。广东、云南、北京各占据9%左右的比例，与占比最小的湖南省差距6个百分点左右。样本所在地区的描述性统计见表6-1。

（2）创业企业规模

本书调查对象为新创企业样本，规模一般较小，这也与其创业之初

表6-1                          样本所在地区的描述性统计

| 企业所在省份 | 频数 | 百分比 |
|---|---|---|
| 辽宁 | 16 | 12.21 |
| 广东 | 13 | 9.92 |
| 云南 | 13 | 9.92 |
| 北京 | 12 | 9.16 |
| 上海 | 11 | 8.40 |
| 浙江 | 11 | 8.40 |
| 山东 | 10 | 7.63 |
| 黑龙江 | 9 | 6.87 |
| 台北 | 8 | 6.11 |
| 福建 | 6 | 4.58 |
| 贵州 | 6 | 4.58 |
| 江苏 | 6 | 4.58 |
| 吉林 | 6 | 4.58 |
| 湖南 | 4 | 3.05 |
| 合计 | 131 | 100 |

的状况紧密相关。从表6-2可看出，有超过一半（66家企业）的企业创业之初的员工数量少于或等于8人，29.01%的样本创业时员工人数在9~20人之间，12.98%的样本创业时员工人数在21~50人之间，仅有11家企业（占比8.40%）初创期员工在50人以上。

表6-2                          创业企业规模的描述性统计

| 创业时的员工数量 | 频数 | 百分比 |
|---|---|---|
| ≤8人 | 66 | 50.38 |
| 9~20人 | 38 | 29.01 |
| 21~50人 | 16 | 12.21 |
| >50人 | 11 | 8.40 |
| 合计 | 131 | 100 |

就企业的相对规模来看（见表6-3），12.21%的样本企业认为自身属于微型企业，53.44%的样本企业认为自身处于行业中的较小规模，两项加总小微企业总数占比达65.65%，其余34.35%的样本企业自认为属于中等或较大规模，没有特大型企业。

表6-3　　　　　　创业企业相对规模的描述性统计

| 同行中的相对规模 | 频数 | 百分比 |
|---|---|---|
| 微型 | 16 | 12.21 |
| 较小 | 70 | 53.44 |
| 中等 | 38 | 29.01 |
| 较大 | 7 | 5.34 |
| 合计 | 131 | 100 |

（3）新创企业来源

本书的新创企业基本为创业者独立新创的企业（见表6-4），占比接近样本总数的七成。13.18%的企业是从家族企业、国企或外资中拆分出来而创立的。

表6-4　　　　　　新创企业来源的描述性统计

| 创立方式 | 频数 | 百分比 |
|---|---|---|
| 独立新创 | 89 | 68.99 |
| 家族企业中分拆 | 7 | 5.43 |
| 国企中分拆 | 6 | 4.65 |
| 外资中分拆 | 4 | 3.1 |
| 其他 | 23 | 17.83 |
| 合计 | 129 | 100 |

（4）新创企业行业特征

本书将新创企业的行业区分为高科技行业和非高科技行业（见表6-5），其中非高科技行业样本企业有87家，占比达66.41%，主要分布于机械制造、食品加工、物流、文化传媒等部门；高科技企业有

44家，占比为33.59%，主要分布于电子信息、微生物、网络设备研发等行业。

表6-5                    新创企业行业特征的描述性统计

| 所在行业 | 频数 | 百分比 |
|---|---|---|
| 非高科技 | 87 | 66.41 |
| 高科技 | 44 | 33.59 |
| 合计 | 131 | 100 |

（5）创业时的年龄

本书对创业者创业时的年龄进行了统计（见表6-6），发现创业者选择创业的年龄段基本聚焦于26~40岁，其中28岁、35岁和40岁是创业者数量最多的年纪，40岁以上再创业的企业家有17位，占比为12.98%。

表6-6                    创业者创办年龄的描述性统计

| 创立时年龄 | 频数 | 百分比 |
|---|---|---|
| 25岁及以下 | 17 | 12.98 |
| 26-30岁 | 35 | 26.72 |
| 31-35岁 | 38 | 29.01 |
| 36-40岁 | 24 | 18.32 |
| 41岁及以上 | 17 | 12.98 |
| 合计 | 131 | 100 |

（6）创业者的受教育程度

在以往的调查中，中国的创业者教育程度通常较低。在本书样本中（见表6-7），创业者接受过大学本科教育的有66位，占到总样本数的一半以上（占比50.38%）。教育程度为研究生及以上的创业者有14位，占比为10.69%，具有中专、高中及以下学历的企业家仅有24位，占比为18.32%。所以较之前期调查，本研究中创业者受教育程度相对较高。

表6-7 创业者受教育程度的描述性统计

| 创业时受教育程度 | 频数 | 百分比 |
|---|---|---|
| 研究生及以上 | 14 | 10.69 |
| 大学本科 | 66 | 50.38 |
| 大专 | 27 | 20.61 |
| 中专、高中及以下 | 24 | 18.32 |
| 合计 | 131 | 100 |

（7）创业者的先前经验

本书统计了创业者在创办企业之前的创业经验、工作经验和行业经验（见表6-8）。其中有超过三分之一（占比35.11%）的创业者有过创办企业的经历，平均时间为5.37年，最短的为1年，最长的为15年；95.42%的创业者都具有工作经历，平均年限为10.24年，最短的为1年，最长的为38年；还有84.73%的创业者曾经在创业行业中有过打拼的经历，平均年限为7.53年，最短的为1年，最长的为30年。

表6-8 创业者先前经验的描述性统计

| 先前经验 | | 频数 | 百分比 | 均值 | 标准差 | 最小值 | 最大值 |
|---|---|---|---|---|---|---|---|
| 创业经验 | 无 | 85 | 64.89 | | | | |
| | 有 | 46 | 35.11 | 5.37 | 3.52 | 1 | 15 |
| 工作经验 | 无 | 6 | 4.58 | | | | |
| | 有 | 125 | 95.42 | 10.24 | 6.54 | 1 | 38 |
| 行业经验 | 无 | 20 | 15.27 | | | | |
| | 有 | 111 | 84.73 | 7.53 | 5.83 | 1 | 30 |

（8）创业团队

本书中创业企业的初创团队（见表6-9）中38.17%的企业为个人

创业，39.69%的企业为朋友熟人合伙，还有17.56%的企业为家族合伙创业。而就家族成员参与企业运营情况来看，41.98%的企业是有家族成员参与管理运营的，表明本研究中创业企业初期的社会资本主要集中在家族和熟人等亲密关系的基础上。

表6-9　　　　　　　　　　　　**创办方式的描述性统计**

| 创业团队构成 | 频数 | 百分比 |
|---|---|---|
| 家族合伙 | 23 | 17.56 |
| 朋友熟人合伙 | 52 | 39.69 |
| 个人创业 | 50 | 38.17 |
| 其他 | 6 | 4.58 |
| 合计 | 131 | 100 |
| 是否有家族成员参与 | 频数 | 百分比 |
| 无 | 76 | 58.02 |
| 有 | 55 | 41.98 |
| 合计 | 131 | 100 |

## 6.2　变量信效度分析

本书采用SPSS 17.0和AMOS17.0对主要研究变量进行信效度检验。

### 6.2.1　机会开发能力

对机会开发能力11个题项进行探索性因子分析发现，KMO值为0.608，表明适合进行因子分析。采用最大化方差旋转方法提取了3个主成分因子，解释方差达到57.35%。各题项在3个因子上的载荷系数见表6-10、表6-11和表6-12。

表6-10 机会开发能力量表的KMO 和 Bartlett 检验

KMO 和 Bartlett 的检验

| 取样足够度的 Kaiser-Meyer-Olkin 度量 | | 0.608 |
|---|---|---|
| Bartlett 的球形度检验 | 近似卡方 | 376.659 |
| | df | 55 |
| | Sig. | 0.000 |

表6-11 机会开发能力主成分分析结果

解释的总方差

| 成分 | 初始特征值 | | | 提取平方和载入 | | | 旋转平方和载入 | | |
|---|---|---|---|---|---|---|---|---|---|
| | 合计 | 方差的 % | 累积 % | 合计 | 方差的 % | 累积 % | 合计 | 方差的 % | 累积 % |
| 1 | 2.803 | 25.480 | 25.480 | 2.803 | 25.480 | 25.480 | 2.229 | 20.265 | 20.265 |
| 2 | 2.072 | 18.838 | 44.318 | 2.072 | 18.838 | 44.318 | 2.163 | 19.666 | 39.932 |
| 3 | 1.434 | 13.036 | 57.354 | 1.434 | 13.036 | 57.354 | 1.916 | 17.422 | 57.354 |
| 4 | 1.058 | 9.621 | 66.975 | | | | | | |
| 5 | 0.782 | 7.108 | 74.082 | | | | | | |
| 6 | 0.713 | 6.480 | 80.562 | | | | | | |
| 7 | 0.654 | 5.946 | 86.508 | | | | | | |
| 8 | 0.463 | 4.205 | 90.713 | | | | | | |
| 9 | 0.445 | 4.049 | 94.762 | | | | | | |
| 10 | 0.312 | 2.835 | 97.597 | | | | | | |
| 11 | 0.264 | 2.403 | 100.000 | | | | | | |

注：因子抽取采用主成分法分析；因子转轴采用方差最大化旋转。

表6-12　　　　　　　　机会开发能力量表信度分析

| 题项 | 成分1 | 成分2 | 成分3 | Cronbach's α |
|---|---|---|---|---|
| 企业获取了生产厂房和机器设备 | 0.754 | 0.135 | 0.106 | |
| 企业获取了相关技术 | 0.811 | 0.174 | 0.039 | 0.728 |
| 企业获取了有经验的雇员 | 0.770 | -0.089 | -0.038 | |
| 企业获取了必需的资金 | 0.562 | 0.271 | 0.124 | |
| 企业产品覆盖了所有可能的细分市场 | -0.010 | 0.767 | -0.015 | |
| 企业拥有开发机会的技术专利 | 0.192 | 0.596 | -0.174 | |
| 创业者会根据前期经营情况动态调整开发策略 | 0.090 | 0.646 | -0.072 | 0.780 |
| 企业的规模优势降低了同行竞争者的获利水平 | 0.146 | 0.808 | 0.082 | |
| 成员多采用非正式沟通方式（如全部向老板一个人汇报） | -0.021 | 0.026 | 0.854 | |
| 创业者几乎要过问经营中的所有事情 | 0.042 | -0.132 | 0.771 | 0.705 |
| 创业者通过财务控制来监督下属工作 | 0.158 | -0.040 | 0.722 | |

注：因子抽取采用主成分法分析；因子转轴采用方差最大化旋转。

信度分析是对量表可靠性的检验，通常用Cronbach's α来衡量。通常情况下，Cronbach's α大于0.7就表示量表有较高的信度。在创业机会开发的三个维度中，资源获取、战略创业和组织创生的信度系数分别为0.728、0.780和0.705，这表明该量表具有良好的信度。

对创业机会开发进行验证性因子分析，估计参数和残差结果如图6-1所示，验证性因子分析的拟合指标见表6-13。模型的$\chi^2$为51.242，卡方自由度之比为1.423。RMSEA为0.056，小于推荐值0.10；GFI为0.943，IFI为0.957，大于推荐值0.90；AGFI为0.896，大于推荐值0.80；但NFI略低于建议值。总的来看，拟合指标达到要求，说明测量模型与数据的拟合较好。

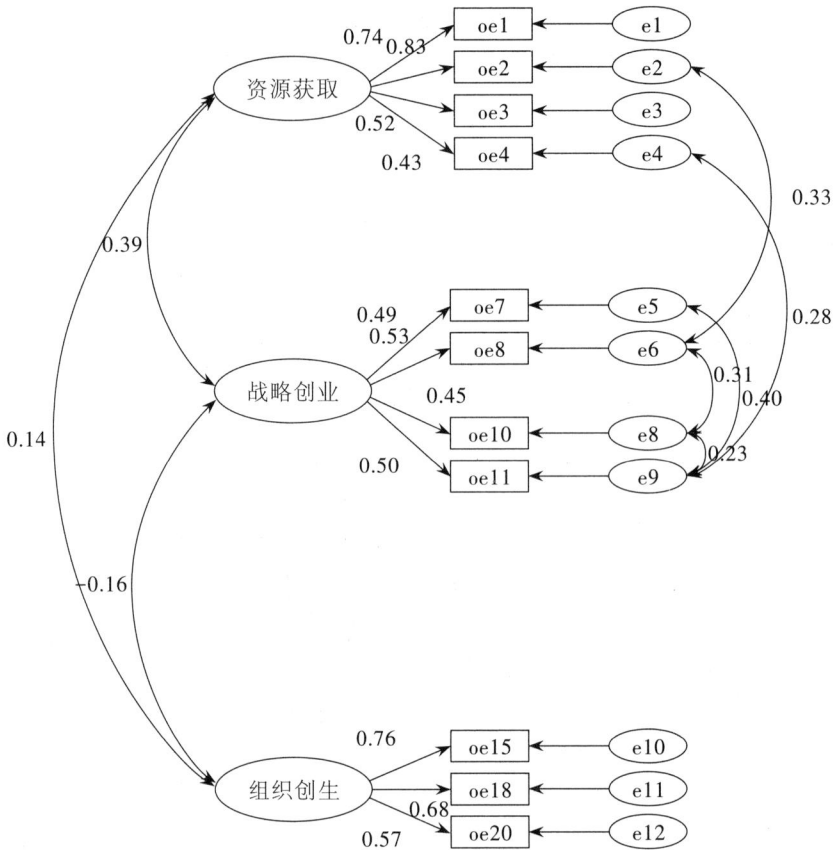

图6-1　机会开发能力的验证性因子分析拟合指标

表6-13　　　　　机会开发能力验证性因子分析指标统计

| 数值 | $\chi^2$ | $\chi^2/df$ | RMSEA | RMR | GFI | AGFI | NFI | RFI | IFI |
|------|------|------|------|------|------|------|------|------|------|
| 建议值 | 越小越好 | <5 | <0.10 | <0.05 | >0.90 | >0.80 | >0.90 | >0.90 | >0.90 |
| 本研究值 | 51.242 | 1.423 | 0.056 | 0.108 | 0.943 | 0.896 | 0.869 | 0.799 | 0.957 |
| 是否符合要求 | — | 是 | 是 | 否 | 是 | 是 | 否 | 否 | 是 |

## 6.2.2　机会新颖性

对创业机会新颖性4个题项进行探索性因子分析发现，KMO值为
0.728，表明适合进行因子分析。采用最大化方差旋转方法提取了1个主
成分因子，解释方差达到59.86%。各题项在因子上的载荷系数见表6-14、

表6-15和表6-16。创业机会新颖性的信度检验显示，Cronbach's α值为0.769，说明此量表具有良好的信度。

表6-14　　　　**机会新颖性量表的KMO和Bartlett检验**

| KMO和Bartlett的检验 | | |
|---|---|---|
| 取样足够度的Kaiser-Meyer-Olkin度量 | | 0.728 |
| Bartlett的球形度检验 | 近似卡方 | 147.740 |
| | df | 6 |
| | Sig. | 0.000 |

表6-15　　　　**机会新颖性的主成分分析结果**

| | 解释的总方差 | | | | | |
|---|---|---|---|---|---|---|
| 成分 | 初始特征值 | | | 提取平方和载入 | | |
| | 合计 | 方差的% | 累积% | 合计 | 方差的% | 累积% |
| 1 | 2.394 | 59.856 | 59.856 | 2.394 | 59.856 | 59.856 |
| 2 | 0.674 | 16.847 | 76.703 | | | |
| 3 | 0.588 | 14.710 | 91.414 | | | |
| 4 | 0.343 | 8.586 | 100.000 | | | |

注：因子抽取采用主成分法分析；因子转轴采用方差最大化旋转。

表6-16　　　　**机会新颖性量表信度检验**

| 题项 | 成分 | Cronbach's α |
|---|---|---|
| 企业提供的产品/服务在市场中是唯一的 | 0.810 | |
| 企业提供的产品/服务在市场中没有直接竞争对手 | 0.830 | |
| 我们的产品已申请知识产权保护 | 0.696 | 0.769 |
| 研发是企业的核心战略 | 0.752 | |

注：因子抽取采用主成分法分析；因子转轴采用方差最大化旋转。

对创业机会新颖性进行验证性因子分析，估计参数和残差结果如图6-2所示，验证性因子分析的拟合指标见表6-17。模型的$\chi^2$为

6.599，卡方自由度之比为 3.299。GFI 为 0.978，IFI 为 0.969，NFI 为 0.956，大于推荐值 0.90；AGFI 为 0.896，大于推荐值 0.80；但 RFI 略低于建议值，总的来看，拟合指标达到要求，说明测量模型与数据的拟合较好。

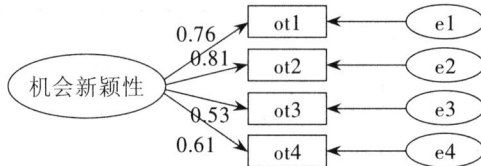

图 6-2　机会新颖性的验证性因子分析拟合指标

表 6-17　　　　　　机会新颖性验证性因子分析指标统计

| 数值 | $\chi^2$ | $\chi^2/df$ | RMSEA | RMR | GFI | AGFI | NFI | RFI | IFI |
|---|---|---|---|---|---|---|---|---|---|
| 建议值 | 越小越好 | <5 | <0.10 | <0.05 | >0.90 | >0.80 | >0.90 | >0.90 | >0.90 |
| 本研究值 | 6.599 | 3.299 | 0.131 | 0.093 | 0.978 | 0.889 | 0.956 | 0.868 | 0.969 |
| 是否符合要求 | — | 是 | 否 | 否 | 是 | 是 | 是 | 否 | 是 |

### 6.2.3　创业绩效

对企业绩效 8 个题项进行探索性因子分析发现，KMO 值为 0.678，表明适合进行因子分析。采用最大化方差旋转方法提取了 3 个主成分因子，解释方差达到 80.9%。各题项在因子上的载荷系数见表 6-18、表 6-19 和表 6-20。

表 6-18　　　　　创业绩效量表的 KMO 和 Bartlett 检验

| KMO 和 Bartlett 的检验 | | |
|---|---|---|
| 取样足够度的 Kaiser-Meyer-Olkin 度量 | | 0.678 |
| Bartlett 的球形度检验 | 近似卡方 | 600.069 |
| | df | 28 |
| | Sig. | 0.000 |

在企业绩效的三个维度中，创新绩效、财务绩效和生存绩效的信度系数分别为 0.808、0.885 和 0.888，这表明该量表具有良好的信度。

表6-19 创业绩效的主成分分析结果

解释的总方差

| 成分 | 初始特征值 | | | 提取平方和载入 | | | 旋转平方和载入 | | |
|---|---|---|---|---|---|---|---|---|---|
| | 合计 | 方差的% | 累积% | 合计 | 方差的% | 累积% | 合计 | 方差的% | 累积% |
| 1 | 3.648 | 45.599 | 45.599 | 3.648 | 45.599 | 45.599 | 2.497 | 31.214 | 31.214 |
| 2 | 1.632 | 20.400 | 65.998 | 1.632 | 20.400 | 65.998 | 2.152 | 26.901 | 58.114 |
| 3 | 1.192 | 14.901 | 80.899 | 1.192 | 14.901 | 80.899 | 1.823 | 22.785 | 80.899 |
| 4 | 0.495 | 6.188 | 87.088 | | | | | | |
| 5 | 0.470 | 5.874 | 92.962 | | | | | | |
| 6 | 0.297 | 3.710 | 96.672 | | | | | | |
| 7 | 0.158 | 1.973 | 98.645 | | | | | | |
| 8 | 0.108 | 1.355 | 100.000 | | | | | | |

注：因子抽取采用主成分法分析；因子转轴采用方差最大化旋转。

表6-20 创业绩效量表的信度检验

| 题项 | 成分1 | 成分2 | 成分3 | Cronbach's Alpha |
|---|---|---|---|---|
| 新产品数量占产品总数的比例 | 0.304 | 0.809 | 0.018 | 0.808 |
| 新产品收入占总销售收入的比重 | 0.288 | 0.825 | −0.021 | |
| 向市场推出新产品的速度 | 0.070 | 0.813 | 0.202 | |
| 公司销售收入 | 0.842 | 0.272 | 0.086 | 0.885 |
| 公司利润总额 | 0.939 | 0.190 | 0.096 | |
| 公司净利润 | 0.825 | 0.185 | 0.099 | |
| 对未来持续经营5年的可能性 | 0.213 | 0.078 | 0.923 | 0.888 |
| 对未来持续经营8年的可能性 | 0.010 | 0.077 | 0.950 | |

注：因子抽取采用主成分法分析；因子转轴采用方差最大化旋转。

### 6.2.4 共同方法偏差的处理

共同方法偏差（common method bias）是指由于存在共同的数据来源或者评分者，同样的测量环境、语境，以及项目本身所具有的特点所造成的预测变量和效标变量共变，它是测量误差的主要来源，也是一种系统误差。共同方法偏差可能会放大或者缩小构念之间的关系，这会导致第一类错误（弃真错误）或者第二类错误（存伪错误）。

对共同方法偏差的控制主要有两种方法。一种方法是过程控制（procedure remedies），主要措施有：在时间、距离、心理或方法上进行分离；从不同的来源测量预测和标准偏差；通过匿名评价来减少评价者的忧虑；增加量表问题或者项目；合理设置题项的顺序。另一种方法是统计措施（statistical remedies），主要措施有：Harman 单因素检验；控制直接测量的潜在方法因素的影响；偏相关过程设计；采用多方法因素来控制共同方法偏差；控制单个未测的潜在方法因素的影响；直接结果模型；相关独特性模型。

借鉴 Podsakoff 等（2003）的方法，本研究采用以下方法控制共同方法偏差：

（1）保证调查的保密性，提高问卷填写人员的参与度。在问卷的卷首，本书提示了填写人员"采用匿名的方式作答""填写的答案不会给本人以外任何个人或者企业、机构"，并提醒填写人员"您的问卷填写对本研究的准确性至关重要，请务必填写完整"。

（2）在自己发放或者委托别人发放问卷时，提醒填写人员，问卷没有标准或者正确的答案，只需要根据企业真实情况或者个人的判断即可。

（3）进行 Harman 单因素检验。这种检验方法的假设是，如果共同方法偏差存在，则在未经旋转的因子分析中会析出一个单独的因子，或者有一个因子解释了大部分的题项的变异（周浩、龙立荣，2004）。本研究将所有的题项放在一起做因子分析，未经旋转的第一个主成分解释方差为 22.569%，不占大多数。本研究也把所有的题项进行验证性因子分析，并设定公因子个数为 1，结果发现这个模型无法拟合。

通过上述的研究方法，本研究从多个角度进行控制，因此本研究中的共同方法偏差对本书的研究结果影响不大。

## 6.3　研究假设检验

在此部分中先对研究变量相关系数和描述性统计信息进行汇报，此后对理论模型中的四个假设进行了实证检验，在假设检验部分先对创业者资源与机会开发能力整体关系进行检验，再对机会开发能力的每个维度与创业者资源间关系进行细化研究。

## 6.3.1 相关分析（见表 6-21）

表 6-21

相关系数表和描述性统计

| | 机会开发能力 | 创业认知 | 创业经验 | 工作经验 | 行业经验 | 社会资本 | 机会新颖性 | 创业年龄 | 受教育程度 | 是否高科技 | 相对规模 |
|---|---|---|---|---|---|---|---|---|---|---|---|
| 机会开发能力 | 1 | | | | | | | | | | |
| 创业认知 | 0.243* | 1 | | | | | | | | | |
| 创业经验 | 0.255* | 0.188* | 1 | | | | | | | | |
| 工作经验 | 0.113 | 0.112 | 0.0589 | 1 | | | | | | | |
| 行业经验 | 0.0294 | 0.151* | 0.112 | 0.718* | 1 | | | | | | |
| 社会资本 | -0.0327 | -0.0995 | 0.0166 | 0.000800 | 0.0472 | 1 | | | | | |
| 机会新颖性 | 0.386* | 0.0529 | 0.189* | 0.149* | 0.172* | -0.0293 | 1 | | | | |
| 创业年龄 | 0.0133 | 0.0469 | 0.224* | 0.788* | 0.616* | 0.0567 | 0.115 | 1 | | | |
| 受教育程度 | -0.0831 | -0.185 | -0.0995 | -0.123 | -0.130 | 0.134 | -0.0935 | -0.0246 | 1 | | |
| 是否高科技 | 0.0786 | 0.0398 | 0.0423 | 0.148* | 0.125 | 0.0900 | 0.230* | 0.0766 | -0.187 | 1 | |
| 相对规模 | 0.237* | 0.0237 | 0.124* | 0.0717 | 0.0328 | 0.0509 | 0.181* | 0.136 | -0.00280 | 0.327* | 1 |
| 均值 | 3.090 | 51.56 | 1.820 | 9.710 | 6.410 | 0.590 | 2.530 | 33.15 | 2.560 | 0.330 | 2.270 |
| 标准差 | 0.690 | 8.380 | 3.300 | 6.780 | 6.020 | 0.490 | 1.170 | 7.760 | 0.890 | 0.470 | 1.070 |
| 最小值 | 1.440 | 30 | 0 | 0 | 0 | 0 | 1 | 17 | 1 | 0 | 0.690 |
| 最大值 | 5 | 76 | 15 | 38 | 30 | 1 | 5 | 71 | 4 | 1 | 5.830 |

注：N=131，相关系数大于 0.14，*表示在 0.1 水平上显著。

表6-21报告了各变量的描述性统计信息和相关系数。从表6-21可以看出，创业者的分析式认知思维方式与机会开发能力显著正相关，创业者创业经验也与机会开发能力显著正相关，而创业者的社会资本与机会开发能力呈负相关关系，但是不显著。就控制变量来看，企业家创业年龄与机会开发能力正相关，企业家的教育程度与机会开发能力负相关，行业是否为高科技行业与机会开发能力正相关，但上述三个控制变量均不显著，而创业时的规模与机会开发能力显著正相关。

### 6.3.2　回归分析

（1）机会开发能力整体的回归

本书采用STATA 12.0进行数据处理和分析，主要采用回归分析的方法，采用OLS估计。表6-22汇报了机会开发能力与创业者资源的回归分析结果，同时检验了创业者资源对机会开发能力的直接效应以及机会新颖性的调节作用，调节效应的结果在随后的图6-3和图6-4中将做详细说明。

M1为仅放入控制变量的基准模型；M2为加入创业者分析式认知直接效应的模型；M3为加入创业者分析式认知及其与机会新颖性调节作用的模型；M4为加入创业者创业经验的直接效应模型；M5为加入创业者创业经验及其与机会新颖性的交互效应模型；M6为加入创业者社会资本直接效应的模型；M7为加入创业者社会资本及其与机会新颖性交互项的模型；M8为加入创业者工作经验的直接效应模型；M9为加入创业者工作经验及其与机会新颖性的交互效应模型；M10为加入创业者行业经验的直接效应模型；M11为加入创业者行业经验及其与机会新颖性的交互效应模型；M12为因变量对所有控制变量和自变量的回归模型。

M2的回归结果表明，创业者的分析式认知思维与机会开发能力显著正相关，支持了假设H1。M3的模型结果显示，创业者分析式认知与机会新颖性的交互项系数为负，但不显著，表明机会新颖性对创业者分析式认知与机会开发能力的关系没有显著的调节作用，假设H4没有得到支持。

表6-22　　机会开发能力对创业者资源的回归分析（N=131）

| 机会开发能力为因变量 | M1 | M2 | M3 | M4 | M5 | M6 | M7 | M8 | M9 | M10 | M11 | M12 |
|---|---|---|---|---|---|---|---|---|---|---|---|---|
| 创业年龄 | -0.002 | -0.003 | -0.005 | -0.006 | -0.006 | -0.002 | -0.005 | -0.022* | -0.022* | -0.004 | -0.004 | -0.030** |
|  | (-0.24) | (-0.35) | (-0.74) | (-0.81) | (-0.86) | (-0.22) | (-0.64) | (-1.75) | (-1.86) | (-0.42) | (-0.40) | (-2.35) |
| 受教育程度 | -0.067 | -0.034 | -0.018 | -0.049 | -0.031 | -0.063 | -0.049 | -0.047 | -0.036 | -0.064 | -0.042 | -0.002 |
|  | (-0.98) | (-0.50) | (-0.28) | (-0.72) | (-0.49) | (-0.91) | (-0.76) | (-0.69) | (-0.56) | (-0.92) | (-0.63) | (-0.36) |
| 是否高新科技 | -0.023 | -0.022 | -0.116 | -0.014 | -0.120 | -0.018 | -0.105 | -0.062 | -0.155 | -0.028 | -0.110 | -0.054 |
|  | (-0.17) | (-0.16) | (-0.92) | (-0.10) | (-0.94) | (-0.13) | (-0.80) | (-0.46) | (-1.17) | (-0.21) | (-0.84) | (-0.41) |
| 相对规模 | 0.159*** | 0.156*** | 0.131** | 0.143** | 0.140** | 0.160*** | 0.142** | 0.172*** | 0.146** | 0.162*** | 0.130** | 0.151*** |
|  | (2.66) | (2.68) | (2.37) | (2.44) | (2.48) | (2.65) | (2.53) | (2.88) | (2.56) | (2.67) | (2.27) | (2.65) |
| 创业认知 |  | 0.019*** | 0.019*** |  |  |  |  |  |  |  |  | 0.015** |
|  |  | (2.70) | (2.67) |  |  |  |  |  |  |  |  | (2.07) |
| 机会新颖性 |  |  | 0.212*** |  | 0.193*** |  | 0.313*** |  | 0.212*** |  | 0.216*** |  |
|  |  |  | (4.35) |  | (3.91) |  | (4.58) |  | (4.27) |  | (4.29) |  |
| 创业认知×机会新颖性 |  |  | -0.001 |  |  |  |  |  |  |  |  |  |
|  |  |  | (-0.27) |  |  |  |  |  |  |  |  |  |
| 创业经验 |  |  |  | 0.050*** | 0.031* |  |  |  |  |  |  | 0.054*** |
|  |  |  |  | (2.72) | (1.70) |  |  |  |  |  |  | (2.94) |
| 创业经验×机会新颖性 |  |  |  |  | 0.024* |  |  |  |  |  |  |  |
|  |  |  |  |  | (1.69) |  |  |  |  |  |  |  |

续表

| 机会开发能力为因变量 | M1 | M2 | M3 | M4 | M5 | M6 | M7 | M8 | M9 | M10 | M11 | M12 |
|---|---|---|---|---|---|---|---|---|---|---|---|---|
| 社会资本 | | | | | | -0.045 | 0.467* | | | | | -0.004 |
| | | | | | | (-0.37) | (1.75) | | | | | (-0.04) |
| 社会资本×机会新颖性 | | | | | | | -0.193** | | | | | |
| | | | | | | | (-2.02) | | | | | |
| 工作经验 | | | | | | | | 0.029 | 0.025 | | | 0.043*** |
| | | | | | | | | (2.02) | (1.84) | | | (2.68) |
| 工作经验×机会新颖性 | | | | | | | | | 0.002 | | | |
| | | | | | | | | | (0.25) | | | |
| 行业经验 | | | | | | | | | | 0.005 | -0.001 | -0.014 |
| | | | | | | | | | | (0.37) | (-0.07) | (-1.04) |
| 行业经验×机会新颖性 | | | | | | | | | | | -0.005 | |
| | | | | | | | | | | | (-0.61) | |
| _cons | 2.973*** | 1.932*** | 1.542** | 3.017*** | 2.544*** | 2.983*** | 2.302*** | 3.295*** | 2.857*** | 3.008*** | 2.533*** | 2.592*** |
| | (8.95) | (3.84) | (3.09) | (9.30) | (7.90) | (8.92) | (6.60) | (9.04) | (7.97) | (8.70) | (7.40) | (4.79) |
| $r^2$ | 0.064 | 0.115 | 0.236 | 0.116 | 0.237 | 0.065 | 0.215 | 0.093 | 0.210 | 0.065 | 0.191 | 0.201 |
| $r^2\_a$ | 0.034 | 0.080 | 0.192 | 0.081 | 0.194 | 0.027 | 0.170 | 0.057 | 0.166 | 0.027 | 0.145 | 0.141 |
| F | 2.140* | 3.256** | 5.415*** | 3.283*** | 5.464*** | 1.727 | 4.799*** | 2.574** | 4.683*** | 1.728 | 4.140*** | 3.375*** |

注：t statistics in parentheses

$^*$ $p < 0.1$，$^{**}$ $p < 0.05$，$^{***}$ $p < 0.01$

M4的回归结果表明，创业者的先前经验，以创业经验表示，与机会开发能力显著正相关，支持了假设H2。M5的模型结果显示，创业者创业经验与机会新颖性的交互项系数显著为正，表明机会新颖性会促进创业者创业经验与机会开发能力的正向关系，假设H5得到支持。M8的回归结果表明，如果创业者的先前经验采用工作经验测量，工作经验与机会开发能力回归系数为正，但不显著。M9的模型结果显示，创业者工作经验与机会新颖性的交互项系数为正，但不显著，表明机会新颖性对工作经验与机会开发能力的关系没有显著调节作用。M10的回归结果表明，如果创业者的先前经验采用行业经验来测量，行业经验与机会开发能力回归系数为正，但不显著。M11的模型结果显示，创业者行业经验与机会新颖性的交互项系数为负，但不显著，表明机会新颖性对行业经验与机会开发能力的关系没有显著调节作用。

先前经验的实证结果显示，如果采用创业经验表示先前经验，则直接效应和调节效应均显著，如果选用工作经验和行业经验表示先前经验，则均不显著。

M6的回归结果表明，创业者的社会资本，与机会开发能力回归系数为负，但不显著，表明假设H3没有得到支持。M7的模型结果显示，创业者社会资本与机会新颖性的交互项系数显著为负，表明机会新颖性会弱化创业者亲密的社会资本与创业机会开发的正向关系，假设H6未得到支持。

M12是全自变量回归。在进行多元回归时要注意共线性问题，在M12中选用容忍度系数和方差膨胀因子两个指标考察共线性问题，一般认为容忍度接近于0，可能存在共线性，方差膨胀因子（VIF）等于1时意味着该自变量与其他自变量都是不相关的，因而没有多重共线性，VIF值超过10，则意味着存在严重的多重共线性（Kennedy，1992）。M12中各变量的容忍度系数最小值为0.268（工作经验），最大方差膨胀因子为3.735（工作经验），因此本研究两个指标值在这方面表现良好，不存在共线性问题。

全模型中F值为3.375且在0.01水平上显著，说明模型稳定。在全模型中创业认知、创业经验和工作经验与机会开发能力显著正相关，支持假设H1、H2。社会资本与机会开发能力负相关但不显著，不支持H3。可见全模型回归结果与各变量单独回归结果相同。

进一步考察回归模型中的调节效应。从M5和M7中反映出机会新颖性对两个主效应具有调节作用：一是机会新颖性会显著调节创业经验与机会开发能力间关系（创业经验与机会新颖性的交互项回归系数为0.024，Sig.=0.093）；二是机会新颖性会显著调节社会资本与机会开发能力间关系（社会资本与机会新颖性的交互项回归系数为-0.193，Sig.=0.045）。根据各变量回归系数、均值和标准差可以得出机会开发能力的边际均值图，如图6-3和图6-4所示。

从图6-3可以看出，在机会新颖性更高的时候，创业经验对机会开发能力的正向关系更明显，换言之，开发创新型机会时创业者先前创业经验对开发能力的提升作用更大；开发模仿型机会时，虽然创业经验也能增强机会开发能力，但是效果不如创新型机会中的明显。

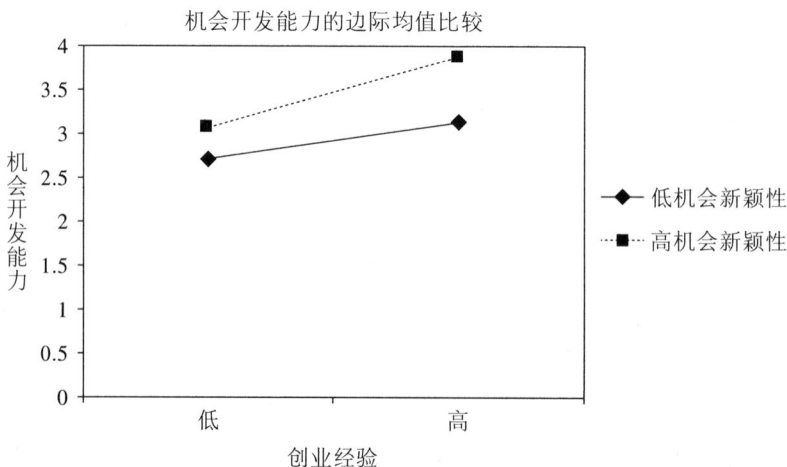

图6-3　机会新颖性与创业经验的交互效果图

继续考察机会新颖性的另一个调节作用——在社会资本与机会开发能力间的作用原理。图6-4反映出机会新颖性对二者关系是强调节作用，对于开发创新型机会的创业者，社会资本对机会开发能力是负向影响，而对于开发模仿型机会的创业者，社会资本对机会开发能力则是正向促进作用。这一结果与本研究理论假设不同，而且相对比较复杂，有必要深入剖析其内部原因，本研究将在全部假设检验完毕后的"进一步分析"中专门讨论社会资本与机会开发能力的深层次关系。

机会开发能力的边际均值比较

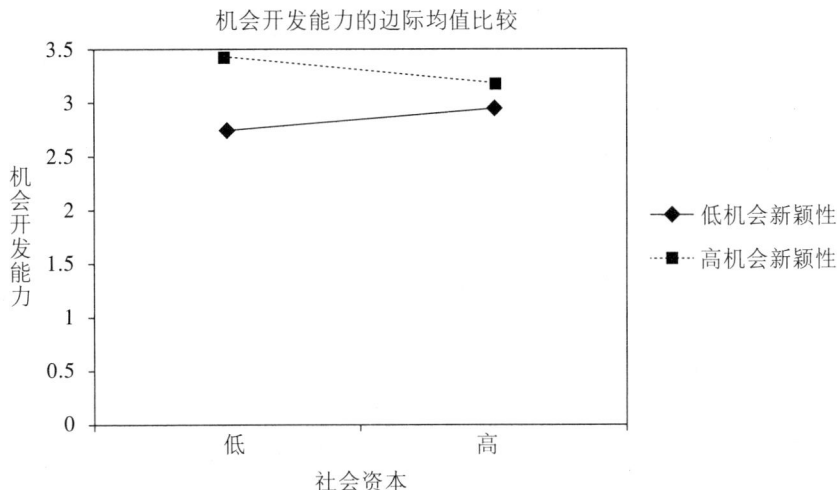

图6-4　机会新颖性与社会资本的交互效果图

（2）机会开发能力的细化分析

由于理论上机会开发能力包含战略创业能力、资源获取能力和组织创生能力三个维度，三个维度分别反映了机会开发中所需不同层面的创业能力，创业者资源对三种能力的作用方式和机理也可能出现差异，因此有必要分别考察创业者资源对三种能力各自的影响，同时考察面对不同类型的机会时上述关系可能出现的情境结果，见表6-23。

Ms1为仅放入控制变量的基准模型；Ms2为加入创业者分析式认知的直接效应模型；Ms3为加入创业者分析式认知及其与机会新颖性的交互效应模型；Ms4为加入创业者创业经验的直接效应模型；Ms5为加入创业者创业经验及其与机会新颖性的交互效应模型；Ms6为加入创业者社会资本的直接效应模型；Ms7为加入创业者社会资本及其与机会新颖性的交互效应模型；Ms8为加入创业者工作经验的直接效应模型；Ms9为加入创业者工作经验及其与机会新颖性的交互效应模型；Ms10为加入创业者行业经验的直接效应模型；Ms11为加入创业者行业经验及其与机会新颖性的交互效应模型；Ms12为因变量对所有控制变量和自变量的回归模型。

表6-23 战略创业能力与创业者资源的回归分析（N=131）

| | Ms1 | Ms2 | Ms3 | Ms4 | Ms5 | Ms6 | Ms7 | Ms8 | Ms9 | Ms10 | Ms11 | Ms12 |
|---|---|---|---|---|---|---|---|---|---|---|---|---|
| 创业年龄 | -0.010 | -0.011 | -0.017* | -0.019 | -0.022** | -0.010 | -0.017* | -0.028 | -0.028* | -0.026* | -0.025** | -0.048** |
| | (-0.89) | (-0.96) | (-1.80) | (-1.62) | (-2.24) | (-0.84) | (-1.71) | (-1.45) | (-1.76) | (-1.73) | (-2.05) | (-2.50) |
| 受教育程度 | -0.091 | -0.060 | -0.020 | -0.057 | -0.026 | -0.077 | -0.043 | -0.074 | -0.054 | -0.070 | -0.036 | 0.005 |
| | (-0.88) | (-0.58) | (-0.23) | (-0.58) | (-0.32) | (-0.74) | (-0.50) | (-0.72) | (-0.63) | (-0.68) | (-0.41) | (0.05) |
| 是否高科技 | 0.046 | 0.047 | -0.181 | 0.063 | -0.163 | 0.065 | -0.160 | 0.012 | -0.225 | 0.011 | -0.191 | 0.022 |
| | (0.22) | (0.23) | (-1.06) | (0.32) | (-0.97) | (0.31) | (-0.92) | (0.06) | (-1.28) | (0.05) | (-1.10) | (0.11) |
| 相对规模 | 0.262*** | 0.260*** | 0.199*** | 0.233*** | 0.191** | 0.263*** | 0.205*** | 0.273*** | 0.217*** | 0.277*** | 0.208*** | 0.252*** |
| | (2.91) | (2.90) | (2.69) | (2.68) | (2.57) | (2.92) | (2.73) | (3.02) | (2.86) | (3.08) | (2.75) | (2.91) |
| 创业认知 | | 0.018 | 0.018* | | | | | | | | | |
| | | (1.64) | (1.93) | | | | | | | | | |
| 机会新颖性 | | | 0.504*** | | 0.480*** | | 0.558*** | | 0.511*** | | 0.503*** | |
| | | | (7.69) | | (7.37) | | (6.09) | | (7.74) | | (7.57) | |
| 创业认知×机会新颖性 | | | -0.006 | | | | | | | | | |
| | | | (-0.83) | | | | | | | | | |
| 创业经验 | | | | 0.093*** | 0.062** | | | | | | | 0.098*** |
| | | | | (3.41) | (2.59) | | | | | | | (3.51) |
| 创业经验×机会新颖性 | | | | | 0.013 | | | | | | | |
| | | | | | (0.66) | | | | | | | |

续表

| | Ms1 | Ms2 | Ms3 | Ms4 | Ms5 | Ms6 | Ms7 | Ms8 | Ms9 | Ms10 | Ms11 | Ms12 |
|---|---|---|---|---|---|---|---|---|---|---|---|---|
| 社会资本 | | | | | | -0.163 | 0.142 | | | | | -0.155 |
| | | | | | | (-0.88) | (0.40) | | | | | (-0.87) |
| 社会资本×机会新颖性 | | | | | | | -0.097 | | | | | |
| | | | | | | | (-0.76) | | | | | |
| 工作经验 | | | | | | | | 0.025 | 0.015 | | | 0.027 |
| | | | | | | | | (1.15) | (0.82) | | | (1.11) |
| 工作经验×机会新颖性 | | | | | | | | | 0.010 | | | |
| | | | | | | | | | (0.94) | | | |
| 行业经验 | | | | | | | | | | 0.032* | 0.018 | 0.022 |
| | | | | | | | | | | (1.66) | (1.12) | (1.08) |
| 行业经验×机会新颖性 | | | | | | | | | | | -0.002 | |
| | | | | | | | | | | | (-0.23) | |
| _cons | 2.469*** | 1.504* | 0.509 | 2.549*** | 1.574*** | 2.504*** | 1.399*** | 2.745*** | 1.699*** | 2.696*** | 1.640*** | 2.625*** |
| | (4.95) | (1.95) | (0.76) | (5.32) | (3.70) | (5.00) | (2.99) | (4.96) | (3.56) | (5.25) | (3.63) | (3.20) |
| r² | 0.081 | 0.100 | 0.400 | 0.159 | 0.423 | 0.087 | 0.387 | 0.091 | 0.390 | 0.101 | 0.388 | 0.202 |
| r²a | 0.052 | 0.064 | 0.366 | 0.126 | 0.390 | 0.050 | 0.352 | 0.054 | 0.355 | 0.065 | 0.353 | 0.143 |
| F | 2.777** | 2.788** | 11.716*** | 4.735*** | 12.869*** | 2.373* | 11.086*** | 2.490*** | 11.215*** | 2.807** | 11.145*** | 3.404*** |

注：t statistics in parentheses

* $p<0.1$，** $p<0.05$，*** $p<0.01$

Ms2 的回归结果表明，创业者的分析式认知思维与战略创业能力正相关，但不显著，不支持假设 H1a。

Ms4 的回归结果表明，创业者的先前经验，以创业经验表示，与战略创业能力正相关，且显著，支持假设 H2a。Ms8 的回归结果表明，如果创业者的先前经验采用工作经验测量，工作经验与战略创业能力正相关，但不显著，不支持假设 H2a。Ms10 的回归结果表明，如果创业者的先前经验采用行业经验来测量，行业经验与战略创业能力回归系数为正，且显著，支持假设 H2a。

先前经验的实证结果显示，如果采用创业经验和行业经验表示先前经验，则先前经验与战略创业能力正向关系显著，选择工作经验指标则不显著，基于此可以认为假设 H2a 部分得到支持。

Ms6 的回归结果表明，创业者的社会资本与战略创业能力关系为负，但不显著，不支持假设 H3a。

Ms12 是全自变量回归，同样选用容忍度系数和方差膨胀因子两个指标考察共线性问题，Ms12 中各变量的容忍度系数最小值为 0.268（工作经验），最大方差膨胀因子为 3.735（工作经验），符合共线性检验标准，说明本模型两个指标值在这方面表现良好，不存在共线性问题。

全模型中 F 值为 3.404 且在 0.01 水平上显著，说明模型稳定。在全模型中仅创业经验对战略创业有显著正向关系，支持假设 H2a，创业认知对战略创业有促进作用但不显著，社会资本对战略创业的负向关系也不显著，所以不支持假设 H1a 和 H3a。可见全模型回归结果与各变量单独回归结果相同。从调节效应来看，机会新颖性对所有自变量均无显著调节作用，见表 6-24。

Mr1 为仅放入控制变量的基准模型；Mr2 为加入创业者分析式认知的直接效应模型；Mr3 为加入创业者分析式认知及其与机会新颖性的交互效应模型；Mr4 为加入创业者创业经验的直接效应模型；Mr5 为加入创业者创业经验及其与机会新颖性的交互效应模型；Mr6 为加入创业者社会资本的直接效应模型；Mr7 为加入创业者社会资本及其与机

表6-24 资源获取能力与创业者资源的回归分析 (N=131)

| 资源获取能力为因变量 | Mr1 | Mr2 | Mr3 | Mr4 | Mr5 | Mr6 | Mr7 | Mr8 | Mr9 | Mr10 | Mr11 | Mr12 |
|---|---|---|---|---|---|---|---|---|---|---|---|---|
| 创业年龄 | -0.003 (-0.26) | -0.004 (-0.30) | -0.006 (-0.51) | -0.005 (-0.44) | -0.005 (-0.41) | -0.003 (-0.23) | -0.005 (-0.45) | -0.032 (-1.64) | -0.033* (-1.68) | -0.001 (-0.05) | -0.001 (-0.04) | -0.035* (-1.68) |
| 受教育程度 | -0.040 (-0.37) | -0.019 (-0.17) | -0.006 (-0.05) | -0.030 (-0.28) | -0.011 (-0.11) | -0.030 (-0.28) | -0.018 (-0.17) | -0.012 (-0.11) | -0.012 (-0.11) | -0.043 (-0.40) | -0.027 (-0.25) | 0.015 (0.14) |
| 是否高科技 | 0.178 (0.84) | 0.179 (0.84) | 0.094 (0.44) | 0.183 (0.86) | 0.078 (0.36) | 0.191 (0.89) | 0.114 (0.53) | 0.122 (0.57) | 0.019 (0.09) | 0.184 (0.85) | 0.105 (0.49) | 0.143 (0.67) |
| 相对规模 | 0.210** (2.26) | 0.208** (2.24) | 0.185** (2.00) | 0.202** (2.15) | 0.204** (2.17) | 0.211** (2.26) | 0.195** (2.11) | 0.228** (2.46) | 0.214** (2.30) | 0.208** (2.21) | 0.180* (1.93) | 0.210** (2.25) |
| 创业认知 | | 0.012 (1.08) | 0.011 (0.94) | | | | | | | | | 0.009 (0.77) |
| 机会新颖性 | | | 0.194** (2.38) | | 0.180** (2.18) | | 0.286** (2.53) | | 0.189** (2.33) | | 0.200** (2.44) | |
| 创业认知×机会新颖性 | | | 0.000 (0.05) | | | | | | | | | |
| 创业经验 | | | | 0.027 (0.91) | 0.006 (0.19) | | | | | | | 0.038 (1.26) |
| 创业经验×机会新颖性 | | | | | 0.031 (1.28) | | | | | | | |

续表

| 资源获取能力为因变量 | Mr1 | Mr2 | Mr3 | Mr4 | Mr5 | Mr6 | Mr7 | Mr8 | Mr9 | Mr10 | Mr11 | Mr12 |
|---|---|---|---|---|---|---|---|---|---|---|---|---|
| 社会资本 | | | | | | -0.111 | 0.376 | | | | | -0.061 |
| | | | | | | (-0.58) | (0.86) | | | | | (-0.32) |
| 社会资本×机会新颖性 | | | | | | | -0.184 | | | | | |
| | | | | | | | (-1.17) | | | | | |
| 工作经验 | | | | | | | | 0.042* | 0.038* | | | 0.063** |
| | | | | | | | | (1.87) | (1.71) | | | (2.38) |
| 工作经验×机会新颖性 | | | | | | | | | 0.009 | | | |
| | | | | | | | | | (0.72) | | | |
| 行业经验 | | | | | | | | | | -0.005 | -0.010 | -0.031 |
| | | | | | | | | | | (-0.24) | (-0.52) | (-0.17) |
| 行业经验×机会新颖性 | | | | | | | | | | | -0.002 | |
| | | | | | | | | | | | (-0.19) | |
| _cons | 3.317*** | 2.654*** | 2.345*** | 3.340*** | 2.867*** | 3.341*** | 2.716*** | 3.779*** | 3.405*** | 3.283*** | 2.854*** | 3.347*** |
| | (6.42) | (3.31) | (2.81) | (6.46) | (5.33) | (6.43) | (4.72) | (6.65) | (5.82) | (6.11) | (5.11) | (3.79) |
| $r^2$ | 0.061 | 0.070 | 0.111 | 0.067 | 0.117 | 0.063 | 0.114 | 0.086 | 0.128 | 0.061 | 0.105 | 0.118 |
| $r^2a$ | 0.031 | 0.032 | 0.060 | 0.030 | 0.067 | 0.026 | 0.064 | 0.050 | 0.078 | 0.024 | 0.054 | 0.052 |
| F | 2.044* | 1.871 | 2.186** | 1.797 | 2.329** | 1.693 | 2.271** | 2.366** | 2.578** | 1.635 | 2.068 | 1.795* |

注：t statistics in parentheses

* $p < 0.1$，** $p < 0.05$，*** $p < 0.01$

会新颖性的交互效应模型；Mr8 为加入创业者工作经验的直接效应模型；Mr9 为加入创业者工作经验及其与机会新颖性的交互效应模型；Mr10 为加入创业者行业经验的直接效应模型；Mr11 为加入创业者行业经验及其与机会新颖性的交互效应模型；Mr12 为因变量对所有控制变量和自变量的回归模型。

Mr2 的回归结果表明，创业者的分析式认知思维与资源获取能力正相关，但不显著，不支持假设 H1b。

Mr4 的回归结果表明，创业者的先前经验，以创业经验表示，与资源获取能力正相关，但不显著，不支持假设 H2b。Mr8 的回归结果表明，如果创业者的先前经验采用工作经验测量，工作经验与资源获取能力正相关，且显著，支持假设 H2b。Mr10 的回归结果表明，如果创业者的先前经验采用行业经验来测量，行业经验与资源获取能力回归系数为负，但不显著，不支持假设 H2b。

先前经验的实证结果显示，如果采用工作经验表示先前经验，则先前经验与资源获取能力正向关系显著，选择其余指标均不显著，基于此可以认为假设 H2b 部分得到支持。

Mr6 的回归结果表明，创业者的社会资本与资源获取能力关系为负，但不显著，不支持假设 H3b。

Mr12 是全自变量回归，同样选用容忍度系数和方差膨胀因子两个指标考察共线性问题，Mr12 中各变量的容忍度系数最小值为 0.268（工作经验），最大方差膨胀因子为 3.735（工作经验），符合共线性检验标准，说明本模型两个指标值在这方面表现良好，不存在共线性问题。

全模型中 F 值为 1.795 且在 0.1 水平上显著，说明模型稳定。在全模型中仅工作经验对资源获取有显著正向关系，支持假设 H2a，创业认知对资源获取有促进作用但不显著，社会资本对资源获取的负向关系也不显著，所以不支持假设 H1b 和 H3b。可见全模型回归结果与各变量单独回归结果相同。从调节效应来看，机会新颖性对所有自变量均无显著调节作用，见表6-25。

表6-25　组织创生能力与创业者资源的回归分析（N=131）

| 组织创生能力为因变量 | Mo1 | Mo2 | Mo3 | Mo4 | Mo5 | Mo6 | Mo7 | Mo8 | Mo9 | Mo10 | Mo11 | Mo12 |
|---|---|---|---|---|---|---|---|---|---|---|---|---|
| 创业年龄 | 0.008 | 0.007 | 0.007 | 0.005 | 0.008 | 0.007 | 0.008 | -0.006 | -0.006 | 0.014 | 0.014 | -0.007 |
|  | (0.61) | (0.53) | (0.58) | (0.39) | (0.58) | (0.58) | (0.63) | (-0.30) | (-0.28) | (0.85) | (0.88) | (-0.31) |
| 受教育程度 | -0.070 | -0.022 | -0.027 | -0.059 | -0.055 | -0.082 | -0.086 | -0.056 | -0.043 | -0.078 | -0.064 | -0.027 |
|  | (-0.62) | (-0.20) | (-0.24) | (-0.52) | (-0.48) | (-0.72) | (-0.76) | (-0.49) | (-0.37) | (-0.69) | (-0.54) | (-0.24) |
| 是否高科技 | -0.293 | -0.291 | -0.263 | -0.288 | -0.276 | -0.310 | -0.268 | -0.321 | -0.259 | -0.280 | -0.245 | -0.325 |
|  | (-1.30) | (-1.31) | (-1.16) | (-1.27) | (-1.20) | (-1.36) | (-1.17) | (-1.40) | (-1.10) | (-1.23) | (-1.05) | (-1.44) |
| 相对规模 | 0.005 | 0.001 | 0.009 | -0.005 | 0.024 | 0.005 | 0.025 | 0.014 | 0.008 | -0.000 | 0.002 | -0.007 |
|  | (0.05) | (0.01) | (0.09) | (-0.05) | (0.24) | (0.05) | (0.25) | (0.14) | (0.08) | (-0.00) | (0.02) | (-0.07) |
| 创业认知 |  | 0.028** | 0.027** |  |  |  |  |  |  |  |  | 0.028** |
|  |  | (2.34) | (2.15) |  |  |  |  |  |  |  |  | (2.26) |
| 机会新颖性 |  |  | -0.061 |  | -0.081 |  | 0.095 |  | -0.065 |  | -0.054 |  |
|  |  |  | (-0.71) |  | (-0.91) |  | (0.78) |  | (-0.74) |  | (-0.61) |  |
| 创业认知×机会新颖性 |  |  | 0.001 |  |  |  |  |  |  |  |  |  |
|  |  |  | (0.12) |  |  |  |  |  |  |  |  |  |
| 创业经验 |  |  |  | 0.031 | 0.025 |  |  |  |  |  |  | 0.027 |
|  |  |  |  | (1.00) | (0.76) |  |  |  |  |  |  | (0.85) |
| 创业经验×机会新颖性 |  |  |  |  | 0.030 |  |  |  |  |  |  |  |
|  |  |  |  |  | (1.15) |  |  |  |  |  |  |  |

续表

| 组织创生能力为因变量 | Mo1 | Mo2 | Mo3 | Mo4 | Mo5 | Mo6 | Mo7 | Mo8 | Mo9 | Mo10 | Mo11 | Mo12 |
|---|---|---|---|---|---|---|---|---|---|---|---|---|
| 社会资本 | | | | | | 0.138* | 0.884* | | | | | 0.204* |
| | | | | | | (0.68) | (1.87) | | | | | (1.01) |
| 社会资本×机会新颖性 | | | | | | | −0.298* | | | | | |
| | | | | | | | (−1.77) | | | | | |
| 工作经验 | | | | | | | | 0.021 | 0.022 | | | 0.040 |
| | | | | | | | | (0.85) | (0.92) | | | (1.43) |
| 工作经验×机会新颖性 | | | | | | | | | −0.013 | | | |
| | | | | | | | | | (−0.94) | | | |
| 行业经验 | | | | | | | | | | −0.013 | −0.010 | −0.035 |
| | | | | | | | | | | (−0.59) | (−0.48) | (−1.47) |
| 行业经验×机会新颖性 | | | | | | | | | | | −0.010 | |
| | | | | | | | | | | | (−0.69) | |
| _cons | 3.134*** | 1.640* | 1.771** | 3.161*** | 3.192*** | 3.105*** | 2.793*** | 3.359*** | 3.466*** | 3.044*** | 3.106*** | 1.805* |
| | (5.73) | (1.96) | (2.00) | (5.77) | (5.49) | (5.64) | (4.52) | (5.52) | (5.44) | (5.35) | (5.14) | (1.94) |
| r² | 0.018 | 0.059 | 0.063 | 0.025 | 0.041 | 0.021 | 0.048 | 0.023 | 0.034 | 0.020 | 0.027 | 0.089 |
| r²_a | −0.014 | 0.021 | 0.009 | −0.014 | −0.014 | −0.018 | −0.006 | −0.016 | −0.021 | −0.019 | −0.029 | 0.021 |
| F | 0.565 | 1.560 | 1.177 | 0.651 | 0.746 | 0.543 | 0.891 | 0.596 | 0.621 | 0.521 | 0.484 | 1.317 |

注：t statistics in parentheses

* $p<0.1$，** $p<0.05$，*** $p<0.01$

Mo1为仅放入控制变量的基准模型；Mo2为加入创业者分析式认知的直接效应模型；Mo3为加入创业者分析式认知及其与机会新颖性的交互效应模型；Mo4为加入创业者创业经验的直接效应模型；Mo5为加入创业者创业经验及其与机会新颖性的交互效应模型；Mo6为加入创业者社会资本的直接效应模型；Mo7为加入创业者社会资本及其与机会新颖性的交互效应模型；Mo8为加入创业者工作经验的直接效应模型；Mo9为加入创业者工作经验及其与机会新颖性的交互效应模型；Mo10为加入创业者行业经验的直接效应模型；Mo11为加入创业者行业经验及其与机会新颖性的交互效应模型；Mo12为因变量对所有控制变量和自变量的回归模型。

Mo2的回归结果表明，创业者的分析式认知思维与组织创生能力正相关且显著，支持假设H1c。

Mo4的回归结果表明，创业者的先前经验，以创业经验表示，与组织创生能力正相关，但不显著，不支持假设H2c。Mo8的回归结果表明，如果创业者的先前经验采用工作经验测量，工作经验与组织创生能力正相关，但不显著，不支持假设H2c。Mo10的回归结果表明，如果创业者的先前经验采用行业经验来测量，行业经验与组织创生能力回归系数为负，但不显著，不支持假设H2b。先前经验的实证结果表明，三种指标反映的先前经验与组织创生能力相关性都不显著，因此假设H2c没有得到支持。

Mo6的回归结果表明，创业者的社会资本与组织创生能力正相关且显著，支持假设H3c。

Mo12是全自变量回归，同样选用容忍度系数和方差膨胀因子两个指标考察共线性问题，Mo12中各变量的容忍度系数最小值为0.268（工作经验），最大方差膨胀因子为3.735（工作经验），符合共线性检验标准，说明本模型两个指标值在这方面表现良好，不存在共线性问题。

在全模型中创业认知与组织创生能力显著正相关，支持H1c，社会资本与组织创生能力显著正相关，支持H3c，先前经验与组织创生能力关系不显著，不支持H2c。可见全模型回归结果与各变量单独回归结果相同。从调节变量来看，机会新颖性对社会资本与组织创生能力具有显著负调节效应，鉴于本研究整体回归结果中社会资本与机会开发能力间关系出乎研究设想（如表6-22和图6-4所示），所以在本部分暂不单独绘制组织创生能力的调节效应图，留待"进一步分析"中一并给出以求对社会资本的机会开发作用方式做更为全面的分析。

综合上面分别以战略创业能力、资源获取能力和组织创生能力为因变量对创业者资源进行的回归分析发现：创业者分析式认知仅正向影响组织创生能力，对资源获取和战略创业能力无显著作用；创业者的先前经验有助于战略创业和资源获取能力的提升，但对组织创生能力没有显著影响；而社会资本仅对组织创生能力有显著促进作用，对战略创业和资源获取能力影响不显著，因此创业者资源对机会开发能力的作用方式是具有结构性差异的，尤其在考虑了机会新颖性等创业情境时更需要深入分析。

## 6.4 进一步分析

### 6.4.1 社会资本对机会开发能力的情境影响机制

（1）社会资本与机会开发能力间的情境因素：创业认知和创业年龄

本研究数据显示，社会资本对机会开发能力具有阻碍作用（详见表6-22，此项回归系数为-0.045，不显著），这与以往理论和本书假设都是相悖的，为何会出现这一矛盾，其背后是否蕴含着尚未被揭示的逻辑机制，为了解开上述疑问有必要专门对此进行深入分析。机会开发是创业者在内外部情境约束下的理性选择过程，前文已经检验了机会新颖性这一外部因素的情境效应（详见表6-22中M7），并证实了机会新颖性对社会资本与机会开发能力具有强烈调节效应，从该结论得出的启示是：社会资本作用的发挥是否也受创业者内部情境因素的影响？遵循此思路，本研究分别考察了创业认知和创业年龄两个特质因素。创业认知是机会开发中创业者估计、评价和决策的知识结构情况，认知方式的差异会影响创业者资源拼凑过程，社会资本相同的创业者由于认知差异也可能具有不同的开发能力；同样，创业者创办企业时的年龄差异会带来知识结构、行业经验、思维方式等差异，对社会资本的调动和整合也会有所不同。鉴于此，本研究分别检验了创业认知和创业年龄的情境影响，结果见表6-26。

表6-26　机会开发能力对社会资本和情境变量的回归（N=131）

| 机会开发能力为因变量 | M1 | M1'创业认知为情境变量 | M2 | M2'创业年龄为情境变量 |
|---|---|---|---|---|
| 常数项 | 1.941***(3.82) | 2.728***(4.08) | 2.983***(8.92) | 3.447***(7.96) |
| 创业年龄 | −0.003(−0.34) | −0.003(−0.43) | −0.002(−0.22) | −0.016(−1.39) |
| 受教育程度 | −0.032(−0.47) | −0.032(−0.47) | −0.063(−0.91) | −0.056(−0.80) |
| 是否高科技行业 | −0.020(−0.15) | −0.033(−0.25) | −0.018(−0.128) | −0.021(−0.803) |
| 创业规模 | 0.157***(2.67) | 0.161***(2.76) | 0.160***(2.65) | 0.153**(2.56) |
| 社会资本 | −0.019(−0.16) | −1.335*(−1.80) | −0.045(−0.37) | −0.906*(−1.71) |
| 创业认知 | 0.019***(2.67) | 0.004(0.41) | | |
| 社会资本×创业认知 | | 0.025*(1.79) | | |
| 社会资本×创业年龄 | | | | 0.026*(1.67) |
| $R^2$ | 0.115 | 0.138 | 0.065 | 0.085 |
| 调整$R^2$ | 0.073 | 0.089 | 0.027 | 0.041 |
| F值 | 2.679** | 2.812*** | 1.727 | 1.925* |

注：t statistics in parentheses

*$p<0.1$，**$p<0.05$，***$p<0.01$

在表6-26中，M1是机会开发能力对社会资本和创业认知的基准回归模型，M1'是加入社会资本与创业认知交互项的模型，其中创业认知与社会资本交互项回归系数为0.025，Sig.=0.076，说明创业认知对社会资本与机会开发能力间关系具有显著调节作用。M2是机会开发能力对社会资本和创业年龄回归的基准模型，M2'是加入社会资本与创业年龄交互项的模型，可以发现社会资本与创业年龄交互项回归系数为0.026，Sig.=0.097，因此创业年龄对社会资本与机会开发能力间关系具有显著调节效应。

根据各变量回归系数、均值和标准差可以得出机会开发能力的边际均值图，如图6-5、图6-6所示。从图6-5可以看出，创业认知对社会资本与机会开发能力间关系具有强烈调节效应，具体而言，采用分析式认知的创业者，其社会资本对机会开发能力是促进作用，而对于直觉式认知的创业者来说，他们的社会资本会阻碍机会开发能力的提升，可见，在考察社会资本对机会开发能力的影响时需要视创业者特质而定，社会资本对机会开发能力的作用具有明显的情境依赖性。从图6-6可以看出，创业年龄对社会资本与机会开发能力的关系也具有显著调节效应，对于年轻的创业者来说，越多的社会资本反倒会损害其机会开发能力，而对于年长些的创业者来说情况则恰恰相反，其社会资本对机会开发能力是显著促进的。

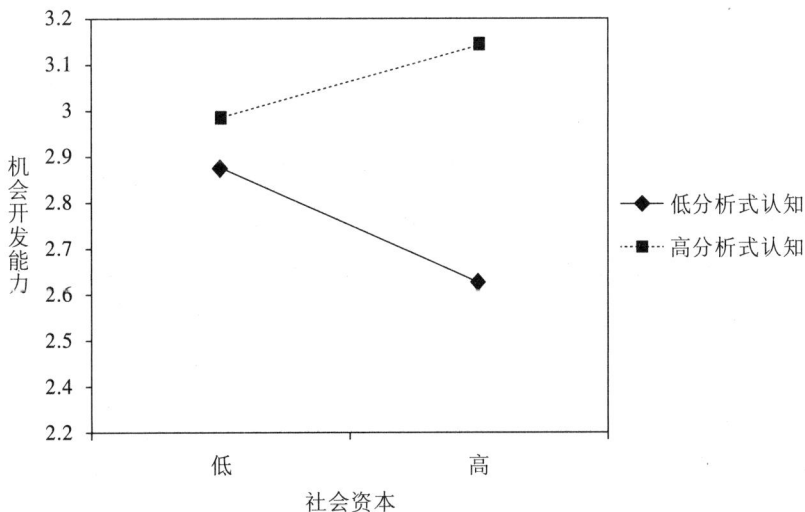

图6-5　创业认知与社会资本的交互效果图

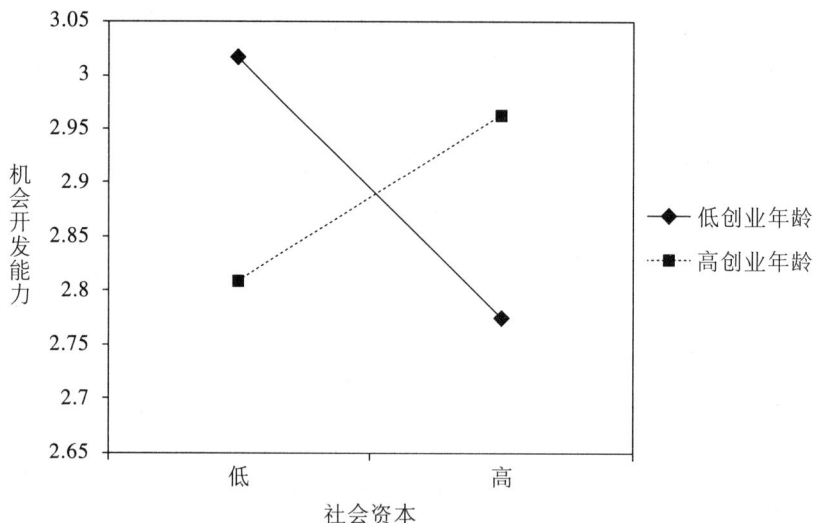

**图6-6　创业年龄与社会资本的交互效果图**

综合图6-5、图6-6可以发现，社会资本在对机会开发能力的影响过程中会受到创业者特质因素的强烈影响，只有具备一定能力基础的创业者（如认知水平、年龄、阅历）才可能调动社会资本对创业的积极作用，机会开发能力是创业者内部特质和外部网络交互作用的结果。为了进一步挖掘社会资本对机会开发能力的作用机制，在上述对机会开发能力整体分析后，接下来具体分析社会资本对机会开发能力内部维度的影响机制。

（2）社会资本与机会开发能力各子维度间的情境要素：创业经验

前文对社会资本与内部维度的直接效应检验显示，社会资本仅对组织创生能力有显著促进作用（见表6-25，此项回归系数为0.138，Sig.=0.096），且机会新颖性起到了正向调节作用（见表6-25，交互项回归系数为-0.298，Sig.=0.080），社会资本与机会新颖性的交互效果图如图6-7所示。从图6-7可以看出，机会新颖性对社会资本与组织创生能力的关系具有强烈调节效应，在开发新颖性高的创新型机会时，社会资本会降低组织创生能力，但在开发新颖性低的模仿型机会时，社会资本对组织创生能力有显著促进作用。

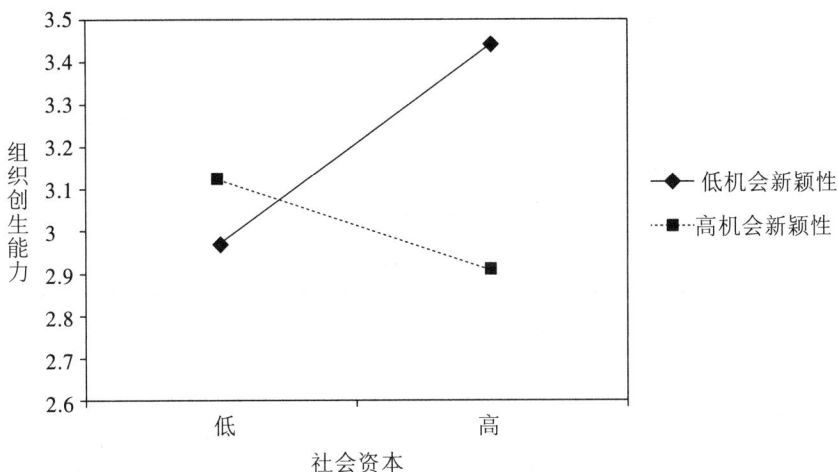

图 6-7　机会新颖性与社会资本对组织创生能力的交互效果图

　　对于机会开发能力的另外两个维度，社会资本的影响都是负向的，但不显著（见表 6-23、表 6-24）。聚焦于这两个维度分析后发现，创办时企业规模会影响社会资本的作用结果。根据表 6-2 显示本研究中新创企业创业规模小于等于 8 人的企业有 69 家，占样本总量一半以上（51.11%），也就是说有一半新创企业属于微型企业。企业规模差异会导致创业者在创业初期拼凑资源的侧重点和方式均有所不同，本研究便采用数据考察创业规模差异可能带来的情境影响。表 6-27 是根据创办时规模在 8 人以下还是 8 人以上将样本划分为两组，分别考察社会资本对战略创业能力和资源获取能力的影响，M1是 8 人及以下新创企业中战略创业能力对社会资本的回归，M1′ 是 8 人以上新创企业战略创业能力对社会资本的回归；M2 是 8 人及以下新创企业中资源获取能力对社会资本的回归，M2′ 是 8 人以上新创企业资源获取能力对社会资本的回归。回归结果显示，针对战略创业能力而言，微型企业中社会资本与战略创业能力显著负相关（回归系数为 -0.452，Sig.=0.074），中小规模企业（创办时 8 人以上）中社会资本对战略创业是正向促进作用，只是不显著（回归系数为 0.080）。因此前文研究结论发现的社会资本对战略创业有负向作用是主要来自微型企业的结果。同理，分析资源获取能力的规模情境效应，微型企业中社会资本对资源获取显著负相关（回归系数为 -0.549，Sig.=0.051），而中小型企业中虽然社会资本对资源获取是正向影响但不显著（回归系数为 0.383），所以从整体而言社会资本在资源获取维度上作用为负。

表6-27　　　不同规模下社会资本对战略创业能力和

资源获取能力的影响

| 创办时规模 | 战略创业能力 | | 资源获取能力 | |
|---|---|---|---|---|
| | M1 | M1' | M2 | M2' |
| | ≤8人（N=66） | >8人（N=65） | ≤8人（N=66） | >8人（N=65） |
| 常数项 | 2.196*** | 2.051** | 2.978*** | 2.258** |
| | （2.79） | （2.17） | （3.42） | （2.56） |
| 创办时年龄 | -0.018 | -0.003 | -0.019 | 0.029 |
| | （-1.22） | （-0.13） | （-1.20） | （1.60） |
| 受教育程度 | -0.163 | 0.068 | 0.114 | -0.180 |
| | （-1.12） | （0.44） | （0.71） | （-1.26） |
| 是否高科技行业 | 0.067 | 0.099 | 0.465 | 0.001 |
| | （0.20） | （0.37） | （1.29） | （0.00） |
| 创办时规模 | 0.934*** | 0.143 | 0.758** | 0.245 |
| | （3.16） | （0.868） | （2.31） | （1.59） |
| 社会资本 | -0.452* | 0.080 | -0.549* | 0.383 |
| | （-1.82） | （0.30） | （-1.99） | （1.53） |
| $R^2$ | 0.231 | 0.019 | 0.169 | 0.127 |
| 调整 $R^2$ | 0.167 | -0.064 | 0.099 | 0.053 |
| F值 | 3.608*** | 0.235 | 2.435** | 1.721 |

注：t statistics in parentheses

*p<0.1，**p<0.05，***p<0.01

　　既然社会资本对战略创业和资源获取的阻碍作用主要反映在微型企业上，接下来专门考察微型企业（创业规模为8人或8人以下）的创业者资源对机会开发能力的作用原理。本研究采用熟人合伙创业（家族成员合伙或熟人合伙）测量社会资本，熟人合伙创业则表示具有社会资本，编码为1，个人创业不具有社会资本，编码为0，因此社会资本与战略创业能力负相关的另一种表述就是个人创业者的战略创业能力强于熟人合伙创业者。表6-28是微型企业战略创业能力对创业者资源的回归，仔细考察回归结果后可以发现，创业经验是增强其战略创业能力的关键要素（$R^2$ 增加 0.081，Sig.=0.039；创业经验的回归系数为 0.112，Sig.=0.022），进一步区分个人创业和熟人合伙创业两组来比较创业经验数值，发现个人创业者的创业经验要显著高于熟人合伙创业的创业经验（个人创业组创业经验均值为 1.4667，样本量30；熟人合伙创业组创业经验均值为 1.1667，样本量36；方差分析结果 F 值为 2.364，Sig.=0.029），也就是说，个人创业者战略创业能力更强在很大程度上是源于此类创业者的创业经验往往更丰富，熟人合伙创业者的创业经验相对较少，但不能简单地认为是社会资本阻碍了其战略创业能力。微型企业组的社会资本与资源获取能力的分析也同上述分析过程类似，经过同样的分组方法发现，个人创业组的创业经验也显著高于熟人合伙创业组，所以个人创业组的资源获取能力更强的部分是因为其创业经验更丰富而不能全部归罪于社会资本的阻碍。

　　本节研究结果如下：本研究的实证数据不支持社会资本对机会开发能力有促进作用的假设，这与已有理论相悖，并且本研究发现社会资本对机会开发能力可能有阻碍作用（回归系数为负，但不显著）。为了明晰其中机制，本研究专门就此进行深入分析，分析共分两步走。第一步考察了社会资本与机会开发能力整体间的关系，结果发现创业认知和创业年龄这两个创业者特质因素会强烈影响社会资本与机会开发能力的作用关系：高分析式认知创业者，其社会资本会促进机会开发能力提升，高直觉式认知者的社会资本则会阻碍机会开发能力

表6-28 微型企业战略创业能力对创业者资源的回归（N=66）

| 战略创业能力为因变量 | M1 | M1′ |
|---|---|---|
| 常数项 | 2.196*** <br> （2.79） | 1.725 <br> （1.49） |
| 创业年龄 | −0.018 <br> （−1.22） | −0.023 <br> （−1.64） |
| 受教育程度 | −0.163 <br> （−1.12） | −0.063 <br> （−0.43） |
| 是否高科技行业 | 0.067 <br> （0.20） | 0.007 <br> （0.02） |
| 创业规模 | 0.934*** <br> （3.17） | 0.811*** <br> （2.80） |
| 社会资本 | −0.452* <br> （−1.82） | −0.418* <br> （−1.75） |
| 创业认知 | | 0.008 <br> （0.52） |
| 创业经验 | | 0.112** <br> （2.36） |
| $R^2$ | 0.231 | 0.313 |
| 调整 $R^2$ | 0.167 | 0.230 |
| $\Delta R^2$ | | 0.081* |
| F值 | 3.608*** | 3.767*** |

注：t statistics in parentheses

*p<0.1，**p<0.05，***p<0.01

提升；另一方面，随着创业年龄增长，社会资本也会对机会开发能力有积极影响，而对于年轻创业者而言，社会资本则具有消极影响。鉴于此，本研究初步得出结论：社会资本对机会开发能力的影响高度依赖于创业者内部资源，要想发挥社会资本的积极作用需要创业者内外部资源的交互作用。

第二步，进一步考察社会资本对机会开发能力三个维度的影响，以战略创业能力为例，结果发现之所以个人创业者（社会资本记为0）的战略创业能力强于熟人合伙创业者（社会资本记为1）很大程度是源于前者的创业经验显著高于后者，而创业经验又是战略创业能力的决定性因素。因此不能简单判定社会资本对战略创业能力是消极阻碍作用，社会资本不是单独作用于战略创业能力的，它依赖于创业者其他资源能力的发挥，社会资本作用的发挥具有强烈的情境依赖性。

通过上述两步骤分析本研究得出结论：社会资本对机会开发能力的影响具有高度情境依赖性，创业者特质（包括创业认知、创业年龄、创业经验）都对其有强烈影响。

### 6.4.2　机会开发能力与创业绩效的多维度、跨层次作用方式

为了考察机会开发能力是否可以提高新创企业存活率，有必要对机会开发能力与创业存活率间的关系进行实证检验。本研究引入创业绩效指标作为企业存活率的代理变量考察机会开发能力对创业绩效的影响。理论上创业绩效是一个多维度构念，现有研究较多采用创新绩效、成长绩效和生存绩效三个维度，创新绩效是指绩效中体现的企业创新性程度，通过"新产品数量占产品总数的比例"、"新产品收入占总销售收入的比重"和"向市场推出新产品的速度"三个指标测量；财务绩效在现有研究中运用得最多，通过"公司销售收入"、"公司利润总额"和"公司净利润"三个指标测量；生存绩效有几种考察方法，鉴于纵向数据获取的难度，研究者较多采用主观自评的方法，通

过对"未来持续经营5年的可能性"和对"未来持续经营8年的可能性"来测量。

首先，对机会开发能力整体与创业绩效的关系进行考察。表6-29中Mi1为仅放入控制变量的创新绩效模型，Mi1'为创新绩效对机会开发能力的回归模型；Mf1为仅放入控制变量的财务绩效模型，Mf1'为财务绩效对机会开发能力的回归模型；Ms1为仅放入控制变量的生存绩效模型，Ms1'为生存绩效对机会开发能力的回归模型；Mtotal为创业绩效总体的基准模型，Mtotal'为创业绩效总体对机会开发能力的回归模型。从回归结果可以发现机会开发能力的确可以提升创业绩效（回归系数为0.117，Sig.=0.097），具体而言，机会开发能力与财务绩效显著正相关（回归系数为0.163，Sig.=0.058），与创新绩效和生存绩效均正相关，但不显著。为了探索机会开发能力对创业绩效的深层次影响，接下来将分别考察战略创业、资源获取和组织创生能力在创业绩效中的作用。

表6-30是创新绩效与机会开发能力各维度的回归结果。其中Mi1为仅放入控制变量的创新绩效模型，Mi2为创新绩效对机会开发能力整体的回归模型，Mi3为创新绩效对资源获取能力的回归模型，Mi4为创新绩效对战略创业能力的回归模型，Mi5为创新绩效对组织创生能力的回归模型。从回归结果可以发现机会开发能力的三个维度中仅战略创业能力与创新绩效正相关（回归系数为0.204，Sig.=0.005），资源获取能力和组织创生能力对创新绩效的影响都不明显。

表6-31是财务绩效与机会开发能力各维度的回归结果。其中Mf1为仅放入控制变量的财务绩效模型，Mf2为财务绩效对机会开发能力整体的回归模型，Mf3为财务绩效对资源获取能力的回归模型，Mf4为财务绩效对战略创业能力的回归模型，Mf5为财务绩效对组织创生能力的回归模型。从回归结果可以发现，战略创业能力对财务绩效有显著促进作用（回归系数为0.089，Sig.=0.100），组织创生能力对财务绩效也有显著增强作用（回归系数为0.083，Sig.=0.099），资源获取能力对财务绩效的影响也是积极的但不显著。

表6-29

**创业绩效与机会开发能力的回归分析**

| | Mi1 | Mi1' | Mf1 | Mf1' | Ms1 | Ms1' | Mtotal | Mtotal' |
|---|---|---|---|---|---|---|---|---|
| 创业年龄 | -0.006 | -0.006 | -0.013* | -0.012* | -0.026*** | -0.026*** | -0.015** | -0.015** |
| | (-0.65) | (-0.63) | (-1.69) | (-1.67) | (-3.03) | (-3.02) | (-2.35) | (-2.32) |
| 受教育程度 | -0.086 | -0.083 | -0.089 | -0.079 | -0.125 | -0.115 | -0.093* | -0.086 |
| | (-1.01) | (-0.97) | (-1.35) | (-1.21) | (-1.64) | (-1.51) | (-1.66) | (-1.54) |
| 是否高科技 | -0.050 | -0.049 | 0.042 | 0.042 | 0.173 | 0.177 | 0.060 | 0.060 |
| | (-0.29) | (-0.29) | (0.31) | (0.32) | (1.13) | (1.16) | (0.52) | (0.53) |
| 相对规模 | 0.060 | 0.053 | 0.150** | 0.126** | -0.131* | -0.155** | 0.016 | 0.000 |
| | (0.81) | (0.69) | (2.56) | (2.12) | (-1.97) | (-2.29) | (0.31) | (1.00) |
| 机会开发能力 | | 0.052 | | 0.163* | | 0.155 | | 0.117* |
| | | (0.47) | | (1.91) | | (1.58) | | (1.60) |
| _cons | 3.427*** | 3.266*** | 3.587*** | 3.103*** | 5.658*** | 5.198*** | 4.226*** | 3.869*** |
| | (8.29) | (6.08) | (11.22) | (7.66) | (15.28) | (11.07) | (15.51) | (11.04) |
| $R^2$ | 0.015 | 0.017 | 0.086 | 0.113 | 0.127 | 0.144 | 0.068 | 0.088 |
| $R^2\_a$ | -0.017 | -0.023 | 0.057 | 0.077 | 0.098 | 0.109 | 0.037 | 0.049 |
| F | 0.478 | 0.424 | 2.955** | 3.146*** | 4.494*** | 4.136*** | 2.187** | 2.285** |

注：t statistics in parentheses
* p<0.1, ** p<0.05, *** p<0.01

表6-30　　　　　　创新绩效与机会开发能力的回归分析

| | Mi1 | Mi2 | Mi3 | Mi4 | Mi5 |
|---|---|---|---|---|---|
| 创业年龄 | −0.006 | −0.006 | −0.006 | −0.004 | −0.006 |
| | (−0.65) | (−0.63) | (−0.65) | (−0.42) | (−0.58) |
| 受教育程度 | −0.086 | −0.083 | −0.086 | −0.066 | −0.092 |
| | (−1.01) | (−0.97) | (−1.01) | (−0.79) | (−1.09) |
| 是否高科技 | −0.050 | −0.049 | −0.050 | −0.063 | −0.084 |
| | (−0.29) | (−0.29) | (−0.29) | (−0.38) | (−0.49) |
| 相对规模 | 0.060 | 0.053 | 0.060 | 0.010 | 0.059 |
| | (0.81) | (0.69) | (0.79) | (0.14) | (0.80) |
| 机会开发能力 | | 0.052 | | | |
| | | (0.47) | | | |
| 资源获取 | | | −0.002 | | |
| | | | (−0.02) | | |
| 战略创业 | | | | $0.204^{***}$ | |
| | | | | (2.84) | |
| 组织创生 | | | | | −0.110 |
| | | | | | (−1.65) |
| _cons | $3.427^{***}$ | $3.266^{***}$ | $3.433^{***}$ | $2.900^{***}$ | $3.777^{***}$ |
| | (8.29) | (6.08) | (7.14) | (6.55) | (8.17) |
| $R^2$ | 0.015 | 0.017 | 0.015 | 0.076 | 0.037 |
| $R^2\_a$ | −0.017 | −0.023 | −0.025 | 0.039 | −0.003 |
| F | 0.478 | 0.424 | 0.379 | $2.018^{*}$ | 0.930 |

注：t statistics in parentheses

$^{*}p<0.1$，$^{**}p<0.05$，$^{***}p<0.01$

表6-31　　　　　　财务绩效与机会开发能力的回归分析

| | Mf1 | Mf2 | Mf3 | Mf4 | Mf5 |
|---|---|---|---|---|---|
| 创业年龄 | −0.013* | −0.012* | −0.013* | −0.012 | −0.013* |
| | (−1.69) | (−1.67) | (−1.67) | (−1.57) | (−1.78) |
| 受教育程度 | −0.089 | −0.079 | −0.089 | −0.082 | −0.084 |
| | (−1.35) | (−1.21) | (−1.33) | (−1.24) | (−1.27) |
| 是否高科技 | 0.042 | 0.042 | 0.037 | 0.035 | 0.066 |
| | (0.31) | (0.32) | (0.27) | (0.26) | (0.49) |
| 相对规模 | 0.150** | 0.126** | 0.145** | 0.128** | 0.150** |
| | (2.56) | (2.12) | (2.42) | (2.13) | (2.57) |
| 机会开发能力 | | 0.163* | | | |
| | | (1.91) | | | |
| 资源获取 | | | 0.025 | | |
| | | | (0.45) | | |
| 战略创业 | | | | 0.089* | |
| | | | | (1.57) | |
| 组织创生 | | | | | 0.083* |
| | | | | | (1.60) |
| _cons | 3.587*** | 3.103*** | 3.504*** | 3.366*** | 3.327*** |
| | (11.22) | (7.66) | (9.48) | (9.68) | (9.33) |
| $R^2$ | 0.086 | 0.113 | 0.088 | 0.104 | 0.105 |
| $R^2$_a | 0.057 | 0.077 | 0.051 | 0.068 | 0.069 |
| F | 2.955** | 3.146*** | 2.389** | 2.884** | 2.909** |

注：t statistics in parentheses

*p<0.1，**p<0.05，***p<0.01

表6-32是生存绩效与机会开发能力各维度的回归结果。其中Ms1为仅放入控制变量的生存绩效模型，Ms2为生存绩效对机会开发能力整体的回归模型，Ms3为生存绩效对资源获取能力的回归模型，Ms4为生存绩效对战略创业能力的回归模型，Ms5为生存绩效对组织创生能力的

回归模型。从回归结果看机会开发能力各维度对生存绩效都有积极影响，但都不显著。

表 6-32            生存绩效与机会开发能力的回归分析

| | Ms1 | Ms2 | Ms3 | Ms4 | Ms5 |
|---|---|---|---|---|---|
| 创业年龄 | −0.026*** | −0.026*** | −0.026*** | −0.026*** | −0.027*** |
| | (−3.03) | (−3.02) | (−3.00) | (−2.94) | (−3.08) |
| 受教育程度 | −0.125 | −0.115 | −0.122 | −0.119 | −0.122 |
| | (−1.64) | (−1.51) | (−1.60) | (−1.56) | (−1.60) |
| 是否高科技 | 0.173 | 0.177 | 0.157 | 0.170 | 0.190 |
| | (1.13) | (1.16) | (1.02) | (1.11) | (1.23) |
| 相对规模 | −0.131* | −0.155** | −0.148** | −0.147** | −0.131* |
| | (−1.97) | (−2.29) | (−2.18) | (−2.13) | (−1.97) |
| 机会开发能力 | | 0.155 | | | |
| | | (1.58) | | | |
| 资源获取 | | | 0.080 | | |
| | | | (1.27) | | |
| 战略创业 | | | | 0.060 | |
| | | | | (0.91) | |
| 组织创生 | | | | | 0.051 |
| | | | | | (0.84) |
| _cons | 5.658*** | 5.198*** | 5.388*** | 5.508*** | 5.502*** |
| | (15.28) | (11.07) | (12.63) | (13.59) | (13.27) |
| $R^2$ | 0.127 | 0.144 | 0.138 | 0.132 | 0.132 |
| $R^2$_a | 0.098 | 0.109 | 0.103 | 0.097 | 0.096 |
| F | 4.494*** | 4.136*** | 3.934*** | 3.756*** | 3.728*** |
| P | 0.002 | 0.002 | 0.003 | 0.003 | 0.004 |

注：t statistics in parentheses

*p<0.1，**p<0.05，***p<0.01

本节分析结果如下：首先是机会开发能力对创业绩效的跨层作用方式。创业绩效是一个多维构念，可以分为整体层面和子层面两个层次，从创业绩效整体层面看，机会开发能力可以显著提升创业绩效；从创业绩效的内部子层面来看，机会开发能力主要是通过提升财务绩效达到增强整体创业绩效的目的，对创新绩效和生存绩效两个维度的作用不显著。其次是机会开发能力各维度对创业绩效的差异影响。机会开发能力三个子维度对绩效的意义是各不相同的，其中战略创业能力对绩效拉动效果最明显，它会显著增强创新绩效和财务绩效，组织创生能力也会对财务绩效起到积极促进作用，而资源获取能力与绩效间的关系不显著。

本章对研究模型提出的各个假设关系进行了实证检验。首先对各变量的题项、新创企业特征、创业者关键个体特征等进行了描述性统计，对潜变量量表进行了信度和效度分析，在对关键变量的相关分析后利用多元回归与方差分析对理论模型进行了验证，并对创业者资源、机会开发能力与创业绩效间的关系进行了初步探讨。

表6-33显示了实证研究对假设测试的结果。H1是创业认知与机会开发能力关系的模型假设；H2是先前经验与机会开发能力关系的模型假设；H3是社会资本与机会开发能力关系的模型假设；H4是机会新颖性对创业认知与机会开发能力间关系的调节效应假设；H5是机会新颖性对先前经验与机会开发能力间关系的调节效应假设；H6是机会新颖性对社会资本与机会开发能力间关系的调节效应假设。

表6-33          **假设检验结果**

| 假设 | 结果 |
| --- | --- |
| H1：分析式认知与机会开发能力具有正相关关系 | 支持 |
| H1a：分析式认知与战略创业能力具有正相关关系 | 不支持，不显著 |
| H1b：分析式认知与资源获取能力具有正相关关系 | 不支持，不显著 |
| H1c：分析式认知与组织创生能力具有正相关关系 | 支持 |
| H2：先前经验与机会开发能力具有正相关关系 | 支持 |
| H2a：先前经验与战略创业能力具有正相关关系 | 部分支持 |

续表

| 假设 | 结果 |
|---|---|
| H2b：先前经验与资源获取能力具有正相关关系 | 部分支持 |
| H2c：先前经验与组织创生能力具有正相关关系 | 不支持，不显著 |
| H3：社会资本与机会开发能力具有正相关关系 | 不支持，负向 |
| H3a：社会资本与战略创业能力具有正相关关系 | 不支持，负向 |
| H3b：社会资本与资源获取能力具有正相关关系 | 不支持，负向 |
| H3c：社会资本与组织创生能力具有正相关关系 | 支持 |
| H4：机会新颖性对分析式认知与机会开发能力之间的关系起调节作用，创新型机会中分析式认知与机会开发能力之间的关系要强于模仿型机会中二者之间的关系 | 不支持，负向 |
| H5：机会新颖性对先验知识与机会开发能力之间的关系起调节作用，创新型机会中先前经验与机会开发能力之间的关系要强于模仿型机会中二者之间的关系 | 支持 |
| H6：机会新颖性对社会资本与机会开发能力之间的关系起调节作用，创新型机会中社会资本与机会开发能力之间的关系要强于模仿型机会中二者之间的关系 | 支持 |

# 7  研究结论与讨论

## 7.1  主要结论

新创企业的机会开发行为是一个动态发展的复杂过程，它是企业创建初期最核心的活动，在机会开发过程中创业者会根据开发进程和外部环境约束综合调配自身资源来提高机会开发的成功率，面对不同的创业机会，创业者的资源调配方案也会发生情境化的改变。在此过程中创业者还需要克服资源约束对开发进程的阻碍，采取替代性方法达成机会开发的各项要求降低创业失败的可能。

本研究对新创企业主机会开发过程的各方面数据进行综合分析和检验发现，机会开发能力的确不是前期研究认为的资源获取能力，它是包括资源获取能力在内的多维构念。为了提升机会开发成功率及企业存活率，创业者自身资源禀赋发挥了重要作用，而且创业者选择的机会新颖性差异也对其机会开发能力提出了不同要求。理想的创业模式应该是创业者根据目标机会的本质主动调动相关资源有针对性地完成开发中某类活动，在保证机会开发顺利完成之后期待满意的创业绩效从而收获创业成功。

（1）创业者资源有助于提高新创企业成活率

目前，理论研究中普遍缺乏新创企业创建过程和初创期的客观数据，这一现实已严重阻碍了该领域研究（课题组，2012）。本研究采用新创企业主多样化数据检验了初创期关键性资源和活动，证实了创业者具有的优质资源组合能够促进机会开发过程的推进从而提高创办成功率。创业者资源包括源于个人的认知、经验等的特质，还包括源于网络的关系、信息等要素，创业者需要整合上述资源使其在开发创业机会时发挥最大功效，将静态的资源转化为保证机会开发成功的动态创业能力，借此将有效克服创业初期的各类创业陷阱，突破影响机会开发的瓶颈时期，帮助企业顺利度过"漫长"的创业时期，提高企业生存下来的可能性，并在未来进一步增强企业获利的可能性。

此研究发现对创业实践具有两点有益启示：第一，创业者需要拓展渠道积累多样化创业资源。某一类资源丰富虽然能够增进创业绩效，但是随着该资源投入增加边际效用呈现递减趋势，因此创业者的明智选择应该是培养其他属性资源的占有改善自身的资源组合，最高效率地提升创业绩效。而如果创业者多种资源均十分匮乏且短期内增长迟缓，那么理性的选择是延迟创业，待资源和能力均有本质提高再启动创业程序，或者创业者还有一种折中的办法，就是寻找创业合伙人，通过团队资源的增加为创业成功保险。第二，创业者应该根据机会类型动态调整资源分配和开发过程。以创新型机会为例，由于是全新的产品或革命性技术，创业者很难通过理性分析和系统评估获取开发优势，他们转而应该重视的是创业经验或来自网络熟人的帮助。因此从这个意义上讲，权衡和评估不仅在机会识别环节非常重要，进入开发过程时创业者仍然需要时刻保有情境分析和灵活调整的弹性。

（2）分析式认知有助于提升机会开发能力，其增强机制具有情境依赖性

本研究对之前文献提出的"分析式认知在机会开发中效果更好"的理论假说进行了回应，用实证数据证实了分析式认知的确能够提高创业

者的机会开发能力。既然在机会开发环节中分析式认知的创业者表现突出，那么就有必要提示直觉式认知的创业者做出调整。调整的目的不是彻底改变其认知方式，因为认知是相对稳定的心理特质，短期内很难改变，况且认知也没有孰优孰劣之分，虽然在开发环节直觉式创业者的能力稍显逊色但是他们却是机会识别的高手（Kickul 等，2009）。调整的目的在于降低直觉式认知对机会开发的不利和阻碍，可以通过增强创业者机会开发能力和降低认知偏差两方面尝试改变。一方面创业者需要明晰机会开发能力是一项包含获取资源、构建战略和生成组织在内的综合、复杂性能力，对于其中的弱项创业者应该通过学习或购买（比如引入创业合伙人）的方式有意识地增强。除此之外，在机会开发过程中时刻保持警醒，减少认知偏差出现的概率，避免对创业过程轻率地做出积极评价而忽略开发中的风险与难度。当然，创业者的认知虽然难以质变却可以量变，倡导直觉式创业者在机会开发活动中增加分析过程，尝试采用结构式思考方法，减少随机和全凭直觉决策风格也不失为提高机会开发质量的做法。

值得注意的是，分析式认知对机会开发能力的促进效果并没有随着机会新颖性的提高而增强，这个结论是与预先假设不符的，在综合考量中国的制度背景后本书认为"好点子先卖"的做法恰恰是企业的理性选择。创新型机会这类"好点子"（创新型机会"好"在往往获利空间更大，竞争对手较少）是市场争相模仿的对象，尤其在目前专利保护、法律惩处等制度约束相对不健全的背景下，模仿对"好点子"所有者的伤害更大，加之中国强大的生产制造能力可以快速将模仿的产品落地，甚至模仿者比创新者推出产品的速度更快，这将直接加速创新型企业的失败。因此随着机会新颖性增强，机会开发过程中更重要的不是常态下的获取资源并形成壁垒，而是"以快打慢"地成为"好点子"的真正所有者，此时直觉式认知者机会开发能力往往更加突出。直觉式认知节省的时间能够为企业争取到宝贵的创新者身份，是创业者在转型经济背景下特有的理性选择。

（3）连续创业者机会开发能力更强

现有研究发现，先前经验是创业活动的有效预测变量。本书实证数据发现，先前创业经验对机会开发能力有显著影响，而行业经验、工作经验的解释力不足。后两者是一般性人力资本，对创业者应对特定情境的作用势必有限，而且更为重要的是机会开发能力是一项复杂的综合性能力，较难未经历创业过程而轻易获得，即便行业经验可以增强获取顾客和原材料的能力（Unger 等，2011），但对其他更大范围能力的提升收效甚微。而创业经验作为专用性人力资本则对机会开发活动具有显著促进作用。如果前一次创业成功势必增强创业者信心同时作为信号增强市场对新创企业的信心，降低新创弱性；即便前一次失败，创业学习获取的有益经验也会增加创业者的创业知识，最大限度地避免创业陷阱。将探索视角聚焦于机会开发内部结构后发现，创业经验对能力的促进作用集中体现在增强企业战略创业能力维度上，连续创业者节约了处理日常事务时间，转将精力投入到防止竞争对手进入等难度更高的开发活动中，有助于企业谋求更好的战略地位，提升机会开发质量。

进一步考察创业经验对开发能力的情境影响后本书发现，机会的新颖性越强，创业经验的优势作用越明显。因此，对于初次创业者来说选择模仿型机会不失为一种理性选择。这是因为模仿式创业是提高创业存活率的有效方式，谋求创业成功的企业家首先要保证新创企业的生存，实践中的企业家也反复告诫创业新手们要从模仿开始。况且理论和实证都证实了模仿与创新均能提升创业绩效，特定情境下模仿的效果甚至会优于创新创业。与之相反，连续创业者可以选择竞争优势相对更强的创新型机会，同时连续创业者也不能对新一轮的机会开发掉以轻心，创业过程中密布着创业陷阱，稍不留意就可能一着不慎满盘皆输，况且创业作为高度情境化的战略行为没有统一的成功模式，前次创业失败的教育可能在本轮再次出现，即便前次创业成功本轮也可能遭遇"成功陷阱"，所以说在推广创业经验作用时要全面谨慎。

（4）社会资本对机会开发能力的增强是与创业者特质交互作用的共同结果

与已有文献结果相悖的是，本研究发现在机会开发活动中，家族网络资源和朋友网络资源不能显著提高新创企业的机会开发能力。这个结果出乎原本的研究设想，本研究分两步细致考察其中的作用关系。第一步考察了社会资本与机会开发能力整体间的关系，结果发现创业认知和创办年龄这两个创业者特质因素会强烈影响社会资本与机会开发能力的作用关系：一方面，高分析式认知创业者其社会资本会促进机会开发能力提升，高直觉式认知者的社会资本则会阻碍机会开发能力提升；另一方面，随着创办年龄增大社会资本也会对机会开发能力有积极影响，而对于年轻创业者而言，社会资本则是消极影响因素。鉴于此，本研究初步得出结论：社会资本对机会开发能力的影响高度依赖于创业者内部资源，要想发挥社会资本的积极作用需要创业者内外部资源的交互作用。

第二步进一步考察社会资本对机会开发能力三个维度的影响，以战略创业能力为例，结果发现之所以个人创业者（社会资本记为0）的战略创业能力强于熟人合伙创业者（社会资本记为1），很大程度是源于前者的创业经验显著高于后者，而创业经验又是战略创业能力的决定性因素。因此不能简单判定社会资本对战略创业能力具有消极阻碍作用，社会资本不是单独作用于战略创业能力的，它依赖于创业者其他资源能力的发挥，社会资本作用的发挥具有强烈的情境依赖性。通过上述两步骤分析本研究得出结论：社会资本对机会开发能力的影响具有高度情境依赖性，社会资本对机会开发能力的增强是与创业者特质（包括创业认知、创办年龄、创业经验）交互作用的共同结果。

（5）机会开发能力对创业绩效具有跨层影响机理

为了提高新创企业存活率，本研究选择机会开发能力切入并最终证实了机会开发能力的确可以促进创业绩效的研究结论。首先从整体上看，机会开发能力可以提高创业初期的财务回报，缩短新创企业的亏损期从而降低创业死亡率。在对中国117位新生创业者为期两年的跟踪研究后发现，经营问题是导致创业者中途退出的最主要原因，有超过1/4的创业者因为项目亏损而选择退出直接消失在孕育期（课题组，2012），少数成功创生的企业又要忍受较长时间的亏损，资金链断裂或外部冲击都会让本已奄奄一息的新创企业雪上加霜，中国新创企业3%~4%的存活率就是最好的例证。根据本研究结论，上述财务困境有望通过提高机会开发能力给予解决，而且通过提升机会开发能力新创企业不仅可以获取财务回报，创业者更可以情境调配各层次资源达到获取创新绩效的目的，从而为新创企业的长期发展蓄能。

具体而言，在细化考察机会开发能力时本研究发现，战略创业能力不仅能够增强企业获利能力，还能显著提升企业的创新水平（通过新产品数量、收入占比和推出速度三项指标衡量）。获取创新绩效的情况在创业情境下是非常难得的，这是因为艰难的创业过程导致企业创建早期常以求生存为基本目的，无暇也没有能力关注产品的创新性和竞争优势等更远大的目标，所以新创企业的总回报中创新回报占比通常很小。但是本研究却发现，即便是在以模仿型创业为主流的背景下（样本中模仿型创业占比71.4%），提高战略创业能力仍然能够收获创新绩效，换言之，创业者在战略层面的努力终究还是会在企业的绩效指标上有所反映，并且二者的作用链条还很清晰和直接。此项结论是现有研究尚未揭示的，也为拓展新创企业创新式发展探索出一条理论路径。

## 7.2　研究贡献与创新点

本研究在评述现有机会开发理论、效果逻辑理论文献基础上对提升新创企业机会开发能力的问题进行了探讨，并基于效果逻辑理论构建了考察机会开发能力影响机制的理论框架，通过质性研究和定量研究对该研究模型进行了检验。本书的研究贡献和创新点可以概括为下述几点。

（1）打开效果逻辑理论的黑箱，解决了"手段"的实证测量问题。效果逻辑理论经过十余年的发展现已成为解释新创企业背后逻辑的有效理论视角（Goel 和 Karri，2006；Alwarez 和 Barney，2005），学者在对其理论日益深化的同时也暴露出实证研究的不足（Sarasvathy，2008b），效果逻辑理论中"手段"尚未"落地"，现有研究中仍然未解决创业者"手段"（set of means）的理论测量问题。本研究从创业研究的核心理论——认知理论、资源基础理论和社会资本理论入手，逐一解剖分析三类"手段"的内部结构，并从中选择最具解释力的构念来表征"手段"内涵，具体而言，选择创业认知来表征创业者"特质和能力"，选择先前经验来表征创业者"知识走廊"，选择社会资本来表征"社会网络"，从而构建了效果逻辑理论的实证分析框架，探索性地解决了效果逻辑理论定量研究的工具准备难题。

鉴于创业过程的实质是对机会识别与开发的动态过程，本研究随后采用此实证分析框架考察机会开发过程，通过具体的机会开发活动检验"手段"测量工具的适用性和解释力。研究发现，效果逻辑理论中的三类创业者资源均对机会开发能力具有很强的解释力，但是对机会开发能力各维度的作用呈现结构性差异，这是效果逻辑理论和机会开发研究均未揭示的；同时将创业机会本质纳入研究模型后发现，创业者资源与机会开发能力间的关系也发生了复杂变化，其背后蕴含着诸多中国情境下的独特制度性解释，此类情境研究在前期理论文献中也同样未涉及。本书的上述探索性研究是对现有新创企业研究的崭新尝试。

（2）引入机会开发能力，揭示了创业者通过"手段"达到"创业结果"的中间机制。效果逻辑理论构建了创业者"手段"与"创业结果"之间的概念化框架，但是从创业者"手段"到"创业结果"之间的创业过程尚未得到理论揭示。本研究认为创业者拼凑手头资源创办企业的过程其实质是机会开发过程，在此过程中创业者需要在内外部环境约束下战略性地考量防止创业租金耗散的策略，并克服组织创生过程中的烦琐与陷阱，创业者的三类资源将对机会开发活动产生复杂作用，通过影响创业者的机会开发过程最终决定创业结果。因此本研究在效果逻辑理论框架中引入机会开发考察从"手段"到"结果"的中间过程，从理论和实证两方面论述并检验了机会开发的作用机制。首先从理论层面看，创业过程就是对识别的机会加以开发的系统性过程（Shane 和 Vendataraman，2000），因此引入机会开发到效果逻辑理论模型中用于说明创业过程是恰到好处的。同时机会开发的三个核心理论——认知理论、资源基础理论和社会资本理论又与效果逻辑理论相契合，上述三个理论正是效果逻辑理论的支撑理论，它们分别适用于解析三类"手段"的创业发生机制，这也从理论上再一次验证了引入机会开发的适宜性。其次从实证角度看，本研究将机会开发能力引入研究模型后，通过多样化数据证实了创业者资源确实可以增强其机会开发能力，而且机会开发能力的增强还有助于提升新创企业的创业绩效，获取满意"创业结果"，这也从经验数据上支持了引入机会开发能力考查效果逻辑理论的有效性。

不仅如此，本研究还在效果逻辑理论框架中进一步考察了机会开发的情境效应，发掘了创业者资源对机会开发能力的复杂交互式影响。效果逻辑理论坚持认为，较之目的导向逻辑，新创企业主更多会采取效果导向思维，至于创业者如何在情境约束下权衡两种逻辑进行动态筛选则未做探讨。事实上面对不同机会，创业者拼凑资源的必要性各异。创新型机会是市场中少有或从未出现过的新事物，创业者无法从一般来源上获取开发此类创业机会的知识与技能，更没有成熟的开发方案可供购买。此时创业者唯有最大限度地调动手头资源并将其创造性地运用于机会开发过程中，才有可能将高科技想法转变为企业现实。而如果开发模仿型机会，很多资源和能力创业者可以预先计划和设定，拼凑资源的必要性和价值相对会降低，因此可以预期此时创业者资源对机会开发能力的促进作用也会被削弱。鉴于此，为了细致刻画效果逻辑理论下机会开发的作用机制，本研究考察了机会新颖性对开发过程的情境影响，实证数据显示，机会的确会影响创业者资源对机会开发能力的解释力，越是新颖性强的机会，创业经验和社会资本的有效整合越能够有效提高创业者机会开发能力，此类情境探讨在以往效果逻辑理论研究中也是未有涉及的。

（3）综合质性研究与定量研究方法，提出了机会开发能力是包含战略创业能力、资源获取能力和组织创生能力在内的三维度理论构念。本研究对机会开发研究进行了系统梳理后发现，虽然机会开发与机会识别是从创业本质出发最为核心的两项创业行为，但是截至目前机会开发仍然是起步研究阶段，其内部的机制尚未打开，研究者较多地将机会开发简化为一维的结果变量，机会开发本身仍旧是一个理论黑箱，内部结构及各部分作用机理仍未得到理论揭示，操作性定义和测量等实证研究更是鲜有涉及。鉴于此，本研究决定采用质性研究方法探索机会开发内部结构，利用66篇理论文献、15家企业访谈和24个书面案例材料，通过开放编码、轴线编码和选择编码的扎根理论研究思路逐步提炼机会开发能力的内部维度及具体题项，形成机会开发能力的初始量表。通过专家意见法对量表的内容效度进行评价，并通过第一轮的调查问卷（有效样本量为81）检验初始量表的信度和效度，并进一步进行修正。接着在第二轮更大范围的问卷数据（有效样本量为131）基础上进行量表的验证性因子分析，从而形成机会开发能力的最终量表。

经过上述质性研究与定量研究后发现，机会开发能力是一个包含战略创业能力、资源获取能力和组织创生能力在内的三维度理论构念。战略创业能力是指机会开发过程中通过构建创业战略而形成的防止创业租金耗散、增强新创企业持续获利可能性的能力；资源获取能力则是创业者出于开发创业机会而发生的获取财力、人力、物力和技术等资源的能力；组织创生能力是通过制定组织规则和搭建组织结构来支撑一系列旨在开发创业机会的能力。三项能力与机会开发能力之间是部分与整体的关系，三个维度一起组成了机会开发能力这一构念，在实证分析中，表现为聚合性结构。机会开发能力内部维度的揭示为后续机会开发研究提供了操作性测量基础，进一步推动了机会开发定量研究及关系研究，有利于解决机会开发量化研究欠缺的理论困境。

## 7.3　局限性和未来研究方向

### 7.3.1　研究的局限性

本次研究虽然在探索中获得了一些有意义的发现，然而探索本身就意味着它还存在若干不足，一些问题限于研究条件的限制未能有效地解决，另一些问题则是研究者在研究的过程中逐渐发现待下一步深入调查解决的，在此一并提出。

（1）数据收集困难带来的制约。创业者社会资本、企业客观财务数据及其他个人敏感信息通过问卷方式往往较难获得，为了克服这个问题，获得完整的问卷，研究者不得不采用多种措施来进行问卷的发放，这些措施可能在一定程度上影响问卷的代表性。尽管针对此问题，本研究的问卷发放尽可能地考虑到了不同地域、不同发达程度、不同规模的城市和地区，但未来仍有进一步拓展样本来源的空间。

（2）测量数据的自评与同源误差。在本次研究中，虽然设计了部分客观的题目和测量来减少同源误差的问题，但是，对于创业认知、机会开发能力、机会新颖性的测量仍是请被试自评的结果，这导致在某些问题上可能会受到主观因素影响而高估或低估了一些测量问题的答案。不过，在研究中我们通过 Podsakoff 等（2003）推荐的方法，通过保密性、主成分抽取等措施尽量控制，并探测了同源误差的影响，结果表明同源误差并不是主要的问题。但对于调查问卷这种研究方法来说，最好的措施仍是在事前通过多人评价来消除同源误差的影响。

（3）横截面数据问题。同样受到访问和调研条件的限制，本次研究采集的数据还是横截面数据，虽然基于理论本研究对创业者资源与机会开发能力的逻辑关系做出了解读，但是由于这些变量的相互作用存在着一定的时滞，对这两个模型主要部分之间的作用关系还需要纵向研究的检验，未来应考虑在可能的范围内，对这部分受试群体进行跟踪调查。

### 7.3.2 未来研究方向

根据研究中所提示的有研究前景的领域和本次研究的局限性，研究者认为今后的研究值得在以下方面做进一步的探索：

（1）创业者资源、机会开发能力与创业绩效的整合分析框架。本研究以机会开发能力为分界点，向前考察了创业者资源与机会开发能力间的作用关系（本研究主要理论模型），向后验证了机会开发能力是否可以增进创业绩效（进一步分析部分），出于理论模型的针对性和简洁性需要仅将机会开发能力与创业绩效的分析作为补充研究，因此也就更没有考察创业者资源、机会开发能力和创业绩效这三者的逻辑关系。而事实上对上述整合模型的探索有可能挖掘出全新的理论问题，比如创业者"手段"对创业结果的作用机制，创业者"手段"的交互作用对创业绩效不同层面的影响机理及背后的理论支撑等，都是值得深入探讨的理论问题。

（2）机会开发对创业结果的长期性影响。鉴于数据收集的局限性，本研究仅考察了机会开发能力对创业前三年创业绩效的影响，事实上创业绩效中的创新绩效和生存绩效往往是需要经过一段时间才能发挥作用的，以创业前三年为考察期即便发现机会开发对二者没有显著影响也并不一定能够说明是机会开发能力对创业绩效没有作用，而很可能是受限于时间问题，此时，如果可以获取新创企业的时序数据动态考察机会开发能力对创业绩效的长期作用方式，将有助于深入、准确地揭示机会开发的作用机理。本研究也谋求对样本企业的跟踪研究来获取时序数据，从而在机会开发研究中引入时滞性影响等多样化视角。

（3）创业者其他"手段"资源对机会开发能力的作用关系。本研究基于文献评述提出采用创业认知、先前经验和社会资本三个构念度量效果逻辑理论中的三类"手段"，提出的标准是基于理论解释力更强。然而创业者三类"手段"的内涵非常丰富，以创业者特质、偏好和能力这个"手段"为例，其内部就包含至少十个以上的测量指标，未来研究中可以尝试探讨采用不同"手段"测量指标，"手段"测量方式的不同也将从根本上决定效果逻辑理论研究走向，预期可能发掘出全新的理论问题。

# 参考文献

[1]  艾森克，基恩. 认知心理学 [M]. 高定国，等，译. 5版. 上海：华东师范大学出版社，2009.

[2]  边燕杰，丘海雄. 企业的社会资本及其功效 [J]. 中国社会科学，2000 (2)：87-99.

[3]  边燕杰，张磊. 网络脱生：创业过程的社会学分析 [J]. 社会学研究，2006 (6)：74-88.

[4]  陈晓萍，徐淑英，樊景立. 组织与管理研究的实证方法 [M]. 北京：北京大学出版社，2008.

[5]  陈向明. 社会科学中的定性研究方法 [J]. 中国社会科学，1996 (6)：93-102.

[6]  陈向明. 质的研究方法与社会科学研究 [M]. 北京：教育科学出版社，2000.

[7]  储小平. 社会关系资本与华人家族企业的创业及发展 [J]. 南开管理评论，2003，6 (6)：8-13.

[8]  高建. 全球创业观察中国报告 (2007) [M]. 北京：清华大学出版社，2008.

[9]  哈耶克. 个人主义与经济秩序 [M]. 邓正来，译. 上海：生活·读书·新知三联书店，2003：52-83.

[10] 方世建. 试析效果逻辑的理论渊源、核心内容与发展走向 [J]. 外国经济与管理, 2012 (1)：10-17.

[11] 贺小刚. 企业家能力、组织能力与企业绩效 [M]. 上海：上海财经大学出版社, 2006.

[12] 贾良定. 愿景型领导：中国企业家的实证研究及其启示 [J]. 管理世界, 2004 (2)：84-96.

[13] 李新春, 李胜文, 张书军. 高技术与非高技术产业创新的单要素效率 [J]. 中国工业经济, 2010 (5)：68-77.

[14] 李新春, 刘佳, 陈文婷. 从基于制度到基于市场的战略创业转型——中国大型电子企业联想、海尔、TCL案例 [A] //张曙光, 王珺, 李新春, 等. 中国制度变迁案例研究（广东卷）. 北京：中国财政经济出版社, 2008 (6)：669-704.

[15] 李新春, 苏琦, 董文卓. 公司治理与企业家精神 [J]. 经济研究, 2006 (2)：57-68.

[16] 林嵩, 张帏, 姜彦福. 创业机会的特征与新创企业的战略选择——基于中国创业企业案例的探索性研究 [J]. 科学学研究, 2006 (2)：268-272.

[17] 林嵩, 张帏, 邱琼. 创业过程的研究评述及发展动向 [J]. 南开管理评论, 2004 (3)：47-50.

[18] 刘佳, 李新春. 模仿还是创新：创业机会开发与创业绩效的实证研究 [J]. 南方经济, 2013 (10)：20-32.

[19] 米塞斯. 人类行为的经济学分析 [M]. 赵磊, 李淑敏, 黄丽丽, 译. 广州：广东经济出版社, 2010.

[20] 韦伯. 经济行动与社会团体 [M]. 桂林：广西师范大学出版社, 2004.

[21] 奈特. 风险、不确定性和利润 [M]. 王宇, 王文玉, 译. 北京：中国人民大学出版社, 2005.

[22] "新企业创业机理与成长模式研究"课题组, 南开大学创业管理研究中心. 中国创业活动透视报告：中国新生创业活动动态跟踪调研（CPSED）报告 (2009—2011) [M]. 北京：清华大学出版社, 2012.

[23] 杨学儒, 李新春, 梁强, 等. 平衡开发式创新和探索式创新一定有利于提升企业绩效吗 [J]. 管理工程学报, 2011 (4)：17-25.

[24] 张玉利, 杨俊, 任兵. 社会资本, 先前经验与创业机会———个交互效应模型及其启示 [J]. 管理世界, 2008 (7)：91-102.

[25] 翟学伟. 人情、面子与权力的再生产 [J]. 社会学研究, 2004 (5)：48-57.

[26] 周浩, 龙立荣. 共同方法偏差的统计检验与控制方法木 [J]. 心理科学进展, 2004, 12 (6)：942-950.

［27］　朱仁宏，付慧，代吉林. 社会资本、机会开发与新创企业绩效［M］. 北京：经济科学出版社，2009.

［28］　AARSTAD J，GREVE A.Performance spillover effects in entrepreneurial networks：Assessing a dyadic theory of social capital［J］. Entrepreneurship Theory and Practice，2010，34（5）：1003-1019.

［29］　ADLER P S，KWON S W.Social capital：Prospects for a new concept［J］. 2002，27（1）：17-40.

［30］　ALCHIAN A，DEMSETZ A. Production，information costs，and economic organization［J］. The American Economic Review，1972，62（5）：777-795.

［31］　ALDRICH H，BAKER E. Blinded by the cites? has there been progress in entrepreneurship research? .In D.L.Sexton & R.W.Smilor（Eds.）［J］. Entrepreneurship：Upstart Publishing.1997，377-400.

［32］　ALDRICH H E，ELLEN R A.Even dwarfs started small［J］. Research In Organizational Behavior，1986（8）：165-198.

［33］　ALDRICH HE，MA. Many are called，but few are chosen：An evolutionary perspective for the study of entrepreneurship［J］. Entrepreneurship Theory and Practice，2001，25（4）：41-56.

［34］　ALEXIEVA S，JANSEN JJP，VAN DEN BOSCHFAJ，VOLBERDA HW. Top management team advice seeking and exploratory innovation：The moderating role of tmt heterogeneity［J］. Journal of Management Studies，2010，47（7）：1343-1364.

［35］　ALLINSON C，HAYES W J.The cognitive style index：A measure of intuition-analysis for organizational research［J］. Journal of Management Studies，1996，33（1）：119-135.

［36］　ALSOS GA，KOLVEREID L.The business gestation process of novice，serial and parallel business founders［J］. Entrepreneurship Theory and Practice，1998，22（4）：101-114.

［37］　ALSOS GA，ISAKSENEJ，LJUNGGRENE.New venture financing and subsequent business growth in men-and women-led businesses［J］. Entrepreneurship Theory and Practice，2006，30（5）：667-686.

［38］　ALSOSGA，KOLVEREIDL. The business gestation process of novice，serial，and parallel business founders［J］. Entrepreneurship Theory and Practice，1998，22（4）：101-114.

［39］　ALVAREZ S A，BARNEY J B. Organizing rent generation and

appropriation: Toward a theory of the entrepreneurial firm [J]. Journal of Business Venturing, 2004, 19 (5): 621-635.

[40] ALVAREZ S A, BARNEY J B. How do entrepreneurs organize firms under conditions of uncertainty? [J]. Journal of Management, 2005, 31 (5): 776-793.

[41] ALVAREZ S A, BARNEY J B. Discovery and creation: Alternative theories of entrepreneurial action [J]. Strategic Entrepreneurship Journal, 2007, 1 (1-2): 11-26.

[42] ALVAREZ S A, BARNEY J B.The entrepreneurial theory of the firm [J]. Journal of Management Studies, 2007, 44 (7): 1057-1063.

[43] ALVAREZ S A, BUSENITZ L W. The entrepreneurship of resource-based theory [J]. Journal of Management , 2001, 27 (6): 755-775.

[44] AMITR, GLOSTENL, MULLERE. Entrepreneurial ability, venture investment and risk sharing [J]. Management Science, 1990, 36 : 32-245.

[45] ANOKHIN S, WINCENT J. Technological arbitrage opportunities and interindustry differences in entry rates [J]. Journal of Business Venturing , Http: //Dx.Doi.Org/10.1016/J.Jbusvent.2013.07.002.

[46] ARDICHVILI A, CARDOZO R, RAY S. A theory of entrepreneurial opportunity identification and development [J]. Journal of Business Venturing, 2003, 18: 105-123.

[47] ARREGLE J L, BATJARGAL B, HITT M A, et al.Family ties in entrepreners' social networks and new venture growth [J]. Entrepreneurship Theory and Practice., 2013, DOI: 10.1111/Etap.12044.

[48] AU K, KWAN H K.Start up capital and chinese entrepreneurs: The role of family [J]. Entrepreneurship Theory and Practice, 2009, 33 (4): 889-908.

[49] BACKES-GELLNER U, TUOR S N, WETTSTEIN D. Differences between entrepreneurs and employees in their educational paths [J]. Empirical Research In Vocational Education and Training, 2010, 2 (2): 83-105.

[50] BAIN J.Barriers to New Competition [M]. New York:Harvard University Press, 1956 .

[51] BAKERT, NELSONRE. Creating something from nothing: Resource construction through entrepreneurial bricolage [J] . Administrative

Science Quarterly, 2005, 50 (3): 329-366.

[52] BANDURA A.Self-efficacy mechanism in human agency [J]. American Psychologist, 1982, 37 (2): 122-147.

[53] BARNES J H.Cognitive biases and their impact on strategic planning [J]. Strategic Management Journal, 1984, 5 (2): 129-137.

[54] BARNEY J.Firm resources and sustained competitive advantage [J]. Journal of Management, 1991, 17 (1): 99-120.

[55] BARNEY JB.The resource-based theory of the firm [J]. Organization Science, 1996, 7 (5): 469-469.

[56] BARNEYJB.Looking inside for competitive advantage [J]. Academy of Management Perspectives, 1995, 9 (4): 49-61.

[57] BARNEY J B, ZHANG S .The future of chinese management research: A theory of chinese management versus a chinese theory of management [J]. Management and Organization Review, 2009, 5 (1): 15-28.

[58] BARON R A. Counterfactual thinking and venture formation: The potential effects of thinking about 'what might have been' [J]. Journal of Business Venturing, 2000, 15 (3): 79 -92.

[59] BARON R A.The cognitive perspective: A valuable tool for answering entrepreneurship's basic 'why' questions [J]. Journal of Business Venturing, 2004, 19 (2): 221-239.

[60] BATJARGAL B.The effects of network's structural holes: Polycentric institutions, product portfolio, and new venture growth in China and Russia [J]. Strategic Entrepreneurship Journal, 2010, 4 (2): 146-163.

[61] BATJARGAL B, HITT M, TSUI A, et al. Institutional polycentrism, entrepreneurs' social networks and new venture growth [J]. Academy of Management Journal , 2013, Doi: 10.5465/Amj.2010.0095.

[62] BAUMOL W J. Entrepreneurship: Productive, unproductive and destructive [J]. Journal of Political Economy, 1990, 98 (5): 893-921.

[63] BAUMOL W J.Formal entrepreneurship theory in economics: Existence and bounds [J]. Journal of Business Venturing, 1993, 8 (3): 197-210.

[64] BECKER M C, KNUDSEN T, MARCH J G.Schumpeter, winter, and the sources of novelty [J]. Industrial and Corporate Change, 2006, 15 (2): 353-371.

[65] BENNER M J, TUSHMAN M L.Exploitation, exploration and process management: The productivity dilemma revisited [J]. Academy of

Management Review, 2003, 28 (2): 238-256.

[66] BHAGAVATULA V A, GARNER S M, SUTHERLAND J S. Transverse closed-loop resonator [P]. Patent No. 7, 400, 797. Washington, DC: Patent and Trademark office, 2008.

[67] BHIDE A. The origin and evolution of new businesses [M]. New York: NY Press, 2000.

[68] BIGGADIKE E. Corporate diversification: Entry, strategy, and performance [M]. Cambridge.MA: Harvard University Press, 1979.

[69] BIRD B. Implementing entrepreneurial ideas: The case for intention [J]. Academy of Management Review, 1988, 13 (3): 442-453.

[70] BLYLER M, COFF RW. Dynamic capabilities, social capital and rent appropriation: ties that split pies [J]. Strategic Management Journal, 2003, 24: 677-686.

[71] BOSMA N, WENNEKERS S, JE A. Global entrepreneurship monitor, extended report: entrepreneurs and entrepreneurial employees across the glob, 2012 [C]. London: Global Entrepreneurship Research Association , 2011.

[72] BRIGHAM KH, DE CASTRO JO, SHEPHERD DA. A person-organization fit model of ownermanagers' cognitive style and organizational demands [J]. Entrepreneurship Theory and Practice, 2007, 31 (1): 29-51.

[73] BRINCKMAN J, GRICHNIK D, KAPSA D. Should entrepreneurs plan or just storm the castle? A meta-analysis on contextual factors impacting the business planning-performance relationship in small firms [J]. Journal of Business Venturing, 2010, 25 (1): 24-40.

[74] BRINKMAN J, HOEGLM. Effects of initial teamwork capability and initial relational capability on the development of new technology-based firms [J]. Strategic Entrepreneurship Journal, 2011, 5 (1): 37-57.

[75] BROCKNER J, HIGGINSE T, LOWM B. Regulatory focus theory and the entrepreneurial process [J]. Journal of Business Venturing, 2004, 19 (2): 203-220.

[76] BRUSHC G , GREENE P G, HART M M. From initial idea to unique advantage: The entrepreneurial challenge of constructing a resource base [J]. Academy of Management Executive, 2001, 15 (1): 64-78.

[77] BURT R S. Structural Holes [M]. Cambridge: Mass.Press, 1992.

[78] BURT R S.The Network structure of social capital [J]. In Research In Organizational Behavior, Edited By Robert I.Sutton and Barry M.Staw : JAI Press, 2000, 345-423.

[79] BURT R S.Attachment, decay, and social network [J]. Journal of Organizational Behavior , 2001, 22 (6): 619-643.

[80] BUSENITZU L, BARNEY J. Differences between entrepreneurs and managers in large organizations: Biases and heuristics in strategic decision-making [J]. Journal of Business Venturing, 1997, 12 (1): 9-30.

[81] BUSENITZ L W, LAU C M.A cross-cultural cognitive model of new venture creation [J]. Entrepreneurship Theory and Practice, 1996, 20 (4): 25-39.

[82] BUSENITZ L W, WEST G P, SHEPHERD D, et al.Entrepreneurship research in emergence: Past trends and future directions [J]. Journal of Management, 2003, 29 (3): 285-308.

[83] BUSENITZ L W.Research on entrepreneurial alertness [J]. Journal of Small Business Management, 1996, 34 (4): 35.

[84] BYGRAVE W, HUNT S.Global entrepreneurship monitor 2004-financing report [C], 2005.

[85] CANNELLA A A, PARK J H, LEE H U.Top management team functional background diversity and firm performance: examining the roles of team member colocation and environmental uncertainty [J]. The Academy of Management Journal, 2008, 51 (4): 768-784.

[86] CARNEY M.Corporate governance and competitive advantage in family-controlled firms [J]. Entrepreneurship Theory and Practice, 2005, 29 (3): 249-265.

[87] CARPENTER G S, NAKAMOTO K.Consumer preference formation and pioneering advantage [J]. Journal of Marketing Research, 1989, 26: 285-298.

[88] CARTER N M, STEARNS T M, REYNOLDS P D, et al.New venture strategies: Theory development with an empirical base [J]. Strategic Management Journal, 1994, 15 (1): 21-41.

[89] CARTER N M, GARTNER W B, REYNOLDS P D.Exploring start-up event sequences [J]. Journal of Business Venturing, 1996, 11 (3): 151-166.

[90]  CASSON M.The entrepreneur: An economic theory [M]. New York: Rowman&Littlefield, 1982.

[91]  CAVES R E, PORTER M E.From entry barriers to mobility barriers: Conjectural decisions and contrived deterrence to new competition [J]. The Quarterly Journal of Economics, 1977, 241-261.

[92]  CHAI S K, RHEE M.Confucian capitalism and the paradox of closure and structure holes in east asian firms [J]. Management and Organization Review, 2010, 6 (1): 5-30.

[93]  CHANDLER A D, HIKINO T, NORDENFLYCHT A V, et al.Inventing the electronic century [M]. New York:Harvard University Press, 2009.

[94]  CHASTON I, SADLER-SMITH E.Entrepreneurial cognition, entrepreneurial orientation and firm capability in the creative industries [J]. British Journal of Management, 2012, 23 (3): 415-432.

[95]  CHEUNG S N.The contractual nature of the firm [J]. Journal of Law and Economics, 1983, 26 (1): 1-21.

[96]  CHOI T Y, KIM Y.Structural embeddedness and supply management: A network perspective [J]. Journal of Supply Chain Management, 2008, 44 (4): 5-13.

[97]  CHOI Y R, LEVESQUE M, SHEPHERD D A.When should entrepreneurs expedite or delay opportunity exploitation [J]. Journal of Business Venturing, 2008 (23): 333-355.

[98]  CHOI Y R, SHEPHERD D A. Entrepreneurs' decisions to exploit opportunities [J]. Journal of Management, 2004, 30 (3): 377-395.

[99]  CHRISMAN J, BAUERSCHMIDT A, HOFER C. The determinants of new venture performance: an extended model [J]. Entrepreneurship Theory and Practice, 1998, 23 (1): 5-29.

[100]  CHURCHILL G A.A paradigm for developing better measures of marketing constructs [J]. Journal of Marketing Research, 1979, 16 (1): 63-74.

[101]  COLEMAN J.Foundation of social theory [M]. New York:Belknap Press of Harvard University Press, 1990.

[102]  COOPER A C, WOO C Y, DUNKELBERG W C. Entrepreneurs' perceived chances for success [J]. Journal of Business Venturing, 1988, 3 (2): 97-108.

[103]  COOPER A C, FOLTA T B, WOO C Y.Entrepreneurial information search [J]. Journal of Business Venturing, 1995, 10 (2): 107-120.

[104] CORBETT A C, HMIELESKI K M.The conflicting cognitions of corporate entrepreneurs [J]. Entrepreneurship Theory and Practice, 2007, 31 (1): 103-121.

[105] COVIN J, SLEVIN D, COVIN T.Content and performance of growth-seeking strategies: A comparison of small firms in high-and low-technology industries [J]. Journal of Business Venturing, 1990, 5 (6): 391-412.

[106] COVIN J G, SLEVIN D P.Strategic management of small firms in hostile and benign environments [J]. Strategic Management Journal, 1989, 10 (1): 75-87.

[107] DAHLQVIST J, WIKLUND J.Measuring the market newness of new ventures [J]. Journal of Business Venturing, 2012, 27 (2): 185-196.

[108] DANIEL A, LERNER D A, HUNT R A, et al.Action! Moving beyond the intendedly -rational logics of entrepreneurship [J]. Journal of Business Venturing, 2018, 33 (1): 52-69.

[109] DAVIDSSON P. The domain of entrepreneurship research: Some suggestions [J]. Advances In Entrepreneurship, Firm Emergence and Growth, 2003, 6 (3): 315-372.

[110] DAVIDSSON P, GORDON S R.Panel studies of new venture creation: A methods-focused review and suggestions for future research [J]. Small Business Economics, 2012, 39 (4): 853-876.

[111] DAVIDSSON P, HONIG B.the role of social and human capital among nascent entrepreneurs [J]. Journal of Business Venturing, 2003, 18 (3): 301-331.

[112] DE CAROLIS D M, LITZKY B E, EDDLESTON K A.Why networks enhance the progress of new venture creation: The influence of social capital and cognition [J]. Entrepreneurship Theory and Practice, 2009, 33 (2): 527-545.

[113] DELMAR F, SHANE S.Legitimating first: Organizing activities and the survival of new ventures [J]. Journal of Business Venturing, 2004, 19 (3): 385-410.

[114] DENCKER J C, GRUBER M, SHAH S K. Pre-entry knowledge, learning, and the survival of new firms [J]. Organization Science, 2009, 20 (3): 516-537.

[115] DESS G, LUMPKIN G, COVIN J.Entrepreneurial strategy making and

firm performance: tests of contingency and configurational models [J]. Strategic Management Journal, 1997, 18 (1): 2-23.

[116] DETIENNE D R. Entrepreneurial exit as a critical component of the entrepreneurial process: Theoretical development [J]. Journal of Business Venturing, 2010 (25): 203-215.

[117] DETIENNE D R, CHANDLER G N. The role of gender in opportunity identification [J]. Entrepreneurship Theory and Practice, 2007, 31 (3): 365-386.

[118] DEW N, READ S, SARASVATHY S D, et al. Effectual versus predictive logics in entrepreneurial decision-making: Differences between experts and novices [J]. Journal of Business Venturing, 2009, 24 (4): 287-309.

[119] DIMOV D. Grappling with the unbearable elusiveness of entrepreneurial opportunities [J]. Entrepreneurship Theory and Practice, 2011, 35 (1): 57-81.

[120] DIMOV D. Nascent entrepreneurs and venture emergence: Opportunity confidence, human capital, and early planning. [J]. Journal of Management Studies, 2010, 47 (6): 1123-1153.

[121] DUTTA D K, CROSSAN M M. The nature of entrepreneurial opportunities: Understanding the process using the 4i organizational learning framework [J]. Entrepreneurship Theory and Practice, 2005, 29 (4): 425-449.

[122] DYER J H, GREGERSEN H B, CHRISTENSEN C. Entrepreneur behaviors, opportunity recognition, and the origins of innovative ventures [J]. Strategic Entrepreneurship Journal, 2008, 12 (4): 317-338.

[123] ECKHARDT J T. Opportunities and entrepreneurship [J]. Journal of Management, 2003, 29 (3): 333-349.

[124] EDELMAN L, YLI-RENKO H. The impact of environment and entrepreneurial perceptions on venture-creation efforts: Bridging the discovery and creation views of entrepreneurship [J]. Entrepreneurship Theory and Practice, 2010, 34 (5): 833-856.

[125] EISENHARDT K M, SCHOONHOVEN. Resource-based view of strategic formation: Strategic and social effects in entrepreneurial firms [J]. Organization Science, 1996, 7 (2): 136-150.

[126] ELFENBEIN D W, ZENGER T R. The small firm effect and the entrepreneurial spawning of scientists and engineers [J]. Management Science, 2010, 56 (4): 659-681.

[127] ELFRING T, HULSINK W. Entrepreneurs, innovation and high-technology firms: The network effect [J]. Journal of Management Research, 2002, 1 (5), 22-44.

[128] ENGEL Y, BURG E V, KLEIJN E, et al.Past career in future thinking: How career management practices shape entrepreneurial decision making [J]. Strategic Entrepreneurship Journal, 2017, 11: 122-144.

[129] ESTES W K.The locus of inferential and perceptual processes in letter identification [J]. Journal of Experimental Psychology: General, 1975, 104 (2): 122-145.

[130] FARH J L, CANNELLA A A, LEE C.Approaches to scale development in chinese management research [J]. Management and Organization Review, 2006, 2 (3): 301-318.

[131] FELIN T, ZENGER R, TOD D. entrepreneurs as theorists: On the origins of collective beliefs and novel strategies [J]. Strategic Entrepreneurship Journal, 2009, 3: 127-146.

[132] FISKE S T, TAYLOR S E.Social cognition: From brains to culture [M]. Sage, 2013.

[133] FLORIN J, LUBATKIN M, SCHULZE W.A social capital model of high-growth ventures [J]. The Academy of Management Journal, 2003, 46 (3): 374-384.

[134] FORLANI D, MULLINS J W. Perceived risks and choices in entrepreneurs' new venture decisions [J]. Journal of Business Venturing, 2000, 15 (4): 305-322.

[135] FOSS N J. The resource-based perspective: An assessment and diagnosis of problems [J]. Scandinavian Journal of Management, 1998, 14 (3): 133-149.

[136] FUKUYAMA F.Trust, the social virtues and the creation of prosperity [J]. Orbis, 1995.

[137] GAGLIO C M.Opportunity identification: Review, critique and suggested research directions [J]. Advances In Entrepreneurship, Firm Emergence and Growth, 1997 (3): 139-202.

[138] GAGLIO C M, KATZ G A. The psychological basis of opportunity identification: Entrepreneurial alertness [J]. Small Business Economics, 2001, 16 (2): 95-111.

[139] GARTNER W B, KATZ J. Properties of emerging organizations [J].

Academy of Management Review, 1988, 13 (3): 429-441.

[140]  GARTNER W B.Who is an entrepreneur? Is the wrong question [J].
American Journal of Small Business, 1988, 12 (4): 11-32.

[141]  GARTNER W B.A conceptual framework for describing the phenomenon
of new venture creation [J]. The Academy of Management Review,
1985, 10 (4): 696-706.

[142]  GARTNER W B, BIRD B J, Starr J A. Acting as if: Differentiating
entrepreneurial from organizational behavior [J] . Entrepreneurship
Theory and Practice, 1992, 16 (3): 13-31.

[143]  GATEWOOD E J, SHAVER K G, GARTNER W B.A longitudinal study of
cognitive factors influencing start-up behaviors and success at venture
creation [J]. Journal of Business Venturing, 1995, 10 (5): 371-391.

[144]  GAVETTI G, LEVINTHAL D. Looking forward and looking backward:
Cognitive and experiential search [J] . Administrative Science
Quarterly, 2000, 45 (1): 113-137.

[145]  GOEL S, KARRI R.Entrepreneurs, effectual logic, and over-trust [J].
Entrepreneurship Theory and Practice, 2006, 30 (4): 477-493.

[146]  GRANOVETTER M.The strength of weak ties [J]. American Journal of
Sociology, 1973, 78 (6): 1360-1380.

[147]  GRANOVETTER M.Economic action and social structure: The problem
of embeddedness [J]. American Journal of Sociology, 1985, 91 (3):
481-510.

[148]  GRAS D, MENDOZA-ABARCA K I. Risky business? The survival
implications of exploiting commercial opportunities by nonprofits [J] .
Journal of Business Venturing, 2014, 29 (3): 392-404.

[149]  CRGOIRE D A, CORBETT A C, MCMULLEN J S. The cognitive
perspective in entrepreneurship: An agenda for future research [J].
Journal of Management Studies, 2011, 48 (6): 1443-1477.

[150]  GRGOIRE D A, SHEPHERD D A.Technology-market combinations and
the identification of entrepreneurial opportunities: An investigation of
the opportunity-individual nexus [J] . Academy of Management
Journal, 2012, 55 (4): 753-785.

[151]  GROSSMAN S J, HART O D.An analysis of the principal-agent problem [J].
Journal of The Econometric Society, 1983, 51 (1): 7-45.

[152]  GROSSMAN S J, Hart O D.The costs and benefits of ownership: A theory

of vertical and lateral integration [J]. Journal of Political Economy, 1986, 94 (4): 691-719.

[153] VANCE C, CHOI D.Examing entrepreneurial cognition: An occupational analysis of balanced linear and nonlinear thinking and entrepreneurship success [J]. Journal of Small Business Management, 2011, 49 (3): 438-466.

[154] GRUBER M.Uncovering the value of planning in new venture creation: A process and contingency perspective [J]. Journal of Business Venturing, 2007, 22 (6): 782-807.

[155] HABER S, REICHEL A.The cumulative nature of the entrepreneurial process: The contribution of human capital, planning and environment resources to small venture performance [J]. Journal of Business Venturing, 2007, 22 (1): 119-145.

[156] HAMBRICK D C.Putting top managers back into the strategy picture [J]. Strategic Management Journal, 1989, 10 (3): 5-16.

[157] HANSEN E L, ALLEN K R.The creation corridor environmental load and pre-organization [J]. Entrepreneurship Theory and Practice, 1992, 17 (1): 57-65.

[158] HARMELING S S, OBERMAN S, VENKATARAMAN S, et al.That my neighbor's cow might live: Effectuation, entrepreneurship education, and regional development in croatia [J]. Frontiers of Entrepreneurship Research, 2004, 24: 1-14

[159] HARRISON R, LEITCH C. Discipline emergence in entrepreneurship: Accumulative fragmentalism or paradigmatic science [J]. Entrepreneurship, Innovation and Change, 1996, 5 (2): 65-83.

[160] HART O.Firms, contracts and financial structure [M]. Oxford:Clarendon press, 1995.

[161] HARTOG J, VAN PRAAG M, VAN DER SLUIS J. If you are so smart, why aren't you an entrepreneur? Returns to cognitive and social ability: Entrepreneurs versus employees [J]. Journal of Economics & Management Strategy, 2010, 19 (4): 947-989.

[162] HAYNIE J M, SHEPHERD D, MOSAKOWSKI E, et al. A situated metacognitive model of the entrepreneurial mindset [J]. Journal of Business Venturing, 2010, 25 (2): 217-229.

[163] HIGGINS E T. Promotion and prevention: Regulatory focus as a

motivational principle [J]. Advances in Experimental Social Psychology, 1998, 30: 1-46.

[164] HILL R C, LEVENHAGEN M.Metaphors and mental models: Sensemaking and sensegiving in innovative and entrepreneurial activities [J]. Journal of Management, 1995, 21 (6): 1057-1074.

[165] HILLS G, LUMPKIN G T, SINGH R P. Opportunity recognition: Perceptions and behaviors of entrepreneurs [J]. Frontiers of Entrepreneurship Research, 1997, 17 (4), 168-182.

[166] HITT M A, CAMP S M, SEXTON D L. Strategic entrepreneurship: Entrepreneurial strategies for wealth creation [J]. Strategic Management Journal, 2001, 22 (6-7): 479-491.

[167] HMIELESKI K M, BARON R A. Entrepreneurs' optimism and new venture performance: A social cognitive perspective [J]. Academy of Management Journal, 2009, 52 (3): 473-488.

[168] HOLBROOK D, COHEN W M, HOUNSHELL D A, et al. The nature, sources, and consequences of firm differences in the early history of the semiconductor industry [J]. Strategic Management Journal, 2000, 21 (10-11): 1017-1041.

[169] HULBERT B, BROWN R B, ADAMS S. Towards an understanding of opportunity [J]. Marketing Education Review, 1997, 7 (3): 67-73.

[170] HUNGER J D, KORSCHING P F, AUKEN H V. The interaction of founder motivation and environmental context in new venture formation: Preliminary findings [M]. Ames:Lowa State University, 2002.

[171] JACK S L.Approaches to studying networks: Implications and outcomes [J]. Journal of Business Venturing, 2010, 25 (1): 120-137.

[172] JENSEN M C, MECKLING W H. Theory of the firm: Managerial behavior, agency costs and ownership structure [J]. Journal of Financial Economics, 1976, 3 (4): 305-360.

[173] KAHNEMAN D, LOVALLO D. Timid choices and bold forecasts: A cognitive perspective on risk taking [J]. Management Science, 1993, 39 (1): 17-31.

[174] KAHNEMAN D, TVERSKY A. Prospect theory: An analysis of decision under risk [J]. Econometrica, 1979, 47 (2): 263-292.

[175] KAISH S, GILAD B. Characteristics of opportunities search of entrepreneurs versus executives: Sources, interests, general alertness [J].

Journal of Business Venturing, 1991, 6（1）: 45-61.

[176] KAMM J B, NURICK A J. The stages of team venture formation: A decision making model [J]. Entrepreneurship Theory and Practice, 1993, 17（2）: 17-27.

[177] KANG E, UHLENBRUCK K A. Process framework of entrepreneurship: From exploration, to exploitation, to exit [J]. Academy of Entrepreneurship Journal, 2006, 12（1）: 47-71.

[178] KARRI R, GOEL S. Effectuation and over-trust: Response to sarasvathy and dew [J]. Entrepreneurship Theory and Practice, 2008, 32（4）: 739-748.

[179] KATILA R, AHUJA G. Something old, something new: A longitudinal study of search behavior and new product introduction [J]. Academy of Management Journal, 2002, 45（6）: 1183-1194.

[180] KAZAJIAN R, DRAZIN R. A stage-contingent model of design and growth for technology based new ventures [J]. Journal of Business Venturing, 1990, 5（3）: 137-150.

[181] KERR J, COVIELLO N. Weaving network theory into effectuation: A multi-level reconceptualization of effectual dynamics [J]. Journal of Business Venturing, 2019.

[182] KHAIRE M. Young and no money? Never mind: the material impact of social resources on new venture growth [J]. Organization Science, 2010, 21（1）: 168-185.

[183] KICKUL J, GUNDRY L K, WHITCANACK L. Intuition versus analysis? Testing differential models of cognitive style on entrepreneurial self-efficacy and the New venture creation process [J]. Entrepreneurship Theory and Practice, 2009, 33（2）: 439-453.

[184] KIRZNER I M. Perception, opportunity, and profit: Studies in the theory of entrepreneurship [M]. Chicago: University of Chicago Press, 1979.

[185] KIRZNER I M. Entrepreneurial discovery and the competitive market process: An austrian approach [J]. American Economic Association, 1997, 35（1）: 60-85.

[186] KIRZNER I M. Competition and entrepreneurship [M]. Chicago: University of Chicago Press, 1973,

[187] KIVLENIECE I, QUELIN B. Creating and capturing value in public-private ties: A private actor's perspective [J]. Academy of Management

Review, 2012, 37: 272-299.

[188] KLEIN P G, MAHONEY J T, MCGAHAN A M, et al.Capabilities and strategic entrepreneurship in public organizations [J]. Strategic Entrepreneurship Journal, 2013, 7 (1): 70-91.

[189] KO SJ E. Prior knowledge, bisociative mode of thinking and entrepreneurial opportunity identification [J]. International Journal of Entrepreneurship and Small Business, 2006, 3 (1): 3-16.

[190] KODITHUWAKKU S S, ROSA P. The entrepreneurial process and economic success in a constrained environment [J]. Journal of Business Venturing, 2002, 17 (5): 431-465.

[191] KOLVEREID L, ISAKSEN E. New business start-up and subsequent entry into self-employment [J]. Journal of Business Venturing, 2006, 21 (6): 866-885.

[192] KWON S W, ARENIUS P. Nations of entrepreneurs: A social capital perspective [J]. Journal of Business Venturing , 2010, 25 (3): 315-330.

[193] LANGER E J. The illusion of control [J]. Journal of Personality and Social Psychology, 1975, 32 (2): 311.

[194] LARSON A L, STARR J A.A network model of organization formation [J]. Entrepreneurship Theory and Practice , 1993, 17 (2): 5-15.

[195] LEE C, LEE K, PENNINGS J M.Internal capabilities, external networks, and performance: A study on technology-based ventures [J]. Strategic Management Journal , 2001, 22 (6): 615-640.

[196] LEENDERS R T A J, GABBAY S M.Corporate social capital and liability [M]. London: Kluwer Academic Publishers, 1999.

[197] LI H, ZHANG Y, LI Y, et al.Returnees versus locals: Who performs better in China's technology entrepreneurship? [J]. Strategic Entrepreneurship Journal, 2012, 6: 257-272.

[198] LI H, LI J.Top management team comflict and entrepreneurial strategy making in China [J]. Asia Pacific Journal of Managcmcnt, 2009, 26: 263-283.

[199] LICHTENSTEIN, B B DOOLEY, K J, et al.Measuring emergence in the dynamics of new venture creation [J]. Journal of Business Venturing, 2006, 21 (2): 153-175.

[200] LIN N.Social capital [M]. London: Cambridge University Press, 2001.

[201] LUMPKIN G T, DESS G G. Clarifying the entrepreneurial orientation

construct and linking it to performance [J]. Academy of Management Review, 1996, 21 (1): 135-172.

[202] LUMPKIN G T, LICHTENSTEIN B B.The role of organizational learning in the opportunity-recognition process [J]. Entrepreneurship Theory and Practice, 2005, 29 (4): 451-472.

[203] MA R, HUANG Y, SHENKAR O. Social networks and opportunity recognition: A cultural comparison between Taiwan and The United States [J]. Strategic Management Journal, 2011, 32 (11): 1183-1205.

[204] ManT W Y.Entrepreneurial competencies and the performance of small and medium enterprises in the Hong Kong services sector [D]. Honkong: Department of Management and Marketing, the Honkong Polytechnic University, 2001.

[205] MARCH J G.Exploration and exploitation in organizational learning [J]. Organization Science, 1991, 2 (1): 71-87.

[206] MCCARTER M W, MAHONEY J T, NORTHCRAFT G B.Testing the waters: Using collective real options to manage the social dilemma of strategic alliances [J]. Academy of Management Review, 2011, 36: 621-640.

[207] MCDOUGALL P, ROBINSON R B. New venture strategies: An empirical identification of eight "archetypes" of competitive strategies for entrystrategic management journal [J]. 1990, 11 (6): 447-467.

[208] MCEVILY B, ZAHEER A.Bridging ties: A source of firm heterogeneity in competitive capabilities [J]. Strategic Management Journal, 1999, 20 (12): 1133-1156.

[209] MCGRATH R G, MACMILLAN I C.The entrepreneurial mindset: Strategies for continuously creating opportunity in an age of uncertainty [M]. London: Harvard Business School Press, 2000.

[210] MCGRATH R G.Exploratory learning, innovative capacity and managerial oversight [J]. Academy of Management Journal, 2001, 44 (1): 118-131.

[211] MCGRATH R G. Falling forward: Real options reasoning and entrepreneurial failur [J]. The Academy of Management Review, 1999, 24 (1): 13-30.

[212] MCGUIRE W J, LINDZEY G, ARONSON E.The nature of attitudes and attitude change in the handbook of social psychology [J].

Vol.3.The Individual in a Social Context.2nd ed., Addison-Wesley, 1969:
136-314.

[213] MEULEMAN M LEPOUTRE J, TILLEUIL O.On the use of effectuation
versus causation in the new venture creation process: The role of
resources versus the environment [J]. Frontiers of Entrepreneurship
Research, 2010, 30 (6): Aritcle11.

[214] MINTZBERG H, MCHUCGH A.Strategy formation in adhocracy [J].
Administrative Science Quarterly, 1985, 30: 160-87.

[215] MITCHELL R K, BUSENITZ L W, BIRD B, et al.The central question in
entrepreneurial cognition research 2007 [J]. Entrepreneurship Theory
and Practice, 2007, 31 (1): 1-27.

[216] MITCHELL R K, SMITH J B, MORSE E A, et al. Are entrepreneurial
cognitions universal? Assessing entrepreneurial cognitions across
cultures [J]. Entrepreneurship Theory and Practice, 2002, 26 (4):
9-32.

[217] MORRIS M H, KURATKO D F, SCHINDEHUTTE M, et al.Framing the
entrepreneurial experience [J]. Entrepreneurship Theory and Practice,
2012, 36 (1): 11-40.

[218] MORRIS M H, ALLEN J, KURATKO D, et al. Experiencing family
business creation: Differences between founders, non-family managers
and founders of non-family firms [J]. Entrepreneurship Theory and Practice
2010, 34 (6): 1057-1084.

[219] NAHAPIET J, GHOSHAL S.Social capital, intellectual capital, and the
organizational advantage [J]. Academy of Management Review, 1998,
23 (2): 242-266 .

[220] NEISSER U.Cognitive psychology [M]. New York:Appleton-Century-
Crofts, 1967.

[221] NELSON R R, WINTER S G.The schumpeterian tradeoff revisited [J].
American Economic Association, 1982, 72 (1): 114-132.

[222] NEWBERT S L, TORNIKOSKI E T. Supporter networks and network
growth: A contingency model of organizational emergence [J]. Small
Business Economics, 2010, 39 (1): 141-159.

[223] NEWBERT S L, KIRCHHOFF B A, WALSH S T.Defining the relationship
among founding resources, strategies, and performance in
technology-intensive new ventures: Evidence from the semiconductor

silicon industry [J]. Journal of Small Business Management, 2007, 45 (4): 438-466.

[224] OBERSCHACHTSIEK D. The experience of the founder and self-employment duration: A comparative advantage approach [J]. Small Business Economics, 2012, 39 (1): 1-17.

[225] PANDIT N R. The creation of theory: A recent application of the grounded theory method [J]. The Qualitative Report, 1996, 2 (4): 1-20.

[226] PARK S, BAE Z T. New venture strategies in a developing country: Identifying a typology and examining growth patterns through case studies [J]. Journal of Business Venturing, 2004, 19 (1): 81-105.

[227] PARKER S C, BELGHITAR Y. What happens to nascent entrepreneurs: An econometric analysis of the PSED [J]. Small Business Economics, 2006, 27 (1): 81-101.

[228] PENROSE E T. The theory of the growth of the firm [J]. The Economic Journal, 1959.

[229] PERRY J T, G N, MARKOVA G. Entrepreneurial effectuation: A review and suggestions for future research [J]. Entrepreneurship Theory and Practice, 2012, 36 (4): 837-861.

[230] PETERAF M A. The cornerstones of competitive advantage: A resource-based view [J]. Strategic Management Journal, 1993, 14 (3): 179-191.

[231] PODSAKOFF P M, MAEKENZIE S B, LEE J Y, et al. Common methodbiases inbchavioralresearch: A critical review of the literatur and commended remedies [J]. Journal of Applied Psychology, 2003, 88: 879-903.

[232] POLITIS D, GABRIELSSON J. Entrepreneurial decision making: examining preferences for causal and effectual reasoning in the new venture creation process [C]. Working Paper Series From Lund University, Institute of Economic Research, 2006.

[233] PORTER M. Competitive strategy [M]. New York:Free Press, 1980.

[234] PRELLER R, PATZELT H, BREUGST N. Entrepreneurial visions in founding teams: Conceptualization, emergence, and effects on opportunity development [J]. Journal of Business Venturing, 2018.

[235] READ S, SARASVATHY S D. Knowing what to do and doing what you

know effectuation as a form of entrepreneurial expertise [J]. The Journal of Private Equity, 2005, 9 (1): 45-62.

[236] READ S, SONG M, SMIT W. A meta-analytic review of effectuation and venture performance [J]. Journal of Business Venturing, 2009, 24 (6): 573-587.

[237] RUMELT R P. Toward a strategic theory of the firm.competitive strategic management [M]. London:Prentice Hall, Cliffs, NJ, 1984: 556-570.

[238] REYNOLDS P D. Informal and early formal financial support in the business creation process: Exploration with PSED II data set [J]. Journal of Small Business Management, 2011, 49 (1): 27-54.

[239] ROESE, NEAL J. Counterfactual thinking [J]. Psychological Bulletin, 1997, 121 (1): 133-148.

[240] ROMÁN C, CONGREGADO E, MILLÁN J M. Start-up incentives: Entrepreneurship policy or active labour market programme? [J]. Journal of Business Venturing, 2013, 28 (1): 151-175.

[241] ROMANELLI E. Environments and strategies of organization start-up: Effect on early survival [J]. Administrative Science Quarterly, 1989, 34 (3): 369-387.

[242] ROSS S A. The economic theory of agency: The principal's problem [J]. The American Economic Review, 1973, 63 (2): 134-139.

[243] RUSSO J E, SCHOEMAKER, P J H. Managing overconfidence [J]. Sloan Management Review, 1992, 33 (2): 7-17.

[244] SACKS M. The social structure of new venture funding: Stratification and the differential liability of newness [J]. In Research In The Sociology of Organizations, Vol.19, Lounsbury M, Ventresca M (Eds). JAI Press: 2002., 263-294.

[245] SADLER SMITH E, BADGER B.Cognitive style, learning and innovation [J]. Technology Analysis and Strategic Management, 1998, 10 (2): 247-266.

[246] SAMUELSSON M, DAVIDSSONP. Does venture opportunity variation matter? Investigating system atic process differences between innovative and imitative new venture [J]. Small Business Economics, 2009 (33): 220-225.

[247] SARASVATHY S D. Causation and effectuation: Toward a theoretical shift from economic inevitability to entrepreneurial contingency [J].

The Academy of Management Review, 2001 (26): 243-263.

[248] SARASVATHY S D. Effectuation: Elements of entrepreneurial expertise [J]. Journal of Small Business and Enterprise Development, 2008, 15.

[249] SARASVATHY S D, DEW N. Entrepreneurial logics for a technology of foolishness [J]. Scandinavian Journal of Management, 2005 (21): 385-406.

[250] SARASVATHY SARAS D, DEW N. Effectuation and over-trust: Debating goel and karri [J]. Entrepreneurship Theory and Practice, 2008 (32): 727-738.

[251] SARASVATHY S D, DEW N. Is effectuation lachmannian? A response to chiles, bluedorn, and gupta [J]. Organization Studies, 2008, 29: 239-245.

[252] DEW N, READ S, WILTBANK R. Designing organizations that design environments: Lessons from entrepreneurial expertise [J]. Organization Studies, 2008, 29: 331-350.

[253] SARASVATHY S D, KOTHA S. Dealing with knightian uncertainty in the new economy: The real-networks case [J]. Research on Management and Entrepreneurship, 2001: 31-62.

[254] SCHEAF D J, LOIGNON A C, WEBB J W. Measuring opportunity evaluation: Conceptual synthesis and scale development [J]. Journal of Business Venturing, 2019.

[255] SCHUMPETER J A. The theory of economic development mass [M]. New York:Harvard University Press, 1934.

[256] SCHWENK C R. Linking cognitive, organizational and political factors in explaining strategic change [J]. Journal of Management Studies, 1989, 26 (2): 177-187.

[257] SEAWRIGHT K W, MITCHELL R D, SMITH J B. Comparative entrepreneurial cognitions and lagging russian new venture formation: A tale of two countries [J]. Journal of Small Business Management, 2008, 46 (4): 512-535.

[258] SEAWRIGHT K W, SMITH I H, MITCHELL R K, et al. Exploring entrepreneurial cognition in franchisees: A knowledge-structure approach [J]. Entrepreneurship Theory and Practice, 2013, 37 (2): 201-227.

[259] SEMRAU T, WERNER A. How exactly do network relationships pay off? The effects of network size and relationship quality on access to start-up resources [J]. Entrepreneurship Theory and Practice, 2013.

[260] SHANE S A. A general theory of entrepreneurship: The individual-opportunity nexus [M]. London:Edward Elgar Publishing, 2003.

[261] SHANE S. Reflections on the 2010 AMR decade award: Delivering on the promise of entrepreneurship as a field of research [J]. Academy of Management Review , 2012, 37 (1): 10-20.

[262] SHANE S, CABLE D. Network ties, reputation, and the financing of new ventures [J]. Management Science, 2002, 48 (3): 364-382.

[263] SHANE S, DELMAR F. Planning for the market: Business planning before marketing and the continuation of organizing efforts [J]. Journal of Business Venturing, 2004, 19 (6): 767-785.

[264] SHANE S, NICOLAOU N. Creative personality, opportunity recognition and the tendency to start businesses: A study of their genetic predispositions [J]. Journal of Business Venturing, 2015, 30 (3): 407-419.

[265] SHANE S, VENKATARAMAN S. The promise of entrepreneurship as a field of research [J]. Academy of Management Review, 2000, 25 (1): 217-226.

[266] SHANE S. Prior knowledge, the discovery of entrepreneurial opportunities [J]. Organization Science, 2000, 11 (4): 448-469.

[267] SHANE S A , ECKHARDT J T. Opportunities, entrepreneurship [J]. Journal of Management, 2003, 29 (3): 333-349.

[268] SHANTZ A S, KISTRUCK G, ZIETSMA C. The opportunity not taken: The occupational identity of entrepreneurs in contexts of poverty [J]. Journal of Business Venturing, 2018, 33 (4): 416-437.

[269] SHEPHERD D A, DETIENNE D R. Prior knowledge, potential financial reward, opportunity identification [J] . Entrepreneurship Theory, Practice, 2005, 29 (1): 91-112.

[270] SIMON H A. Models of bounded rationality (vol. 3) : Empirically grounded economic reason [M]. Cambridge, MA: MIT Press, 1997.

[271] SIMON M, HOUGHTON S M, AQUINO K. Cognitive biases, risk perception, venture formation: How individuals decide to start

companies [J]. Journal of Business Venturing, 2000, 15 (2):
113-134.

[272] SINGH R P. A comment on developing the field of entrepreneurship
through the study of opportunity recognition, exploitation [J].
Academy of Management Review, 2001, 26 (1): 10-12.

[273] SIRMON D G, HITT M A, IREL, R D. Managing firm resources in
dynamic environments to create value: Looking inside the black box [J].
Academy of Management Review, 2007, 32 (1): 273-292.

[274] SITKIN S B, PABLO A L. Reconceptualizing the determinants of risk
behavior [J]. Academy of Management Review, 1992, 17 (1): 9-38.

[275] SMITH B R, MATTHEWS C H, SCHENKEL M T. The search for,
discovery of different type of entrepreneurial opportunities: The effects
of tacitness, codification [D]. Boston:Babson College, 2006.

[276] SNIHUR Y, REICHE B S, QUINTANE E. Sustaining actor engagement during
the opportunity development process [J]. Strategic Entrepreneurship
Journal, 2016, 11 (1): 1-17.

[277] STAM W, ARZLANIAN S, ELFRING T. Social capital of entrepreneurs,
small firm performance: A meta-analysis of contextual, methodological
moderators [J]. Journal of Business Venturing, 2013, 29 (1):
152-173.

[278] STIGLITZ J E. Capital market liberalization, economic growth, instability [J].
World Development, 2000, 28 (6): 1075-1086.

[279] STRAUB D. Validating instruments in MIS research [J]. MIS Quarterly,
1989, 13 (2): 147-169.

[280] STUETZER M, OBSCHONKA M, SCHMITT-R E. Balanced skills among
nascent entrepreneurs [J]. Small Business Economics, 2013, 41 (1):
93-114.

[281] SUCHMAN M. Managing legitimacy: Strategic, institutional approaches [J].
Academy of Management Review, 1995, 20 (3): 571-610.

[282] SUDDABY R, BRUTON G D, SI S X. Entrepreneurship through a
qualitative lens: Insights on the construction, or discovery of
entrepreneurial opportunity [J]. Journal of Business Venturing, 2015,
30 (1): 1-10.

[283] TIMMONS J A. New venture creation (5th Edition) [M]. New York:

Irwin Mc Graw Hill, 1999.

[284] TERPSTRA D, OLSON P. Entrepreneurial start-up, growth: A classification of problems [J]. Entrepreneurship Theory, Practice, 1993, 17 (3): 5-20.

[285] TOWNSEND D, BUSENITZ L, ARTHURS J. To start or not to start: Outcome, ability expectations in the decision to start a new venture [J]. Journal of Business Venturing, 2010, 25 (2): 192-202.

[286] UCBASARAN D, WESTHEAD P, WRIGHT M. The extent, nature of opportunity identification by experienced entrepreneurs [J]. Journal of Business Venturing, 2009, 24 (2): 99-115.

[287] UHL M, MARION R, MCKELVEY B. Complexity leadership theory: Shifting leadership from the industrial age to the knowledge era [J]. The Leadership Quarterly, 2007, 18 (4): 298-318.

[288] UNGER J M, RAUCH A, FRESE M, et al. Human capital, entrepreneurial success: A meta – analytical review [J]. Journal of Business Venturing, 2011 (26): 341-358.

[289] UOTILA J, MAULA M, KEIL T, et al. Exploration, exploitation, financial performance: Analysis of s&p 500 corporations [J]. Strategic Management Journal, 2009, 30 (2): 221-231.

[290] V, OR P, FRANKE N. See Paris…found a business? The impact of cross –cultural experience on opportunity recognition capabilities [J]. Journal of Business Venturing, 2016, 31 (4): 388-407.

[291] VESPER K H. New venture strategies [M]. Englewood Cliffs, NJ: Prentice-Hall, 1980.

[292] WALKER G, KOGUT B, SHAN W. Social capital, structural holes, the formation of an industry network [J]. Organization Science, 1997, 8 (2): 109-125.

[293] WEICK K E. Cognitive processes in organizations [M]. Greenwich, CT: JAI Press, 1979.

[294] WELTER C, KIM S. Effectuation under risk, uncertainty: A simulation model [J]. Journal of Business Venturing, 2018, 33 (1): 100-116.

[295] WERNERFFELT B. A resource-based view of the firm [J]. Strategic Management Journal, 1984, 5 (2): 171-180.

[296] WEST G P. Collective cognition: When entrepreneurial teams, not

individuals, make decisions [J]. Entreprenership Theory, Practice, 2007, 31 (1): 77-102.

[297] WESTHEAD P.Exporting, non-exporting small firms in great britain: A matched pairs comparison [J]. Journal of Entrepreneurial Behaviour, Research, 1995, 1 (2): 6-36.

[298] WIKLURD J, SHEPHERD D A. Portfolio entrepreneurship: Habitual, novice founders, new entry, mode of organizing [J]. Entrepreneurship Theory, Practice, 2008, 32 (4): 701-725.

[299] WILLIAMSON O E. Markets, hierarchies: Analysis, antitrust implications [M]. New York: Free Press, 1975.

[300] WILLIAMSON O E.The economic institutions of capitalism [M]. New York: Free Press, 1985.

[301] WILLIAMSON O E. Strategy research: Governance, competence perspectives [J]. Strategic Management Journal, 1999, 20 (12): 1087-1108.

[302] WISEMAN R M, SKILTON P F. Divisions, differences exploring publication preferences, productivity across management subfields [J]. Journal of Management Inquiry, 1999, 8 (3): 299-320.

[303] WOOD M S, MCKINLEY W. After the venture: The reproduction, destruction of entrepreneurial opportunity [J]. Strategic Entrepreneurship Journal, 2017, 11 (1): 18-35.

[304] WRIGHT M, HITT M A.Strategic entrepreneurship, sej: Development, current progress [J]. Strategic Entrepreneurship Journal, 2017, 11 (3): 200-210.

[305] ZAHRA S.Technology strategy, new venture performance: A study of corporate-sponsored, independent biotechnology ventures [J]. Journal of Business Venturing, 1996, 11 (4): 289-321.

[306] ZAHRA S, IREL, R, HITT M.International expansion by new venture firms: International diversity, mode of market entry, technological learning, performance [J]. Academy of Management Journal, 2000, 43 (5): 925-950.

[307] ZAHRA S A, WRIGHT M.Entrepreneurship's next act [J]. Academy of Management Perspectives, 2011, 25 (4): 67-83.

[308] ZHANG J, SOUITARIS V, SOH P, et al.A contingent model of network

utilization in early financing of technology ventures ［J］. Entrepreneurship Theory, Practice, 2008, 32 （4）: 593-613.

［309］ ZHAO E Y, ISHIHARA M, JENNINGS P D.Strategic entrepreneurship's dynamic tensions: Converging （diverging） effects of experience, networks on market entry timing, entrant performance ［J］. Journal of Business Venturing, 2019.

［310］ ZIKMUND W G. Business research methods ［M］. 7th ed. Mason, Ohio: Thompson Learning/South-Western, 2002.

［311］ ZIMMERMAN B J.Becoming a self-regulated learner: An overview ［J］. Theory Into Practice, 2002, 41 （2）: 64-70.

# 附录

## 附录1 中国新创企业早期成长机制调查问卷

尊敬的创业企业家：

您好！感谢您参与此次调查！本调查问卷是东北财经大学工商管理学院承担的一项国家重点项目内容，旨在了解中国企业的创建和早期成长问题。

本问卷完全匿名，问卷资料只作整体分析，而且仅用于学术研究，绝不对外公开。我们保证：除了科研人员，其他任何人绝对不会看到您的问卷及所填答的答案。其他许多企业家正在帮忙填写这份问卷，恳请您也能拨冗协助！

所有答题者都可以分享本项目的研究成果，您还有机会被邀请参加东北财经大学创业研究中心发起的创业管理论坛，我们相信这些将对贵公司成长具有很大参考价值和促进作用。

恳请您挤出一点宝贵的时间仔细填答每一个问题，请不要漏项。完成问卷后请尽快递交、邮寄或传真给联系人，真诚感谢您的帮助！祝您事业腾飞，幸福顺意。

联系人：××

通信地址：东北财经大学工商管理学院

联系电话：130 ×××× ××××

---

如果您想获得本课题的研究成果，或参加东北财经大学工商管理学院举办的创业管理论坛，请留下您的电子邮件或联系方式：

电子邮件：＿＿＿＿＿＿＿＿＿＿＿＿＿＿＿＿＿＿＿＿＿＿＿

联系电话：＿＿＿＿＿＿＿＿＿＿＿＿＿＿＿＿＿＿＿＿＿＿＿

---

现在，请您将思绪回溯到创业之初，根据企业刚刚创办时候的情况，填写下列三个表格。

若"完全不同意"，请选"1"，若完全同意，请选"5"。

一、您在创办企业之初，面临的创业机会是：

| | | 完全不同意　　　完全同意 |
|---|---|---|
| 1 | 创业之初，企业提供的产品/服务在市场中是唯一的 | 1　2　3　4　5 |
| 2 | 创业之初，企业提供的产品/服务在市场中没有直接竞争对手 | 1　2　3　4　5 |
| 3 | 创业之初，我们的产品已申请知识产权保护 | 1　2　3　4　5 |
| 4 | 创业之初，研发是企业的核心战略 | 1　2　3　4　5 |

二、创业之初，在您开发创业机会的过程中：

| | | 完全不同意 | | | 完全同意 | |
|---|---|---|---|---|---|---|
| 1 | 创业之初，企业获取了生产厂房和机器设备 | 1 | 2 | 3 | 4 | 5 |
| 2 | 创业之初，企业雇佣了相关技术 | 1 | 2 | 3 | 4 | 5 |
| 3 | 创业之初，企业获取了有经验的雇员 | 1 | 2 | 3 | 4 | 5 |
| 4 | 创业之初，企业获取了必需的资金 | 1 | 2 | 3 | 4 | 5 |
| 5 | 创业之初，企业产品覆盖了所有可能的细分市场 | 1 | 2 | 3 | 4 | 5 |
| 6 | 创业之初，企业拥有开发机会的技术专利 | 1 | 2 | 3 | 4 | 5 |
| 7 | 创业之初，企业的规模优势降低了同行竞争者的获利水平 | 1 | 2 | 3 | 4 | 5 |
| 8 | 创业之初，创业者会根据前期经营情况动态调整开发策略 | 1 | 2 | 3 | 4 | 5 |
| 9 | 创业之初，成员多采用非正式沟通方式 | 1 | 2 | 3 | 4 | 5 |
| 10 | 创业之初，创业者几乎要过问经营中的所有事情 | 1 | 2 | 3 | 4 | 5 |
| 11 | 创业之初，创业者通过财务控制来监督下属工作 | 1 | 2 | 3 | 4 | 5 |

三、在公司成立之初的三年时间里，与同行业其他企业相比，我们公司：

| | | 评 价 |
|---|---|---|
| 1 | 新产品数量占产品总数的比例 | 1很低　2较低　3一般　4较高　5很高 |
| 2 | 新产品收入占总销售收入比重 | 1很低　2较低　3一般　4较高　5很高 |
| 3 | 向市场推出新产品的速度 | 1很低　2较低　3一般　4较高　5很高 |
| 4 | 公司销售收入 | 1很低　2较低　3一般　4较高　5很高 |
| 5 | 公司利润总额 | 1很低　2较低　3一般　4较高　5很高 |
| 6 | 公司净利润 | 1很低　2较低　3一般　4较高　5很高 |
| 7 | 对未来持续经营5年的可能性 | 1很没信心　2较没信心　3一般　4较有信心　5很有信心 |
| 8 | 对未来持续经营8年的可能性 | 1很没信心　2较没信心　3一般　4较有信心　5很有信心 |

四、下列表述如果与您的实际情况相符，请选择"是"，如果与您的实际情况不同，请选择"否"，如果您不确定，请选择"？"。所有各项都不是测验您的智力水平，回答也不分对错。您只要选出最接近您真实想法的那个选项，快速浏览并根据您的第一反应作答，请注意不要漏答。

| |  |  |  | |  |  |  |
|---|---|---|---|---|---|---|---|
| 在我看来，理性思维是决策的唯一基础 | 是 | ？ | 否 | 我的很多决策是靠直觉制定的 | 是 | ？ | 否 |
| 解决问题时我会仔细研究其中的每个部分 | 是 | ？ | 否 | 我的做事哲学是，安全好过风险 | 是 | ？ | 否 |
| 有明确先后顺序的工作，我的完成效率最高 | 是 | ？ | 否 | 决策时我会考虑所有相关的因素 | 是 | ？ | 否 |
| 我与那些悲观、不自信的人很难共事 | 是 | ？ | 否 | 我与沉着、细心的人相处得最好 | 是 | ？ | 否 |
| 工作中我会小心遵守规则和规范 | 是 | ？ | 否 | 比起循规蹈矩，我更希望生活是不可预知的 | 是 | ？ | 否 |
| 如果现实情况是很难成功，我将放弃行动 | 是 | ？ | 否 | 大多数人会觉得我是逻辑思维缜密的人 | 是 | ？ | 否 |
| 我更多的是扫描新闻而不是逐条细细阅读 | 是 | ？ | 否 | 要全面了解事实，首先要有一个好的理论 | 是 | ？ | 否 |
| 我的结论多经过全面分析，而非一时灵光乍现 | 是 | ？ | 否 | 我与自主性高的人共事得最好 | 是 | ？ | 否 |
| 我努力在工作中保持一贯的行事规范 | 是 | ？ | 否 | 我更喜欢讲究细节和方法的工作 | 是 | ？ | 否 |
| 我最喜欢有逻辑性、需要循序渐进的工作 | 是 | ？ | 否 | 我在决策时，一次仅集中于问题的一部分 | 是 | ？ | 否 |
| 我很少拍脑袋做决策 | 是 | ？ | 否 | 我对获得新的经历总是很渴求 | 是 | ？ | 否 |
| 比起被动反应，我更喜欢在混乱中主动出击 | 是 | ？ | 否 | 开会时候，我比大多数人发言都多 | 是 | ？ | 否 |
| 若时间允许，决策时我会从各角度考虑每种可能 | 是 | ？ | 否 | 我从心底里认为，做决定的基础是缜密分析 | 是 | ？ | 否 |
| 若想成功，避免伤害他人情感这点很重要 | 是 | ？ | 否 | 我是不顾一切，敢冒大风险的人 | 是 | ？ | 否 |
| 了解问题最好的方法是将其分解，再来分析 | 是 | ？ | 否 | 我拍板做决定的能力强过分析能力 | 是 | ？ | 否 |
| 我认为采用分析方法做决策花费时间太长 | 是 | ？ | 否 | 我总是做好了承担风险的准备 | 是 | ？ | 否 |
| 我从风险性项目中学到得最多 | 是 | ？ | 否 | 正式性的工作计划更多是妨碍，而不是帮助 | 是 | ？ | 否 |
| 我可能出现过事前计划过多的情况 | 是 | ？ | 否 | 我对战略更加拿手，而不是事实和数据 | 是 | ？ | 否 |
| 在我下结论之前，总是会关注到细节 | 是 | ？ | 否 | 我认为"过多的分析会带来行事僵化" | 是 | ？ | 否 |

五、背景信息：

1.企业创办的前三年，贵公司的销售额增长率为_____%；市场份额增长率为_____%；利润率增长率为_____%；投资回报率增长率为_____%；

2.您是公司的创办者吗？　①是

②否，您与创办者的关系_____

3.贵公司成立于_____年；公司所在地：_____；创办时员工人数：_____人。

4.创办时总资产规模_____万元；

在同行中的相对规模：①微型　②较小　③中等　④较大型⑤特大型

5.贵公司属于：①国家所有　②集体所有　③私人所有　④外资企业

6.公司创立方式：①独立新创　②从家族企业中分拆　③从国有企业中分拆　④从外资企业中分拆　⑤其他

7.贵公司主营业务为_____，所属行业：①制造业②服务业

8.创办者创办本企业时年龄：_____岁；此前是否有创业经历：①是_____年，②否；

创办本企业前，创办者的工作经验有_____年；

创业本企业前，创办者的行业经验有_____年。

9.企业创立时创办者的受教育程度：①研究生及以上　②大学本科　③大专　④中专、高中及以下

10.创业团队构成：①家族合伙创业（如兄弟姐妹、亲戚、夫妻、父子等）　②朋友熟人合伙　③个人创业　④其他（请注明）

11.创业之初，是否有创办者家族成员参与企业日常经营管理活动：①有　②无

若有，家族高管（总监、副总级别以上）有_____位，当时的企业高管一共有_____位。

12.目前，贵公司是否为家族企业：①是　②否；

企业老板的家族持股比例大约是_____%；职业经理持股比例大

约是＿＿＿＿＿＿＿%。

再次感谢您！谢谢！

# 附录2 "创业者与创业机会开发"访谈提纲

访谈指导

访谈开始之前说明：访谈的目的；

解释将如何使用所收集的资料；

希望对方允许录音并获取相关资料

## 第一部分 总体了解新创企业及创业者情况

1.能否简要地描述一下贵公司？

提醒：

（1）提供什么类型的产品或服务？

（2）经营所在地在哪里？

（3）市场网络在哪里？

（4）创业时期如何克服障碍？

（5）在成长过程中有哪些关键事件？

2.是什么因素促使您去创立自己的企业？

提醒：

（1）您是发现了一个好的创业机会，还是就是想要自己当老板，再去搜寻创业机会？

（2）您是为了解决当下的问题，不得不选择创业吗？

（3）创办企业之时，您希望达到什么目标？增加收入/生活水平不下降，还是和收入增减无关，只是希望通过创业实现更高的人生追求？

3.您发现的创业机会，属于模仿型的，还是创新型的（即产品/服务在市场中是唯一的/没竞争对手/有知识产权保护/分销渠道尚未建立）？

## 第二部分 创业者个人特质

1.您比别人更关注商场信息吗？您会花更多的时间去收集感兴趣的

信息吗？您收集信息的方式都有什么？

2.您是一个对商业机会特别敏感的人吗？在休闲或娱乐的时候，您会突然想到一些新的商业点子吗？

3.您在企业中某一问题拍板做决定的时候，看中的是事情的发展规律、细节，还是根据自己对问题的全盘印象，随机做决定？

4.您是对开放性、全局性的问题处理得更好，还是更擅长那种需要系统分析的问题？

5.在面对一个棘手的问题时，您通常对自己掌握的信息很有信心，认为自己具有足够、准确的知识储备？

6.您在处理问题时，通常对自己解决新问题的能力很有自信？

7.创业的每次决策几乎都是利用有限信息做出的，在这种情况下您会忐忑不安，因为担心这样的决策会失误？

8.与别人相比，您总会发现一个商业项目中可能存在更多的风险？

9.在商场中，您觉得自己是一个足够自信的人吗？

10.您前期工作经历是什么？这对您创业是否有帮助，体现在哪里？

11.在创办本企业前，您此前是否有其他创业经验呢？若有，对您此次创业的影响是什么？

12.您觉得学校的正规教育，对您创业有什么影响吗？与工作经验和创业经验相比，区别在哪里？

13.在创业的时候，对您帮助最大的是什么人？为什么？

14.您家人对您创业有帮助吗？是否有合伙人一起创业？他们对您创业有哪些帮助吗？

15.您是否从雇员那里获得信息和资源？还有没有其他的人在创办企业的过程中帮助过您？他们帮助您什么？

## 第三部分 机会开发过程

1.您是如何发现这个创业机会的？

2.您觉得哪些因素帮助您发掘到了这个机会？

3.您是否有的时候，发现了一个机会却没有把握住？为什么？

4.您觉得发现机会和把机会付诸实现之间，区别在哪里？

5.发现了商机并下决心开办自己的企业，您都做了哪些工作？

提醒：

（1）您必备的资源有哪些，您如何得到这些资源，其中最困难的是什么？——资源获取（厂房设备/专利技术/有经验的雇员/外部财务资源/第一笔订单）

（2）在组建企业的时候，为了和竞争对手区别开，您都做了哪些工作？——战略定位（掌握全部人才/法律保护/规模优势/自我创新甩开竞争者）

（3）在架构您的企业时，组织协调中是否遇到了困难？——组织协调（企业内非正式沟通/员工与上下游交流充分/老板事必躬亲，创业团队之间没有明确分工/充分授权/采用财务控制下属）

## 第四部分　创业者、机会开发与新创企业绩效

1.您的前期经验对获取资源有什么影响？

2.关系网络对于资源获取有什么影响？

3.您的前期经验和减少来自竞争对手的挑战之间有什么关系？

4.关系网络与减少来自竞争对手的挑战之间存在什么关系？

5.您的前期经验与组织协调之间是什么关系？

6.关系网络和组织协调之间是什么关系？

7.您的前期经验、关系网络资源对企业绩效有什么影响？

8.资源获取、区别竞争者、组织协调和企业绩效之间是什么关系？

9.在谈到新创企业绩效时，您认为应该包括哪几方面的绩效？您最关注的是什么？

10.资源获取、区别竞争者、组织协调对各方面绩效的影响又如何呢？

## 第五部分　其他创业感想

1.您的人生格言是什么？您的创业格言是什么？

2.对于其他想要创业的人，您能否为他们提供一些好的建议？

## 附录3 企业访谈和书面案例研究的轴线编码第一次提炼结果

| 文献研究提炼的理论维度 | 书面案例研究 | | 企业访谈 | |
|---|---|---|---|---|
| | 传统行业 16 | 高科技行业 7 | 制造业 7 家（高科技型 2 家；传统制造 5 家） | 服务行业 8 家 |
| **1 资源获取** | | | | |
| 1.1 财务资源 | • 创业资金中绝大部分是自有资金 2<br>• 向亲戚和朋友借款 2<br>• 政府 1<br>• 银行贷款 1<br>• 天使资金 1 | • 风险投资 2<br>• 自有资金 1<br>• 朋友帮助 1<br>• 银行借款 1<br>• 政府支持下的创新基金 1 | • 自有资金 5<br>• 亲戚 2<br>• 朋友和同学 2<br>• 政府相关政策支持 1 | • 自有资金 4<br>• 银行贷款 3<br>• 朋友 1 |
| 1.2 人力资源 | • 不用雇人，自己就够了 1<br>• 仅是家庭成员 1<br>• 亲戚 1<br>• 前期合作伙伴 2<br>• 个人魅力吸引对手企业的人员加入 2<br>• 高回报吸引研发人员 2<br>• 员工无私奉献 1<br>• 真诚+软磨硬泡请专家帮忙 1<br>• 在现有行业大军中选拔 3<br>• 转到其他城市招募人才 1 | • 前期合作伙伴 1<br>• 招聘技术专家 1<br>• 真诚恳请专家帮忙 1 | • 人力市场招聘 2<br>• 朋友介绍的熟人 1<br>• 家庭成员 1<br>• 把前期同事从原企业挖出来 2<br>• 前期合作伙伴 2 | • 朋友介绍的熟人 1<br>• 人力市场招聘 2<br>• 家庭成员 3<br>• 自己就够了 2 |

| 文献研究提炼的理论维度 | 书面案例研究 | | 企业访谈 | |
|---|---|---|---|---|
| | 传统行业 16 | 高科技行业 7 | 制造业 7 家（高科技型 2 家；传统制造业 5 家） | 服务行业 8 家 |
| 1.3 技术资源 | • 创业者就是该领域专家 1<br>• 市场购买 1 | • 创业者就是技术专家，技术开发不成问题 1<br>• 市场中购买 1<br>• VC 为企业找技术伙伴 1 | • 行业公开的技术大家都知道 2<br>• 内部培养 2<br>• 送技术人员出去培训便可完成技术要求 2 | • 本行业没有核心技术 3<br>• 购买 3 |
| 1.4 机器和设备 | • 市场购买 4 | — | — | • 花钱购买设备就可以 1<br>• 拖朋友关系在国外订购设备 2 |
| 1.5 企业合法性（第一笔订单） | • 创业者前期行业经验使得市场信任企业产品 1<br>• 第一笔订单签的是大客户，树立了企业声誉 2<br>• 老板个人的魄力抢来了第一笔订单 1<br>• 创新产品，推出即被抢购 2<br>• 创业者坚持终于等到订单 1 | • 填补市场空白，一经推出就被抢购 1<br>• 虽是行业第一家，但现实需求为零，要先培育市场 1<br>• 泡在对方企业确保第一笔订单成功 1<br>• 选择行业领头羊 1<br>• 政府帮忙联系 1 | • 朋友介绍的第一笔生意 3<br>• 内部员工的关系拉来的第一笔订单 2<br>• 创业者原来工作单位的客户资源带来的第一笔订单 1 | • 朋友介绍 1<br>• 第一笔订单基本没赚钱 1<br>• 亲戚介绍 1 |

续表

| 文献研究提炼的理论维度 | 书面案例研究 | | 企业访谈 | |
| --- | --- | --- | --- | --- |
| | 传统行业 16 | 高科技行业 7 | 制造业 7家（高科技型 2家；传统制造业 5家） | 服务行业 8家 |
| **2. 战略创业** | | | | |
| 2.1 独占人才和市场 | • 空白的市场被对手忽略了 1<br>• 中国做这一行最优秀的人才都在我这里 1<br>• 培养这一技术的大学专业已取消 1<br>• 与客户签订长期专用合同 1<br>• 第一个向市场推出该产品，尽管模仿着跟进，我已积累先动优势（经验、声誉等）1 | • 我们掌控了行业最核心的技术和人才 1 | • 懂得行业高端技术的人才不多，我们公司有几位 1<br>• 通过率先向市场提供产品获得先动优势 2<br>• 签订长期合同 3 | • 通过关系和客户签订独家供货合同 1 |
| 2.2 拥有专利 | • 当大量被仿冒时被迫申请专利 1<br>• 专利保护不利也会造成损失 1 | • 挑战杯创业大赛获奖 1<br>• 拥有专利，在市场不成熟时，即使被侵权也不追究 1<br>• 拥有专利，打自己公司增加认知度 1 | • 大学时候申请的一个专利，但是用处不大 1 | — |

续表

| 文献研究提炼的理论维度 | 书面案例研究 | | 企业访谈 | |
| --- | --- | --- | --- | --- |
| | 传统行业 16 | 高科技行业 7 | 制造业 7 家（高科技型 2 家；传统制造业 5 家） | 服务行业 8 家 |
| 2.3 规模优势 | • 没有规模优势，只能依靠质量取胜 1 | — | • 这个行业，大家的规模都很小，稍微大一点就有话语权 1<br>• 新进入者规模都很小 2 | • 新进入者规模都很小 2<br>• 本市范围内我是规模最大的 3 |
| 2.4 适时调整 | • 产品外观不断创新 3<br>• 创新产品使用功能 1 | • 不断调整产品外观、规格 1<br>• 缺乏具有核心竞争力的产品 1<br>• 边做现有产品、边寻找创新的方向 1<br>• 及时调整融资策略，保证企业创新 1 | • 根据市场变化调整推出产品的速度 1<br>• 贷款利率上升，所以开始转向主要依靠内部资金 2 | • 针对不同市场需要制定不同的营销策略 2<br>• 原本的创业想法有些经不住实践考验 1 |
| 2.5 生产过程保密 | • 操作现场用专业术语，除本厂同行都听不懂 1<br>• 最终秘方仅个别人掌握 1 | | — | |

续表

| 文献研究提炼的理论维度 | 书面案例研究 | | 企业访谈 | |
|---|---|---|---|---|
| | 传统行业 16 | 高科技行业 7 | 制造业 7家（高科技型 2家；传统制造业 5家） | 服务行业 8家 |
| 2.6 长期性 | • 不钻政策空子，投入研发 1<br>• 不为暴利迷惑，依法生产 1 | • 目前机会只是垫脚石，为了攫取暴利 1 | • 先争取活下去，再考虑赚大钱的事 1<br>• 创业前期的一些做法不利于企业长期发展，需要在合适的时间进行调整 1 | • 我希望能把企业传给我的下一代 1<br>• 在我看来话得长比赚得多更重要，当然二者兼具更好了 1 |
| 3. 组织创生 | | | | |
| 3.1 灵活性 | • 开始时没有正式的组织结构 1<br>• 企业未设董事长或总经理 1<br>• 创业元老私下沟通 1<br>• 创业元老分歧时自动听从一人指挥 1<br>• 老板去街上派发小广告 1 | • 企业未设董事长或总经理 1<br>• 创业元老私下沟通 1 | • 老板有时候在家办公，不用去单位 2 | • 结果导向，员工可以自由选择完成指标的方式 1<br>• 本月指标与下月指标可以动态调整 2 |
| 3.2 人员沟通 | • 老板难沟通、创业团队出走 1<br>• 经营分歧，企业分拆 1<br>• 人数少，所以沟通起来很方便 1 | • 创业团队出现矛盾，人员出走 1 | • 大家对创业活动都非常清楚 3 | • 下属会随时向老板请教问题 2<br>• 创业元老对企业发展存在意见分歧，一人被迫离开 1 |

续表

| 文献研究提炼的理论维度 | 书面案例研究 | | 企业访谈 | |
| --- | --- | --- | --- | --- |
| | 传统行业 16 | 高科技行业 7 | 制造业 7 家（高科技型 2 家；传统制造 5 家） | 服务行业 8 家 |
| 3.3 老板亲为 | • 老板事无巨细，一一过问 1<br>• 老板天天在做决定 1 | 一 | • 老板家人不是企业员工却义务帮忙 2<br>• 老板一人身兼数职 2<br>• 创业前两年几乎每天晚上加班到九、十点 2 | • 老板本人完成了 80% 的工作 1<br>• 在老板和办事员之间缺乏中层过渡 1<br>• 什么事情都要做，曾经有想放弃的念头，累到 1 |
| 3.4 监督控制 | • 用人要疑，用规范、标准约束他 1 | 一 | • 很少通过制度约束下属 2<br>• 全凭员工的自觉性 1 | • 只要不损害企业大方向利益，员工个人占企业便宜也不会管 1<br>• 结果控制 2 |

注：表中第一列为通过文献研究提炼出的机会开发能力的理论维度。第二列至第五列中的条目为书面案例研究及企业访谈中的表述，条目后面的数字为此条目被提及的次数，即累计频数。

# 索引